Une planète à sauver

Serge Marti

A Sabah Rahmani,

Une planète à sauver

Six défis pour 2050

cet ouvrage de pédagogie mais aussi de convictions sur le grand RDV de 2050.

Pour la planète mais aussi pour les futurs Terriens.

Bien cordialement.

S Marti

Odile Jacob

15, rue Soufflot, 75005 Paris

www.odilejacob.fr

ISBN : 978-2-7381-5072-1

« L'avenir est la seule chose qui m'intéresse, c'est là où je compte passer les prochaines années. »

Woody Allen

Avant-propos

Une planète « bleue » en sursis

Il y a cinquante ans, pour la première fois de son histoire, l'homme marchait sur la Lune et chacun a sans doute en mémoire la phrase prononcée par Neil Armstrong à sa sortie du module lunaire : « C'est un tout petit pas pour un homme, mais un bond de géant pour l'humanité. » C'était le 21 juillet 1969. Cruelle ironie, un demi-siècle plus tard, le même homme, plus vieux mais accompagné de ses enfants qui lui demandent aujourd'hui de quoi demain sera fait, en est à s'interroger pour savoir pendant combien de temps encore ils pourront continuer à fouler le sol d'une Terre où, craignent-ils, il n'y aura sans doute pas de place pour tout le monde et dont les ressources se seront dramatiquement raréfiées. Au fil des ans, l'inquiétude a grandi et beaucoup se demandent à présent si le « bond de géant » que l'astronaute américain escomptait pour l'humanité ne va pas se transformer en « salto arrière » pour être humain en détresse. Avec la conviction que si la planète peut très bien se passer de l'humanité, l'inverse n'est pas du tout garanti.

De tout temps, les cavaliers de l'Apocalypse ont chevauché allègrement sur les peurs et les fantasmes annonçant la fin du monde pour le lendemain. La période actuelle, préoccupante il est vrai, possède à son tour ses « collapsologues », convaincus de la disparition programmée de notre civilisation, confortés par les « effondristes » qui se disent assurés de l'écroulement imminent du système-Terre. Eux aussi catastrophistes, les « survivalistes » se préparent au pire et certains se disent prêts à réhabiliter des abris anti-atomiques de la guerre froide pour s'y réfugier en attendant des jours meilleurs.

L'inquiétude est justifiée mais faut-il pour autant craindre un effondrement subit, à la façon d'un film catastrophe hollywoodien, qui engloutirait les humains et leurs péchés avec ? Sans doute pas. En revanche, il est avéré que nous sommes dès à présent soumis, non pas à un brusque *collapse*, selon l'expression anglo-saxonne, mais bien à des effondrements par paliers qui, mis bout à bout, et si rien d'urgent et de drastique n'est entrepris pour y remédier, annoncent un véritable drame collectif à l'horizon de 2050. C'est en effet la date butoir à laquelle l'humanité devra s'être préparée – et la nature réparée – pour accueillir alors les quelque 9,7 milliards d'habitants qui se sont déjà donné rendez-vous à mi-siècle, lorsqu'ils seront deux milliards de plus qu'aujourd'hui.

D'ici là, c'est une planète des dégâts majeurs, pour partie irréversibles, dont il faudra panser les multiples plaies en s'attaquant aux six défis pour 2050 qui ne concernent pas que le climat. L'avenir de la planète ne se découpe pas en tranches et tous les enjeux sont à affronter en même temps car tous les domaines de sa survie sont concernés. Sous l'effet conjugué de la désertification et de son exploitation à outrance, le quart de la surface des terres dans le monde est profondément dégradé. Il s'agit bien là d'un effondrement par paliers, tout comme la déforestation, devenue un massacre contre-nature qui fait disparaître chaque année 15 millions d'hectares de couvert végétal. De même, comment qualifier autrement que d'effondrement par étages la disparition de 50 %, en un demi-siècle, des populations de mammifères, de poissons, d'oiseaux et de reptiles et le fait que 1 million d'espèces soit en danger d'extinction ? Idem pour la raréfaction de l'eau douce, source de vie, ou encore la surexploitation des mers par la surpêche et la capture illégale qui menacent de disparition une espèce marine sur trois.

Enfin, comment ne pas parler d'effondrement, plus que de *mini-collapse*, à propos du dérèglement climatique – la grande inquiétude du moment – fait de températures en hausse constante qui assèchent terres et gosiers ou, au contraire, d'ouragans, de typhons et de pluies torrentielles qui inondent la planète jusqu'à plus soif ? Ce sont là des catastrophes, d'une fréquence et d'une ampleur inégalées et dont le bilan, humain et matériel, s'alourdit chaque jour davantage. Longtemps, elles ont été le triste lot des contrées lointaines, là-bas en Asie, en Afrique, en Amérique du Sud. À présent, c'est chez nous, à notre porte qu'il faut les affronter, outre la perspective de devoir compter avec 120 à 150 millions de réfugiés climatiques au cours des prochaines décennies.

À l'énoncé de ces bouleversements qui secouent la Terre et auxquels s'ajoutent des perspectives démographiques qui posent question, il y a de quoi comprendre l'inquiétude, la colère et parfois le brusque réveil du commun des mortels. Stimulés par une jeunesse révoltée qui s'est rapidement approprié des domaines jusque-là réservés à une classe dirigeante, aujourd'hui convaincue de manque de courage politique, voire de conflits d'intérêts, les « Gilets verts » de la lutte environnementale exigent des comptes à présent, mais aussi des actions, après ces longues années d'inertie. Alors que, disent-ils, « Tout le monde savait ! »

Une course de lenteur face à l'urgence écologique

Beaucoup savaient en effet, et depuis bien longtemps. Cela fait près de cinquante ans que les lanceurs d'alerte environnementale ont commencé à donner de la voix. En 1974, déjà, René Dumont, premier candidat écologiste à l'élection présidentielle, connu pour ses combats contre la faim dans le monde, avait profité de son passage éclair à la télévision pour mettre en garde contre les graves dangers qui menaçaient la planète. Avant lui, une personnalité que l'on n'imagine pas précisément dans ce genre de registre, tenait des propos prémonitoires. « L'emprise de l'homme sur la nature est devenue telle qu'elle comporte le risque de destruction de la nature elle-même. Il est frappant de constater qu'au moment où s'accumulent et se diffusent de plus en plus les biens dits de consommation, ce sont les biens élémentaires les plus nécessaires à la vie, comme l'air et l'eau, qui commencent à faire défaut. La nature nous apparaît de moins en moins comme la puissance redoutable que l'homme du début de ce siècle s'acharnait encore à maîtriser mais comme un cadre précieux et fragile qu'il importe de protéger pour que la terre demeure habitable à l'homme. » Ce dangereux activiste n'était autre que Georges Pompidou. Ce passage est tiré du Discours de Chicago prononcé le 28 février 1970 par l'ancien président de la République.

Beau discours mais lettre morte, serait-on tenté de dire, sans minimiser pour autant cet exercice d'alerte présidentiel, pas plus que le fameux « Notre maison brûle et nous regardons ailleurs », prononcé par feu Jacques Chirac, le 2 septembre 2002, à l'ouverture du IVe Sommet de la Terre, placé sous l'égide des Nations unies. C'est dans ce cadre onusien que se déroulent depuis 1995 les négociations internationales sur le climat, pour l'essentiel, mais aussi sur la biodiversité ou encore les migrations. La plus marquante d'entre elles aura été la XXIe Conférence des parties (COP) qui a abouti, en décembre 2015, à l'Accord de Paris qui, pour la première fois, se voulait contraignant pour les 196 pays signataires. Pour bienvenues qu'elles soient, ces grands-messes n'ont eu qu'un effet diffus sur l'opinion publique. Ce sont surtout les différents rapports du Groupe d'experts intergouvernemental sur l'évolution du climat, le GIEC, de plus en plus alarmants, notamment celui de l'automne 2018, qui ont déclenché une brusque mobilisation de la société civile, confrontée, quotidiennement, aux effets des catastrophes climatiques et à l'obligation de juguler les effets des gaz à effet de serre qui en sont en grande partie responsables. Insistant sur l'urgence des décisions à prendre, le GIEC demandait en effet aux chefs d'État et de gouvernement de tout mettre en œuvre afin de diminuer d'au moins 45 % les émissions mondiales de CO_2 d'ici à 2030 afin de limiter à 2 °C ou mieux, à 1,5 °C la hausse des températures, seul moyen d'éviter un cataclysme climatique d'immense ampleur pour le sort de l'être humain.

Génération « Greta » et mise en cause d'un modèle dépassé

Il faut se féliciter de « l'insurrection des consciences » qui en est résultée et que l'on doit en grande partie à Greta Thunberg, cette jeune Suédoise qui, à 16 ans, s'est assise le 20 août 2018 devant le parlement de Stockholm, munie d'une pancarte en carton invitant à une « Grève scolaire pour le climat ». Depuis, indifférente aux sarcasmes et aux attaques venues des forces les plus conservatrices, une génération « Greta » est à l'action. Il en résulte une mobilisation sans commune mesure avec les précédents appels à lutter contre le dérèglement climatique et qui se poursuit dans le monde entier, au nom de toutes celles et ceux, de plus en plus nombreux, qui disent « avoir mal à la Terre ». Chaque fin de semaine, dans une centaine de pays de par le monde, des dizaines de milliers de collégiens et de lycéens défilent au nom des « Vendredis pour le futur ». Les adultes ne sont pas en reste et c'est dans les urnes qu'ils ont glissé leur bulletin de mécontentement, ce dont ont grandement profité les partis verts lors de consultations électorales en Europe mais aussi dans d'autres pays. Tous se retrouvent dans une contestation dirigée contre les responsables politiques, accusés, au mieux de cécité et de surdité devant la dégradation accélérée de la planète, au pire, de vouloir défendre à tout prix des intérêts devenus incompatibles avec les exigences écologiques du moment. Au nom d'un modèle politique et économique, lui aussi obsolète.

Car c'est bien de cela qu'il s'agit. Les vifs reproches adressés à ceux qui ont en charge la politique publique ne consistent pas seulement à les accuser d'« inaction climatique ». Dès le départ, les slogans des contestataires d'un ordre ancien qu'ils jugent dépassé évoquaient la question des inégalités qui vont croissant, des sociétés qui se délitent et, pour les plus offensifs, la nécessité de s'affranchir du productivisme à outrance, responsable des outrages infligés à la nature, et de se défaire de la pensée unique néolibérale qui l'a alimenté, elle aussi à bout de souffle.

Le productivisme thermo-industriel des XIXe et XXe siècles a permis, assurément, l'essor des économies, surtout occidentales, un seuil de l'extrême pauvreté, un mieux-être en termes d'éducation et de santé sur l'ensemble de la planète – encore que mal partagé – et l'émergence, sur le tard, d'une classe moyenne qui se chiffre à présent en centaines de millions de personnes. Mais cette performance s'est effectuée, surtout ces derniers temps, au prix d'un pillage accéléré du vivant et des ressources naturelles dont l'être humain est le seul responsable. Au nom d'un modèle capitaliste et d'une pensée unique faite notamment de déréglementations tous azimuts et d'État minimal, au profit du libre marché livré à lui-même. Avec, pour avatar, la financiarisation à l'excès des activités économiques et le primat du profit maximal et du court-termisme sur toute autre considération, notamment sociale.

Les « trois dé » : décroissance, déconsommation, démondialisation

Un feu vert, sans possibilité de passer au rouge, pour produire chaque jour davantage et consommer au même rythme, au mépris de ressources naturelles en quantités limitées. Mais aussi une idéologie et des politiques reposant sur le triple postulat d'une croissance infinie, d'une consommation à l'identique et d'une mondialisation « heureuse », désormais sans entraves. Avec, pour assurance-vie, la conviction de pouvoir compter sur des ressources naturelles à libre disposition. Ce n'est plus le cas, tant s'en faut et les bâtisseurs d'hier sont devenus les prédateurs d'aujourd'hui, convaincus d'actes contre nature, écologiques bien sûr mais aussi économiques et sociaux. Du coup, le modèle est en panne sèche. À tel point que – et c'est sans doute le côté le plus cocasse de l'affaire – ses concepteurs et ses plus ardents défenseurs sont les premiers à présent à admettre qu'il faut le remettre à plat, voire s'en séparer. À l'exemple du président Macron qui réclamait à l'automne dernier « une économie sociale de marché où chacun trouve sa place », refusant le schéma persistant « d'une captation des richesses par quelques-uns ».

Le constat est amer qui oblige à reconnaître que la nouvelle donne conduit à une remise en cause totale du système qui a prévalu jusqu'à présent. La croissance infinie bute sur des ressources qui, elles, ne sont plus infinies, ce qui oblige à refonder en profondeur nos modes de production et c'est le concept même de croissance qu'il faudra conjuguer différemment. De même, la consommation de masse qui s'est épanouie durant les Trente Glorieuses et s'est accélérée depuis, est confrontée à l'exigence de nouveaux modes de vie, plus sobres et plus respectueux de l'environnement. Enfin, la mondialisation et le multilatéralisme qui pâtissent, au contraire, de la régionalisation en cours des productions et des échanges sont, eux aussi, soumis à inventaire, au motif d'inégalités croissantes et de déséquilibres sociaux accrus.

Le vent a tourné. Cette fois, la crise du système économique va de pair avec l'épuisement des ressources naturelles, ce qui n'était pas le cas au sortir de la crise financière, économique, sociale de 2008-2009, laquelle perdure d'ailleurs. Désormais on ne compte plus les forums et autres causeries sur l'avenir ou non du néolibéralisme et du capitalisme. Et ce sont les « trois dé » – décroissance, déconsommation et démondialisation – que les contestataires d'un ordre qui n'est plus établi veulent lier à un nouveau paradigme, politique, économique, sociétal qui reste à bâtir à partir de nouveaux modes de production et de consommation. Il pourrait revêtir la forme d'une « social-écologie » que de plus en plus de responsables appellent de leurs vœux, au plus vite, avec la date de 2050 en tête. Le monde est soumis à un mouvement de bascule et le temps présent est propice à une action, urgente et déterminée, tous acteurs confondus. En l'espèce, elle vise à la création de systèmes qui satisferont les besoins essentiels de la future humanité mais en préservant impérativement les atouts écologiques qui permettront aux générations futures de vivre. Et à l'homme, rassuré, de remarcher sur Terre.

Tiré de quelques réflexions personnelles, de multiples contacts et de la consultation de quantité de rapports, ce livre s'inspire aussi d'une bonne trentaine d'années de pratique journalistique auprès des grandes institutions internationales mais aussi d'enquêtes sur place, au Nord comme au Sud. Sans mésestimer les réels dangers, décrits en détail et de façon concrète, qui pèsent sur l'avenir de notre planète, il mentionne aussi, dans chaque chapitre, des expériences et des initiatives positives susceptibles de lui éviter un sort funeste. Une démarche d'observateur mais aussi de commentateur soucieux de participer, modestement, à ce qui serait une belle aventure pour parvenir à une planète plus sûre, plus juste et, peut-être, plus belle. Un cri d'alarme, c'est bien ; un message d'espoir, c'est mieux.

CHAPITRE I

Un réveil brutal

Après l'apathie et le déni, la « révolte verte »

> « À force de sacrifier l'essentiel pour l'urgence, on finit par oublier l'urgence de l'essentiel. »
>
> Edgar Morin

Les nobles causes, comme les grands bouleversements et, malheureusement, les grands drames, ont besoin de symboles et d'icônes, quelquefois de martyrs, pour entrer dans l'Histoire. Côté tragédies, on se souvient de Mohamed Bouazizi, ce Tunisien de 26 ans, vendeur ambulant de fruits et de légumes qui, en décembre 2010, s'était immolé par le feu pour protester contre la confiscation de ses maigres biens. Son suicide avait déclenché, quelques mois plus tard, le fameux « printemps arabe ». Au chapitre de l'insurrection des consciences, mais en version moins dramatique, on retiendra dorénavant une image qui a elle aussi interpellé l'opinion publique, celle de Greta Thunberg, cette jeune Suédoise de 16 ans, le visage toujours un peu crispé et déterminé, encadré de longues nattes blondes, qui a décidé d'appeler les jeunes du monde entier à « sécher les cours le vendredi pour sauver la planète ».

Depuis qu'elle s'est assise, le 20 août 2018, devant le Parlement suédois à Stockholm – alors que le pays subissait un pic de chaleur exceptionnel – simplement armée d'une petite pancarte en carton disant « Grève scolaire pour le climat », sa frimousse a fait le tour du monde. Et déclenché une mobilisation sans commune mesure – par son ampleur autant que par sa durée – avec les précédentes formes d'appels à lutter contre le dérèglement climatique.

Quand la « génération Greta » bouscule l'Ancien Monde

C'était il y a plus d'un an et, depuis, des dizaines de milliers de collégiens et d'étudiants continuent à faire l'école buissonnière en fin de semaine dans une centaine de pays et au moins 1 600 villes, pour signifier leur allégeance aux « Vendredis pour le futur », l'un des slogans lancés par l'égérie de la lutte contre le réchauffement climatique. Au fil des mois, la mobilisation ne faiblit pas, au contraire. Le 21 septembre 2019, ils étaient plus de 4 millions de jeunes à manifester en Europe, aux États-Unis mais aussi en Australie et en Afrique, lors d'une nouvelle journée mondiale de grèves et d'actions contre le réchauffement de la planète. Devenue le porte-drapeau d'une génération « Greta », à présent mondialisée, reçue partout et par tous – ou presque car ses détracteurs ne manquent pas –, l'adolescente suédoise s'est rendue, en train ou en ferry, dans de nombreuses villes d'Europe où des foules de plus en plus denses sont venues écouter la bonne parole écologiste. Sans négliger les raouts internationaux et les rencontres avec quelques grands dirigeants de « l'Ancien Monde » !

Elle a ainsi été reçue, début février 2019, par plusieurs dirigeants européens et en particulier par Jean-Claude Juncker, le président (sortant) de la Commission européenne. Quelques semaines auparavant, elle rencontrait António Guterres, le patron de l'ONU, à Katowice en Pologne, à l'ouverture de la dernière session en date (la COP24) de la Conférence mondiale pour le climat, son sujet fétiche. Greta Thunberg a fait aussi une apparition remarquée au traditionnel Forum économique mondial de Davos, où elle a vertement tancé les « maîtres du monde » présents en leur demandant de s'engager fermement dans des mesures concrètes et urgentes de lutte contre le dérèglement climatique. Les ONG environnementales et humanitaires ont rapidement vu en elle un parfait porte-drapeau de leur action et Amnesty International lui a décerné en juin de la même année le titre d'« ambassadrice de conscience ». Au chapitre des honneurs, « Greta » aura été le 21 septembre 2019 l'invitée vedette du Sommet des Nations unies sur le climat et la jeunesse, après avoir gagné New York et le siège de l'institution en voilier et après quinze jours de traversée. Quand on se bat contre les émissions de CO_2, pas question de prendre l'avion !

Cette surexposition médiatique – et hautement politique – lui a naturellement valu son lot de critiques, de dénigrements, voire de menaces, y compris physiques. Traitée tour à tour d'« activiste sous emprise » ou de « gourou apocalyptique » parmi d'autres noms d'oiseaux, suspectée de mettre en avant son affection – elle est autiste Asperger – et de se faire instrumentaliser par ses proches et par des communicants expérimentés, la jeune activiste a été reçue fin juillet à l'Assemblée nationale par 162 députés membres du collectif transpartisan pour le climat intitulé « Accélérons ». Une rencontre boycottée par une partie de l'hémicycle qui refusait de « venir applaudir une prophétesse en culottes courtes », voire un « prix Nobel de la peur ». On épargnera au lecteur les autres insultes qui ont accompagné sa présence sur la scène publique, relayées d'ailleurs par une poignée d'intellectuels, bien mal inspirés, dénonçant par exemple « une enveloppe vide mandatée pour dire le bien » et l'aura de cette gamine au sujet des questions d'environnement qui, bien évidemment, sont du seul ressort des « grandes personnes », même quand elles ont brillé par leur absence.

Ce sont là des propos révélateurs de l'apathie, du déni et de l'arrogance qui ont si longtemps caractérisé l'attitude d'une partie de la classe politique, d'abord amusée par ce qu'elle pensait être de simples monômes d'étudiants en goguette puis beaucoup plus inquiets en constatant, au fil des mois, l'ampleur de la mobilisation et le faisceau d'accusations d'inertie qui leur était directement adressé de la part de « la dernière génération à avoir une chance réaliste de prévenir une catastrophe climatique ». Une formule que l'on doit à Linus Steinmetz, un Allemand de 15 ans, désigné porte-parole de « Fridays for Future », lui aussi devenu une figure emblématique du mouvement, au même titre que la Belge Anuna De Wever, 16 ans. Des adolescents politiquement bien structurés en dépit de leur jeune âge.

Que jeunesse se fâche n'est pas très nouveau. Mais que les raisons de la colère aient à voir, cette fois, avec l'avenir de la planète et de ses habitants de demain, menacés d'« un futur qui peut-être n'existera bientôt plus » explique qu'ils aient trouvé un écho favorable auprès d'une des plus hautes instances attachées au sort de l'humanité, les Nations unies, et de leur secrétaire général. « Ces jeunes ont compris ce qui semble échapper à bon nombre de leurs aînés : nous luttons pour notre survie et nous sommes en train de perdre la bataille, faute de volonté politique », affirmait António Guterres à leur intention, en marge du dernier Forum économique de Davos. « Le changement climatique court plus vite que nous. Nous sommes en train de perdre la course et cela pourrait être une tragédie pour la planète. Nous ne pouvons plus nous permettre de rester les bras croisés. Reporter la lutte contre les changements climatiques est presque aussi néfaste que de nier leur existence » disait-il, ajoutant que les engagements pris jusqu'à présent sont notoirement insuffisants, et qu'il convient que « les dirigeants de ce monde agissent maintenant pour sauver notre planète et notre avenir ».

De trop longues années d'inaction climatique

Le ferme avertissement du numéro un de l'ONU à l'adresse des grands de ce monde n'est pas une soudaine conversion au « jeunisme », pas plus qu'une lubie de circonstance pour les questions climatiques. Ses précédentes fonctions à la tête du HCR, le Haut-commissariat des Nations unies pour les réfugiés, lui ont enseigné combien les sécheresses et les inondations pouvaient faire beaucoup plus de victimes et de tragédies que les conflits armés. Ce qu'il dénonce à présent, c'est l'inaction des adultes qui a contraint les jeunes à descendre dans la rue. Et à s'y maintenir, ce qui constitue le vrai changement par rapport aux épisodes précédents et déjà anciens. Par exemple lorsqu'une autre adolescente, canadienne, Severn Cullis-Suzuki, était venue exprimer « La voix des enfants » au Sommet de la Terre, à Rio de Janeiro et dire – déjà – que « le futur, c'est maintenant ».

C'était le 14 juin 1992, deux décennies après le premier Sommet de la Terre à Stockholm, et la publication du *Rapport Meadows* sur « les limites à la croissance », et elle n'avait que 12 ans ! À l'époque, elle avait été beaucoup applaudie, mais vite oubliée. Quand on l'interroge, vingt-sept ans après, sur cette prise de parole qui avait marqué les esprits, même de façon éphémère, la militante qu'elle est restée se dit fière de voir ces jeunes se rassembler aujourd'hui autour de la question fondamentale du climat, et de les entendre clamer leurs exigences « avec clarté et éloquence, tout en étant constructifs et optimistes ».

Depuis l'intervention de Severn Cullis-Suzuki au Sommet de Rio, les années ont passé, au rythme des prises de conscience trop souvent sans lendemain, en dépit des efforts déployés par certains pour entretenir la fibre environnementale. Avec quelques succès à leur actif, à l'image de la Marche pour le climat organisée à New York en 2014 par l'ancien vice-président américain, Al Gore – un vétéran des actions en faveur de l'écologie – qui avait réuni près de 500 000 participants, là où les organisateurs en attendaient 80 000. Transformé en lanceur d'alerte après avoir abandonné sa carrière politique, un activisme qui lui avait valu le prix Nobel de la paix en 2007, Al Gore s'alarmait déjà du réchauffement climatique et tenait à faire partager le plus largement possible ses inquiétudes. L'année précédente, il avait présenté le film auquel il avait participé, *Une vérité qui dérange*, vu par des millions de spectateurs dans le monde entier, auquel il ajoutait, onze ans plus tard, *Une suite qui dérange*.

L'appel d'Al Gore à s'indigner avait trouvé d'importants relais. « En Afrique, en Asie et aux pôles, j'ai vu les ravages du réchauffement climatique », s'alarmait en 2015 l'ex-secrétaire général de l'ONU, Ban Ki-moon. « Au Kilimandjaro, la neige a disparu du sommet. Ce que j'ai vu en mer d'Aral m'a effrayé, il ne reste que du sable et du sel. Il s'est produit la même chose au lac Tchad qui a rétréci de 90 %. J'ai constaté par moi-même les ravages de la déforestation en Amazonie et en Indonésie. J'étais tétanisé de voir au Groenland des centaines d'icebergs en train de disparaître », déplorait-il. Mais, ajoutait le numéro un de l'ONU de l'époque, « tout cela ne me déprime pas. Au contraire, cela me donne envie de crier aux gens encore plus fort : Réveillez-vous ! »

Le réveil et le passage à l'action, y compris en justice

En s'appuyant sur cet héritage de mises en garde et, il faut bien le dire, en tirant profit d'une actualité climatique chaque année plus catastrophique, le nouveau vent de la contestation s'est élargi en même temps qu'il s'est radicalisé. Derrière des slogans humoristiques et plutôt bon enfant scandés lors des manifestations, tels que « Moins de banques, plus de banquises » ou encore « Bouge ton séant pour l'océan » et « Désolé, Maman, je sèche, comme la planète » lancés par les abonnés aux « Vendredis pour la planète », des actions plus politiques, au bon sens du terme, ont pris le relais. L'une des plus spectaculaires à ce jour en France aura été « L'Affaire du siècle », la pétition lancée le 17 décembre 2018 par quatre ONG : la Fondation pour la nature et l'homme, Greenpeace France, Oxfam France et Notre affaire à tous. Dirigée contre l'État français, accusé « d'inaction climatique », elle a recueilli en quelques semaines plus de 2 millions de signatures. Un record pour ce mode d'expression ouvert à l'ensemble de l'opinion publique. La France n'est pas un exemple à part ; en Allemagne, 18 % des électeurs bavarois, soit 1,8 million de personnes, ont signé en février 2019 une « pétition populaire » pour la défense de la biodiversité et la protection des abeilles ! Du jamais vu, là aussi. Plus politiques, les mouvements de jeunes contestataires « Indignados », « Nuit debout » en Europe, « Occupy » et « Sunrise » aux États-Unis, appelant à un profond changement des comportements, ont été quelques-uns des précurseurs de ces nouvelles manières de protester et de pratiquer la vie politique.

Des appels plus musclés, incitant à la désobéissance civile pour obliger les États à agir contre le réchauffement climatique, sont aussi apparus, leurs initiateurs sachant qu'ils risquent des peines de prison. Né en Grande-Bretagne, le mouvement « Nous n'avons pas le temps » appelle à l'action non violente, par exemple en bloquant les moyens de transport, pour dénoncer la passivité des pouvoirs politiques en place au regard de l'urgence écologique. Un nouveau tournant du mouvement de contestation est intervenu en octobre 2019 lorsque les partisans de l'ONG écologiste britannique « Extinction Rebellion » ont donné le coup d'envoi d'une semaine de désobéissance civile, appelée « Rébellion internationale », visant à dénoncer l'inaction « criminelle » des gouvernements face au dérèglement climatique. Ce tout jeune mouvement n'a qu'une année d'existence mais il a déjà essaimé hors d'Europe, jusqu'en Australie et en Nouvelle-Zélande, avec pour ambition de rallier à lui d'autres contestataires sur l'ensemble de la planète.

Parallèlement, la contestation a gagné les prétoires. Pour ne citer que les exemples les plus récents, en France, les quatre ONG à l'origine de la pétition sur « L'Affaire du siècle » sont passées ensuite à l'étape supérieure en traduisant l'État français devant le tribunal administratif de Paris au motif de « carence fautive » et « action défaillante » pour réduire les émissions de gaz à effet de serre (GES) et limiter le réchauffement planétaire à 1,5 °C.

Ailleurs, le recours à la justice pour régler des différends climatiques fait tache d'huile. Aux États-Unis, ce sont une vingtaine de jeunes Américains de 10 à 20 ans qui ont déposé un recours devant un tribunal de l'État d'Oregon pour forcer le gouvernement régional à prendre des mesures de réduction des émissions de CO_2. En Norvège, des ONG ont, pour la première fois, attaqué l'État pour lui demander des comptes sur sa politique climatique, jugée défaillante. Toujours aux États-Unis, les villes californiennes de San Francisco et Oakland ont traduit cinq géants du pétrole devant les tribunaux pour, selon elles, avoir dissimulé les risques liés à la combustion d'hydrocarbures. De son côté, le Programme des Nations unies pour l'environnement (PNUE) a recensé, pour la seule année 2017, près de 900 recours en justice contre des États ou des industriels, intentés par des citoyens ou des associations. Et il y a fort à parier que le recours à la justice pour faire condamner des délits ou des crimes environnementaux s'est amplifié les deux années suivantes.

Le verdissement de l'opinion publique

La propagation de ces différentes formes d'action contre le dérèglement climatique doit beaucoup aux « jeunes pousses » de la « génération climat » qui ont su combiner urgence médiatique et mobilisation générationnelle. Mais elle doit aussi son succès à une opinion publique mieux informée des défis environnementaux auxquels est confrontée la planète. Jusque-là, l'écologisme a fluctué au cours des trente dernières années, au gré des petits pas, en donnant trop souvent le sentiment que les problèmes existent mais que l'on a tout son temps pour s'employer à les résoudre. D'autant que cela implique de modifier en profondeur avantages acquis et modes de vie, ancrés depuis longtemps.

« Tout le monde veut sauver la planète mais personne ne veut descendre la poubelle », disait Jean Yanne, dont on connaît l'humour décapant. C'est resté longtemps vrai, mais ce n'est plus le cas. L'accumulation des catastrophes climatiques, ces dernières années, y compris à nos portes, a été le véritable stimulateur du changement des mentalités sur les dangers que court la planète et l'opinion publique est apparue de plus en plus sensibilisée aux questions environnementales. Le propos « L'écologie, j'y pense et puis j'oublie » fait place, progressivement, à une mobilisation grandissante, favorisée par les réseaux sociaux. Dès 2011, le sondage présenté par le Programme des Nations unies pour le développement (PNUD) indiquait que 40 % de la population mondiale estimait que le dérèglement climatique constituait une menace sérieuse pour l'avenir de la planète, 44 % de l'échantillon ajoutant que l'activité humaine était bien à l'origine de cette dégradation. Par la suite, ce sentiment général, conforté par les rapports d'experts rendus publics et amplement médiatisés, n'a fait que s'amplifier.

À présent, alimentée par les catastrophes climatiques qui se succèdent, l'inquiétude sur les questions environnementales est devenue un marqueur de la vie des citoyens du monde. Bien souvent, devant les préoccupations économiques ou identitaires, c'est la protection de la nature qui est citée en premier. Le questionnement écologique sur l'avenir de la planète, un temps ramené aux jeunes et aux « bobos » diplômés des classes moyennes, se diffuse de plus en plus dans toutes les strates de la société, même chez les seniors. Et, surprise, dans les milieux populaires où, d'après certaines enquêtes d'opinion, les inquiétudes sur l'environnement font jeu égal avec les craintes que suscite la perte du pouvoir d'achat.

« Quelque chose de nouveau est en train de se passer. Depuis l'été, l'enjeu écologique remonte vite et fort dans les préoccupations quotidiennes des Français » affirmait, dès l'automne 2018, Brice Teinturier, directeur général délégué de l'institut de sondage Ipsos, confortant le constat de son collègue de l'IFOP, Jérôme Fourquet. « Il y a quelques années, la conscience du changement climatique progressait mais les Français avaient le sentiment d'avoir encore quelques années devant eux. Ce n'est plus le cas ; ils ont compris que cela se joue maintenant », expliquait ce dernier. Par la suite, la crise des Gilets jaunes et le débat qui a surgi sur « la fin du mois d'abord, la fin du monde plus tard » a pu obscurcir un moment les enjeux mais la préoccupation et les sens des priorités demeurent. À présent, la protection de l'environnement est citée en tête de leurs premières préoccupations par 51 % des Français. Ils n'étaient que 40 % en 2017. La prise de conscience et l'implication s'étendent et elles sont surtout perceptibles dans la « génération Greta », la première à se sentir directement concernée par les conséquences du dérèglement climatique sur leur avenir et celui des générations futures.

Plus de 40 % des jeunes de 18 à 30 ans disent s'être engagés en faveur du climat ou avoir défendu cette cause, sur Internet, ou sur un réseau social, ou, pour la moitié d'entre eux, avoir participé, soit à une manifestation, soit à une grève scolaire dans le même but. Les revendications pour plus d'action et une meilleure information ont rejailli sur le monde éducatif où, de l'école à l'université, les jeunes, relayés par leurs enseignants, revendiquent à présent une place plus importante pour les matières liées au climat et au développement durable, y compris en sciences humaines et sociales. Le gratin des grandes universités est interpellé dans le même sens, en touchant au porte-monnaie, le nerf de la guerre. À Harvard, un groupe d'étudiants a exigé de la direction de l'université qu'elle supprime de son trésor de guerre (39 milliards de dollars), un fonds alimenté par les frais de scolarité, judicieusement placé en Bourse, tous les investissements jugés néfastes pour l'avenir de la planète et notamment les énergies fossiles. Chez leurs aînés intégrés au monde du travail, en France comme ailleurs, on voit régulièrement augmenter le nombre de ces cols blancs en dissidence qui ont préféré le militantisme environnemental et humanitaire à une carrière confortable dans le privé, quitte à gagner beaucoup moins. D'autres n'ont pas hésité à invoquer le besoin de « moraliser » la lutte contre le réchauffement, à l'image de ces Suédois, de plus en plus nombreux, qui invoquent la « honte de voler » et boudent l'avion au profit du train, plus « propre ». À tel point que le transport aérien commence à en souffrir dans le royaume suédois.

Société civile et ONG font front commun

Longtemps, la contestation est restée l'apanage d'individus et d'organisations politiquement structurés. À présent, c'est la société civile, une notion plus large mais aussi plus diffuse et qui, pourtant, sait aussi se mobiliser très efficacement. Le concept est encore un peu flou mais ses composantes savent s'agréger utilement pour en faire un moyen d'expression ou de pression efficace. Composée d'organisations non gouvernementales, d'associations, de mouvements citoyens plus ou moins spontanés, d'organisations syndicales, patronales (les « partenaires sociaux »), caritatives ou confessionnelles, la société civile est devenue la pierre angulaire de tout mouvement de contestation dirigé contre un pouvoir, politique, économique, administratif, y compris étatique, dont les orientations ou les politiques engagées sont mises en cause.

Sur la question environnementale et son corollaire obligé, l'avenir de la planète, la société civile a su monter en puissance et mondialiser son action en créant, *via* Internet et les réseaux sociaux, des « communautés d'actions » particulièrement efficaces. D'où l'apparition de nouvelles formes de mobilisation, secondées, voire pilotées, par des ONG de plus en plus puissantes dans le domaine de l'écologie et plus précisément de la lutte contre le réchauffement climatique.

En l'espace d'une vingtaine d'années, leur nombre et leur rayon d'action se sont fortement accrus. Elles sont plus de 3 000 à disposer d'un statut consultatif auprès des Nations unies et parmi elles, les ONG dites de « plaidoyer » comme Greenpeace, Oxfam, CCFD

Terre Solidaire, WWF, les Amis de la Terre, la Fondation Nicolas-Hulot pour ne citer que les plus emblématiques d'entre elles, en lien direct avec notre sujet. Elles sont devenues, à leur façon, des multinationales de la contestation mais aussi de la proposition, grâce à une réelle capacité d'expertise mais aussi au renforcement de leurs compétences économiques et managériales.

Constituées de centaines d'experts, ces ONG dont la participation à la gouvernance mondiale a démarré, de façon modeste, au début des années 1970, ont désormais leur place attitrée dans les grandes conférences environnementales. En ayant recours à des modes d'action qui se sont diversifiés, allant de dispositifs d'alerte et d'information à d'autres, plus toniques, par exemple des menaces de boycottage par les consommateurs. Voire des opérations d'atteinte à la réputation (*Name and Shame*) dont les banques, les industriels d'énergies fossiles et les groupes agroalimentaires sont les premiers « clients ». Une force de frappe – ou de capacité de nuisance diront certains – qui incite de plus en plus d'entreprises à privilégier, en amont, le dialogue avec les ONG ou des décisions visant à répondre, par avance, à leurs exigences. C'est ainsi que dès 2016, peu avant une rencontre internationale sur le climat à Marrakech, des banques françaises avaient pris l'engagement de diminuer partiellement leur présence dans le secteur du charbon pour éviter la mise à l'index.

Pour les Verts, un début de reconnaissance par les urnes

Cet environnement a fortement favorisé l'action mais aussi la prise de conscience citoyenne sur les grands enjeux climatiques. De plus en plus présente dans les pratiques et les convictions, elle a longtemps tardé à trouver l'indispensable relais politique, celui de la consécration par les urnes, jusqu'aux résultats électoraux du printemps et de l'été 2019. À l'approche des élections européennes du mois de mai, toutes les formations, en France mais aussi chez nos voisins, se sont empressées de « verdir » précipitamment leurs programmes et de mettre en avant, pour les plus hardis, la promesse de « changer nos modes de production et de consommation ». Mais le coup de peinture « écolo » était trop opportuniste et ce sont les partis verts, plus anciens et plus légitimes dans le paysage politique écologique, qui, dans plusieurs pays et notamment en France, ont été les gagnants de la consultation, aux côtés, il faut le souligner, des formations populistes et d'extrême droite.

Cela a été vrai en Allemagne où les Grünen, traditionnellement bien ancrés, ont conforté leur assise politique. En 2017, 5 % des électeurs allemands plaçaient la protection de l'environnement en tête de leurs priorités ; ils sont 30 % à présent. La même poussée électorale « verte » s'est produite en Suisse et aux Pays-Bas où les écologistes ont bousculé les sociaux-démocrates. En Finlande, la Ligue verte, avec 16 % des voix, est devenue la deuxième formation politique du pays. Mais la surprise est venue des candidats français Europe Écologie Les Verts (EELV) qui ont recueilli 13,5 % des suffrages et se sont hissés à la troisième place.

Ces bons résultats – et le constat vaut pour la France comme pour d'autres pays de l'Union –, les écologistes les doivent en partie, comme déjà évoqué, à une actualité climatique faite de sécheresses et d'incendies en Europe qui a fortement sensibilisé l'opinion. Mais c'est surtout le « vote jeunes » et les bulletins d'électeurs un peu plus âgés mais rompus aux questions environnementales qui expliquent cette mini « vague verte » sur laquelle Emmanuel Macron entend bien surfer pour conforter une image « écolo » bien pâlichonne jusqu'à présent malgré ses récents efforts pour la redorer. Pour beaucoup de défenseurs de l'environnement, le titre de « Champion de la Terre » qui lui avait été décerné en 2017 par le PNUE onusien, en marge du One Planet Summit, permettait d'espérer bien plus d'actions concrètes pour justifier cette distinction. Et, au moins, à demeure, une plus grande stabilité, doublée d'un réel pouvoir, pour les ministres de l'Écologie qu'il est conduit à nommer, lesquels se succèdent à grande vitesse depuis le début de son mandat.

Ministre de l'Écologie : entre CDD et siège éjectable

Nicolas Hulot, ministre d'État, ministre de la Transition écologique et solidaire, aura tenu quinze mois. Départ volontaire. Son successeur, François de Rugy, également ministre d'État, même titre, même issue après à peine neuf mois d'exercice. Là, il s'agit d'un départ non volontaire, pour cause de polémiques à propos de son train de vie officiel. Et une leçon à tirer. En France, quel que soit le titre qu'on veut bien lui accorder – ministre, ministre délégué, secrétaire d'État, voire sous-ministre multicartes – et la dénomination qui va avec – Protection de la nature et de l'environnement, de l'Écologie et du Développement durable, de l'Écologie et de la Mer pour n'en citer que quelques-unes – le titulaire du portefeuille de l'Écologie est, au mieux, détenteur d'un contrat à durée très déterminée, au pire, assis sur un siège très vite éjectable.

Depuis sa création en 1971, la fonction de ministre de l'Écologie que l'on doit au président Georges Pompidou et à son Premier ministre Jacques Chaban-Delmas, avec Robert Poujade pour titulaire, aura été occupée par près d'une trentaine de personnalités, dont sept sous le seul mandat de Nicolas Sarkozy. Parmi lesquelles, pour les plus récentes, Ségolène Royal, Corinne Lepage, Dominique Voynet, Roselyne Bachelot, Jean-Louis Borloo (acteur principal du Grenelle de l'environnement), Chantal Jouanno, Nathalie Kosciusko-Morizet, Delphine Batho... et bien sûr Nicolas Hulot et François de Rugy, déjà cités. Une façon de dire que ce n'est pas la qualité qui est en cause, mais bien l'intérim de la fonction qui conduit à s'interroger sur la réelle importance que lui accorde l'exécutif, quelle que soit son obédience politique. Premier nommé, Robert Poujade parlait déjà de « ministère de l'impossible » à propos de ses fonctions.

Qu'en sera-t-il avec la nouvelle titulaire, la troisième depuis le début de mandat d'Emmanuel Macron ? Nul n'est prophète. Sauf à faire remarquer qu'Élisabeth Borne, nommée à l'Écologie mais aussi aux Transports, son ancien domaine de prédilection au gouvernement, a perdu, d'entrée, le titre de ministre d'État de ses prédécesseurs, ce qui n'est pas sans signification, même symbolique. Pour le reste, elle est considérée comme une (bonne) technicienne, un atout sans doute, mais insuffisant quand on sait que les dossiers environnementaux qui lui échoient exigent avant tout un traitement politique. Mais ceux qui la défendent l'assurent : « Elle peut faire aussi bien que de Rugy » sur les questions écologiques. Une perspective qui ne devrait guère rassurer les tenants de décisions de bien plus grande envergure sur les questions écologiques et qui se disent déçus de devoir composer avec une ministre qui ne soit pas estampillée « Écologie » de plein exercice, les transports n'étant qu'une des pièces de l'édifice.

Avant son départ du gouvernement, François de Rugy avait récusé toute accusation d'inaction de l'exécutif au regard de l'urgence climatique. « Le gouvernement actuel est sans doute celui qui a poussé l'ambition le plus haut en fixant dès le début du quinquennat l'objectif d'atteindre zéro émission nette de CO_2, soit la neutralité carbone, d'ici à 2050 », affirmait alors le ministre de l'Écologie. En présentant, début juin 2019, les orientations de son gouvernement pour l'« Acte II » du quinquennat Macron, le Premier ministre a insisté à son tour sur « l'ambition écologique » de son équipe. Mais, exception faite de sa volonté d'appliquer rapidement le contenu du projet de loi sur l'énergie et le climat voté par l'Assemblée nationale le 28 juin, lequel a suscité pas mal de frustrations, pour le reste, Édouard Philippe a surtout rappelé des engagements déjà connus pour le présent et manifesté bien peu d'audace pour l'avenir.

Projet présidentiel : la Convention citoyenne à l'épreuve

En revanche, une double initiative de l'Élysée est une avancée dans le sens d'une réponse concrète à la prise de conscience environnementale et à la volonté d'engagement manifestées par la société civile. La première a consisté à créer en mai 2019 un Conseil de défense écologique chargé de définir les orientations en matière de transition énergétique, et notamment de lutte contre le changement climatique. La seconde se voulait une réponse au souhait général de plus de démocratie participative. Dans son discours du 25 avril 2019, Emmanuel Macron annonçait la constitution d'une « Convention citoyenne » composée de 150 Français, tirés au sort durant l'été, et qui aura pour mission « de redessiner toutes les mesures concrètes d'aide aux citoyens sur la transition climatique pour les rendre plus efficaces ».

Cette convention, dotée d'un budget de 4 millions d'euros, destiné notamment à rémunérer en partie les 150 « citoyens » qui, installés dans leurs fonctions en octobre dernier, vont plancher pendant plusieurs week-ends sur tous les thèmes liés à la transition écologique, est pilotée par deux coprésidents. Il s'agit de Laurence Tubiana, membre du Haut Conseil pour le climat, également directrice de la Fondation européenne pour le climat, et qui a activement œuvré à l'Accord de Paris de 2015, et de Thierry Pech, directeur du groupe de réflexion Terra Nova, *think tank* considéré comme plutôt progressiste, pour ne pas dire « à gauche ».

Ces deux coprésidents sont épaulés par un troisième garant en la personne de Cyril Dion, militant bien connu de la cause écologique en général et de la lutte contre le réchauffement climatique en particulier. Cofondateur avec Pierre Rabhi du mouvement citoyen Colibris, il est l'auteur avec Mélanie Laurent du film *Demain. Un nouveau monde en marche*, qui a attiré en 2016, en quelques mois, plus de 1 million de spectateurs dans les salles obscures, avant d'être diffusé dans une trentaine de pays et de déclencher quantité d'initiatives, individuelles ou collectives, pour la défense de l'environnement.

La présence de Cyril Dion dans le dispositif est incontestablement un marqueur « écolo » important pour ceux qui en sont à l'origine. Il peut être aussi une caution, voire un piège dont l'intéressé a parfaitement conscience. Quelles garanties a-t-il, comme ses deux autres copilotes, que les solutions, en principe « sans filtre », qui sortiront du chapeau « Convention citoyenne » avec pour destination la voie parlementaire ou administrative ou encore, plus osé, le référendum, ne seront pas dépouillées de leur éventuelle radicalité ? Je dispose de trois moyens de rétorsion, affirme celui qui, jusqu'à présent, n'a pu être pris en défaut dans ses combats : d'abord en parler avec mes deux collègues du comité de pilotage ; ensuite prendre la parole publiquement pour dénoncer les entraves ou les censures. Le troisième moyen ? Son départ de la Convention, s'il considère qu'il a échoué.

Le constat d'un échec, c'est la conclusion tirée en août 2018 par Nicolas Hulot lorsque le ministre de la Transition écologique qu'il était alors démissionnait au bout de quelques mois. Après avoir décidé de s'aventurer dans l'arène politique pour faire avancer ses convictions, il annonçait un beau matin radiophonique qu'il ne voulait plus participer à « une forme de mystification » qui, selon lui, avait pénalisé son action. Il insistait alors sur « le grand écart » qui, selon ses dires, existait entre les paroles présidentielles ou gouvernementales et les actes, entre les déclarations flamboyantes et les arbitrages effectifs, entre une diplomatie environnementale offensive et une politique nationale défensive et timorée.

Des reproches qu'a voulu rejeter ultérieurement Emmanuel Macron lorsque, à l'occasion du sommet du G7 à Biarritz, fin août 2019, il s'est appuyé sur les gigantesques incendies qui, au même moment, ravageaient une partie de la forêt amazonienne pour se poser en « président écolo » vis-à-vis de ses pairs. Accusant son homologue brésilien, Jair Bolsonaro, absent de la rencontre, « d'avoir menti sur le climat, y compris sur les incendies, et de ne pas respecter ses engagements climatiques internationaux », il a profité de l'occasion pour justifier son titre de « Champion de la Terre ». Ainsi, le président français n'a-t-il pas hésité à parler de « crise internationale » et d'« écocide qui est en train de se développer à travers l'Amazonie », préconisant d'associer les ONG et les peuples autochtones « beaucoup plus qu'on ne le fait » et de « stopper un processus de déforestation industrialisé ». Le terme d'« écocide », jamais prononcé jusque-là dans ce type de rencontre entre chefs d'État et de gouvernement, a été interprété par Jair Bolsonaro comme une ingérence inacceptable dans les affaires brésiliennes, ouvrant naturellement la voie à une crise diplomatique entre les deux pays.

Parfaitement calculé, ce coup de menton présidentiel et la passe d'armes assez musclée qui a suivi à propos du sort de l'Amazonie, enjeu environnemental de première importance pour la planète, ont été favorablement accueillis par l'opinion publique. Mais il en faut davantage pour les milliers de jeunes qui, régulièrement, se mettent en « grève scolaire » le vendredi en expliquant qu'il ne peut être question de « petits pas » et de simplement trouver le « juste milieu » quand il s'agit de l'urgence climatique comme on l'a trop souvent entendu au ministère de l'Écologie. Au fil des mois, le mouvement se poursuit et continue à s'étoffer, confirmant qu'il s'agit là d'un fait de société majeur qui ouvre la porte à bien des espoirs pour les futurs acteurs d'un changement inéluctable.

Tous ceux qui sont attachés à l'avenir de la Terre et des humains qui l'habiteront l'ont bien compris. « Ces jeunes sont la principale raison de mon optimisme. Ce n'est pas qu'ils peuvent changer le monde. Ils sont en train de changer le monde. » Venant de l'ethnologue britannique Jane Goodall, une dame de 85 ans très respectée dans sa discipline et qui a gardé une jeunesse d'esprit à toute épreuve, ces propos recueillis lors d'une conversation avec *Le Monde* sont une parfaite réponse à la condescendance affichée par certains de leurs aînés. Les mouvements de jeunes pour le climat, les actions de consommateurs citoyens, les mobilisations en ligne sont autant de raisons d'espérer, affirme encore Jane Goodall. « J'ai confiance dans les générations futures, ajoute-t-elle, tant qu'elles auront une planète sur laquelle continuer à vivre. » À condition de cesser de la saccager.

Un modèle productiviste qui saccage la nature

« Vivre, ce n'est pas attendre que l'orage passe, c'est apprendre à danser sous la pluie. »

SÉNÈQUE

Le Jour du dépassement

On l'appelle communément « Jour du dépassement », c'est-à-dire la date à partir de laquelle l'humanité a épuisé l'essentiel des ressources naturelles et, en principe, renouvelables, de la planète : l'eau, les sols agricoles, les poissons, les forêts, les matières premières. Au-delà de cette date butoir, nous vivons donc matériellement à crédit, aux dépens d'une Terre qui, de plus en plus, s'appauvrit pour cause de surexploitation. Curseur d'un déficit écologique qui se déplace à grande vitesse sur le calendrier de la nature en confirmant le caractère prédateur de l'homme, ce « Jour du dépassement » a reculé de huit mois en l'espace d'une cinquantaine d'années. C'est là le signe évident d'une surconsommation des biens communs qui augmente de façon inconsidérée. Dans quelles proportions ? Le calcul est un peu ancien mais il n'a pas perdu de sa valeur d'exemple : entre 1980 et 2013, le total des ressources naturelles extraites ou récoltées dans le monde a augmenté de 132 %, passant de 36 à 85 milliards de tonnes selon le Sustainable Europe Research Institute, organisation spécialisée dans les questions de développement durable. Depuis, les exactions exercées sur la nature et la biodiversité ont continué à augmenter à vive allure, et la planète continue à emprunter à fonds perdu, à la suite des modes de vie qui excèdent les capacités que peut offrir la Terre.

D'après le *think tank* Global Footprint Network, créé en 2003, qui a mis au point les indicateurs synthétiques permettant cette datation écologique, le « Jour du dépassement », à l'échelle mondiale, intervenait le 23 décembre 1970, puis le 13 octobre vingt ans plus tard. Au fil des ans et à mesure que s'épuisaient les ressources, il est « tombé » de plus en plus tôt dans l'année, jusqu'à se situer le 1er août en 2018 et le 29 juillet en 2019. Il s'agit là d'une moyenne établie à partir des modes de consommation de chaque pays ou région et qui, donc, peut comporter des situations contrastées. Ainsi, le monde occidental, américain et européen, figure-t-il parmi les grands fautifs de ce décalage environnemental dans le temps et l'espace. Alors que la Journée mondiale de l'Europe, signe de fierté continentale, venait d'être célébrée à la mi-mai 2019, le Vieux Continent affichait un bilan écologique en forme de bonnet d'âne. Son Jour du dépassement, qui marque l'entrée de l'Union en déficit écologique, était officialisé pratiquement à la même date, le 10 mai, alors qu'il se situait encore au 13 octobre en 1961. Dans ce palmarès peu enviable, la Bulgarie est le « meilleur » élève de l'Union européenne et le Luxembourg, le « pire ». Quant à la France, c'est à partir du 5 mai qu'elle aurait épuisé la capacité de ses écosystèmes à se régénérer.

L'« ogre humain » dévore l'équivalent de 1,6 Terre par an

En un peu plus d'un demi-siècle, nous sommes donc passés de l'abondance à une forme d'épuisement progressif des ressources de la planète, conséquence d'une croissance mondiale sans doute historique mais aux effets secondaires dévastateurs. La pression exercée par les êtres humains sur l'environnement est telle qu'il faut chaque année l'équivalent de 1,6 Terre, voire davantage, pour satisfaire nos besoins en ressources naturelles tandis que, contrecoup prévisible, les écosystèmes et la biodiversité subissent des dégâts sans précédent. Encore faut-il se féliciter – même si c'est assez injuste – que tous les Terriens ne vivent pas sur le même mode de développement. S'il fallait les mesurer à l'aune du niveau de consommation des Australiens et des Américains, ce sont les bienfaits de plus de 4 planètes qui seraient engloutis ! De même, si l'humanité consommait autant de ressources que les Européens, un peu moins gourmands, elle aurait tout de même besoin de l'équivalent de 2,8 planètes Terre pour assouvir ses besoins. À l'inverse, si nous vivions comme la majorité des 1,4 milliard d'Indiens, 0,7 planète suffirait, ou encore 2 planètes si notre style de vie était rythmé au diapason de la Chine. C'est bien la preuve que ce ne sont pas les pays les plus peuplés qui consomment le plus, mais ceux qui ont longtemps bénéficié de l'essor économique, devenus à présent les grands prédateurs de ressources naturelles, souvent dévastées à leur seul profit.

Si la Terre s'épuise trop vite, faute de lui laisser les moyens de se renouveler, c'est à la satisfaction des besoins croissants de l'homme qu'elle le doit. Or, ces pressions sont de plus en plus fortes, et les bouleversements qui en résultent sont tels qu'ils ont désormais un impact géophysique majeur sur notre planète. Certains scientifiques ont voulu désigner ce phénomène nouveau, ne fût-ce que par son ampleur – altération de l'atmosphère, modification des milieux naturels, surexploitation des ressources –, en lui attribuant un nom spécifique. Selon ces spécialistes, notre planète serait entrée dans une sorte de nouvelle ère géologique, l'Anthropocène, laquelle aurait succédé à une autre époque de l'histoire de la Terre, l'Holocène qui a commencé il y a plus de onze mille ans.

Tous les spécialistes ne souscrivent pas à ce nouveau concept de l'évolution physique de notre globe. Mais beaucoup retiennent l'idée d'une quasi-force géologique constatée dès 2005 par les 1 300 experts à l'origine du rapport *Évaluation des écosystèmes du millénaire*, rédigé cette année-là pour le compte de l'ONU. Anthropocène ou pas, quel que soit le nom qu'on lui donne, l'épuisement des ressources naturelles qui, lui, n'est pas contestable, débouche sur une crise environnementale majeure qui ne peut qu'empirer. La menace est réelle et les Nations unies ont lancé au printemps 2019 un nouvel exercice d'alerte écologique en déclarant la période 2021-2030 « Décennie pour la restauration des écosystèmes ».

Un péché écologique ?

Il s'agit là d'un engagement de la communauté internationale visant à « la restauration des écosystèmes en aidant les pays à lutter contre les effets du changement climatique et la perte de la biodiversité » qui en résulte. Et un bon moyen de rappeler les inestimables bienfaits de la nature, y compris sa « valeur marchande » dont on n'a souvent aucune idée. Sauf peut-être pour les évêques réunis au Vatican en octobre dernier à l'occasion du synode sur l'Amazonie et qui, refusant justement le principe de marchandisation, lui ont préféré une version plus spirituelle en proposant que le « péché écologique » soit inscrit dans le droit canon, les Tables de la loi de l'Église catholique. Appelant à refuser « l'individualisme ou l'indifférence qui nous font regarder la réalité comme de simples spectateurs, comme sur un écran » les prélats demandent « une conversion écologique centrée sur la responsabilité et sur une écologie intégrale qui place au centre, avant tout, la dignité humaine, trop souvent piétinée ».

La nature mise à « juste prix »

La planète n'est pas qu'un simple décor et pas davantage un vulgaire gisement de ressources naturelles dans lequel on peut puiser à bon compte, voire gratuitement. L'eau, l'air pur, la biodiversité, les richesses que fournissent terre et mer ont bien une valeur, un prix au regard des profits économiques qu'en tirent les humains. Mais celui-ci est difficile à chiffrer dans la mesure où ces biens publics environnementaux ne sont pas cotés sur des marchés, pas plus que leur prix n'est déterminé par la traditionnelle loi de l'offre et la demande. Difficile mais pas impossible. Ainsi, partant du constat que des ruches peuvent permettre aux abeilles de butiner jusqu'à 3 millions de fleurs en une journée, l'Institut national de la recherche agronomique (INRA) a-t-il évalué à plus de 150 milliards de dollars par an cette activité pollinisatrice, à titre gracieux et au service de tous, soit 9,5 % en valeur de l'ensemble de la production alimentaire mondiale. Le calcul est cohérent quand on sait que plus de 85 % des espèces végétales résultent de l'action bienfaitrice de ces agents pollinisateurs. D'autres estimations vont jusqu'à chiffrer à 265 milliards de dollars annuels la valeur du service de pollinisation rendu par les abeilles dans le monde. Et à 125 000 milliards de dollars la valeur des services rendus par la totalité des éléments composant la nature. On pourrait s'interroger sur le mode de calcul qui permet d'avancer ces chiffres mais ce qui n'est pas contestable est l'apport gigantesque de la nature à l'activité humaine.

D'où l'idée qui se propage chez les écologistes mais aussi auprès d'économistes, d'attribuer dorénavant un « juste prix » à la nature en considérant qu'il s'agit là d'un patrimoine commun de l'humanité et que la Terre mérite d'être considérée comme une personne juridiquement protégée. Une vision utopique ? Pas tant que cela. En avril 2017, la Haute Cour de justice de l'Uttarakhand a accordé à l'air, aux forêts, aux glaciers, aux rivières et aux cascades de cet État himalayen situé dans le nord de l'Inde la qualité juridique d'« entités vivantes ayant le statut de personnes morales ». La même juridiction avait déjà concédé un statut identique au Gange et à son principal affluent, la rivière Yamuna. L'exemple n'est pas unique. En Nouvelle-Zélande, bien loin des sommets de l'Himalaya, le Parlement local a accordé à la rivière Whanganui les mêmes droits de personne morale. Depuis, dans d'autres pays, des magistrats commencent à réfléchir sur le bien-fondé de dispositions juridiques permettant de protéger la nature. Sans attendre d'être tenus de s'en saisir seulement lorsqu'il faut évaluer et, parfois, prévoir des indemnisations, pour les sévices qui lui sont infligés.

Si nous en sommes conduits à nous demander « À qui appartient le vivant ? » pour tenter d'en protéger la propriété, c'est bien que quelqu'un s'en est emparé à une époque pour le faire fructifier, mais à présent, *a contrario*, pour l'épuiser, sans lui laisser ni le temps ni les opportunités de se régénérer. La grande majorité des spécialistes en conviennent : l'homme est sur Terre depuis deux cent mille ans, et son empreinte sur la nature s'est manifestée lorsque, il y a soixante mille ans, il a commencé à brûler des forêts pour chasser, puis labourer les sols, et domestiquer des animaux. Par la suite, son impact sur l'environnement s'est accéléré au rythme des révolutions agricoles et industrielles des XIXe et XXe siècles mais il a véritablement explosé, à partir des années 1950, jusqu'à s'avérer à présent aussi nocif que dans toute la période depuis le début de son existence, affirment les spécialistes. Il en résulte une planète à bout de souffle et un état des lieux inquiétant, confirmé par les alertes de plus en plus dramatiques lancées par les défenseurs de la nature et par la communauté scientifique.

La planète dans tous ses dégâts

De fait, au fil des décennies qui ont suivi, à l'épuisement progressif des ressources s'est ajoutée la dégradation aggravée des éléments constitutifs de la vie sur Terre. À cet égard, le rapport sur l'épuisement des sols publié en août 2019 par le Groupe d'experts intergouvernemental sur l'évolution du climat (GIEC) a de quoi inquiéter. Dénonçant cette menace de terres appauvries qui pèse sur le sort de 3 milliards d'humains parmi les plus pauvres et les plus vulnérables, affectés dans leur quotidien par la désertification, le GIEC souligne aussi l'importance de l'érosion des sols et leur acidification. Ce sont près de 2 milliards d'hectares de terres qui sont à présent dégradés dans le monde du fait des activités humaines et du changement climatique, soit la moitié des superficies existantes. Dans le même temps, 15 millions d'hectares de forêts sont détruits chaque année dans le monde, soit la superficie de la Belgique, saccageant d'autant ce couvert végétal qui est aussi le principal réservoir de la biodiversité, laquelle est en grave souffrance. Terres et forêts dégradées, ce sont autant de millions de tonnes de CO_2 qui sont restitués aux gaz à effet de serre que l'on s'emploie par ailleurs à contenir.

Dans le même temps, canicules et sécheresses aidant, l'eau, source de vie, se raréfie. En cinquante ans, la quantité disponible par habitant a diminué de moitié depuis 1970, et l'on a déjà recensé, à l'échelle de la planète, 2 000 litiges ayant la bataille de l'eau pour origine. Mers et océans, soumis à la surpêche et à la capture illégale, connaissent aussi les affrontements pour faire face à une demande croissante alors qu'une espèce sur trois est menacée de disparition. Aux poissons s'ajoutent d'autres populations en danger telles que les oiseaux, les mammifères, les amphibiens mais aussi les crustacés et les coraux. Au total, le nombre de ces populations a connu une chute de 60 % là aussi en une cinquantaine d'années, faisant craindre, à terme rapproché, une disparition dramatique d'un grand nombre d'espèces si rien n'est fait pour contrecarrer cette tendance.

Au fil du temps, le pillage du vivant et des ressources naturelles n'a fait que s'accroître. Sous l'effet d'une demande en constante augmentation, entretenue par une explosion démographique sans égale et par une quête de croissance à l'infini, la ponction sur les richesses de la Terre a plus que triplé, en volume, depuis les années 1970. Mesurée par habitant, elle est passée de 7,4 tonnes en 1970 à plus de 12 tonnes en 2017 avec les conséquences que l'on connaît telles que la perte de biodiversité, déjà évoquée, le dérèglement aggravé du climat et une pollution de l'air qui, selon l'Organisation mondiale de la santé (OMS), affecte 9 habitants sur 10 dans le monde, entraînant la mort de 7 millions de Terriens par an, bien plus que les décès cumulés dus aux maladies et aux accidents de la route.

La question de l'avenir des ressources est d'autant plus cruciale que, d'ici à 2030, au rythme actuel de la consommation, l'humanité devra trouver les moyens d'extraire 100 milliards de tonnes de ressources naturelles selon les estimations du Programme des Nations unies pour l'environnement (PNUE). Ce qui suppose qu'elles soient en quantité suffisante pour répondre à cette très forte demande et que les conséquences de ce prélèvement à outrance à opérer sur les richesses de la nature s'effectuent sans effets négatifs. Une équation insoluble qui renvoie au passé et au modèle de développement suivi depuis deux cent cinquante ans et consistant en l'exploitation à outrance de la nature et de ses ressources pour assurer prospérité économique et progrès social sans se soucier du prix à payer. Un obscurantisme qui ne doit pas occulter pour autant les réels progrès dont a bénéficié l'humanité durant les dernières décennies.

De fait, l'espérance de vie a considérablement augmenté dans le monde depuis 1900 et même si, actuellement, quelque 900 millions de Terriens souffrent encore de la faim, la malnutrition la plus sévère a été diminuée de moitié dans les pays les moins développés depuis 1970. L'extrême pauvreté a sensiblement diminué, sur fond, en revanche, d'inégalités croissantes, et les progrès de l'éducation ont permis aux deux tiers de la population mondiale de sortir de l'analphabétisme. À ces facteurs positifs, il faut ajouter l'enrichissement global de la planète et la constitution, en une trentaine d'années, d'une classe moyenne qui représente déjà 200 à 300 millions de personnes en Chine et à peine moins en Inde. Un atout important pour ces deux géants démographiques de la planète, en passe de devenir les grandes puissances économiques qui vont supplanter, avant le milieu de ce siècle, l'hégémonie du monde occidental qui prévalait jusqu'ici.

Le lourd bilan du productivisme

Tout cela est vrai, mais le problème n'est pas tant de nier ces améliorations que de s'inquiéter du fait qu'elles font partie du passé tant il est vrai que le productivisme – puisque c'est de lui qu'il s'agit – est devenu un responsable-coupable, désormais obsolète puisque le postulat qui justifiait l'espérance placée en lui – la croissance infinie, mère de tous les bienfaits – reposait sur des ressources en passe de « finir ». Déjà passablement malmenée, la nature, si elle n'est pas en partie sanctuarisée là où elle est le plus en danger, ne pourra pas satisfaire les besoins des 9,7 à 10 milliards de personnes qui peupleront la planète en 2050. À moins d'une remise à plat complète, dès à présent, du mode de production et de consommation des humains qui apparaît inévitable. Le modèle des deux derniers siècles, et les révolutions industrielles qui les ont accompagnés, basé pour l'essentiel sur la performance productive et, plus récemment, sur les espoirs placés dans la science et la technologie, ont débouché sur une civilisation thermo-industrielle dont l'avenir, à l'état actuel, paraît bien compromis.

Soumis à l'impératif économique – et plus encore financier – il demeure celui de l'après-guerre, inadapté à un monde en profonde mutation, ne fût-ce que par l'importance croissante de sa tertiarisation et d'une révolution numérique qui a considérablement rétréci l'espace et le temps. Considéré, à certains égards, au faîte de sa puissance, le modèle productiviste apparaît désormais profondément vulnérable. Raison de plus pour s'employer à le modifier en profondeur, une entreprise malaisée au regard des pesanteurs et des farouches oppositions que suscite l'idée de changer de modèle. Il faut pourtant s'y employer comme décrit au chapitre III de cet ouvrage.

« Une des principales raisons de la difficulté à adopter un scénario de rupture est l'inertie considérable du puissant modèle actuel de production et de consommation », écrit Jean Carassus, professeur à l'École nationale des ponts et chaussées dans son ouvrage *Le Choc. Révolution industrielle, biosphère et société.* « Le modèle industriel a connu trois étapes, proches du récit des trois révolutions industrielles. D'abord, l'industrie des commodités (ou matières premières), acier, énergie, chimie de base, puis la fabrication des produits grand public (automobiles, électroménager, ordinateurs) et professionnels (machines), et, enfin, l'industrie servicielle. Le modèle, depuis deux siècles et demi, a les trois mêmes fondamentaux : emploi massif des énergies fossiles, utilisation de la nature comme ressource *a priori* inépuisable, économie linéaire et un scénario inchangé : j'extrais, je produis, je consomme, je jette, explique-t-il. Les lobbies en place, industriels, sidérurgie, automobile, luxe, numérique, ont naturellement tendance à reproduire ce modèle et ses fondements et à faire durer le modèle de production et de consommation » le plus longtemps possible, ajoute Jean Carassus, soulignant que le modèle productiviste agricole qu'il ne faut pas oublier « est de son côté très dominant ».

S'inscrire à rebours de cette logique qui a trop longtemps prévalu est la vaste tâche qui attend l'être humain en vue de son rendez-vous avec la date fatidique de 2050. Hier bâtisseur, aujourd'hui prédateur, il est la cause principale du réchauffement et du dérèglement climatique comme en conviennent à présent 98 % des spécialistes. Il est aussi à l'origine de la déforestation, de l'acidification des océans, de l'augmentation des températures, des pesticides, du gaspillage de l'eau et des aliments, ou encore de l'accumulation des déchets, pour ne mentionner que quelques-uns de nos héritages. Convaincu de ce lourd passif, le Terrien ne peut se racheter qu'en optant pour un nouveau mode de vie et de développement en adéquation avec les richesses disponibles mais en quantité plus limitée. Pour construire l'avenir de la planète – et surtout de l'humanité –, en prévision des énormes besoins qu'il faudra satisfaire lorsque la population mondiale se sera accrue de 35 % en seulement vingt-cinq ans.

Au regard de l'ampleur de la tâche et de la date butoir fixée à 2050, c'est dès à présent qu'il faut s'attaquer aux urgences, au minimum au nombre de six, qui constituent la future feuille de route d'une l'écologie adaptée au siècle en cours.

CHAPITRE II

Six défis pour 2050

1. Conjurer le dérèglement climatique

« Si le climat était une banque, les pays riches l'auraient sauvé depuis longtemps. »

Hugo CHAVEZ

« Notre maison brûle et nous regardons ailleurs. » Abondamment citée lorsqu'on parle du dérèglement climatique, la formule a connu un regain d'actualité après le décès, le 26 septembre 2019, de celui qui en était à l'origine, Jacques Chirac. Même si la véritable paternité de cette phrase, entrée dans l'histoire, revient à un conseiller du président de la République qui n'était autre que Nicolas Hulot, lequel l'avait ajoutée au discours officiel, sans se douter de son retentissement et de sa pérennité. À l'époque, le 2 septembre 2002, le propos avait frappé les esprits et on continue à la rappeler depuis, comme l'a fait l'actuel président de la République Emmanuel Macron en août 2019, lors du sommet du G7 de Biarritz, signe qu'il n'a pas pris une ride.

Jacques Chirac, alors en fonction à l'Élysée, avait prononcé cette formule à Johannesburg, en Afrique du Sud, à l'ouverture de l'Assemblée plénière du IVe Sommet de la Terre, placé sous l'égide des

Nations unies. Par raccourci médiatique ou opportunisme politique, on omet généralement de citer la suite du propos présidentiel, au moins aussi importante. « La nature, mutilée, surexploitée, ne parvient plus à se reconstituer, et nous refusons de l'admettre. L'humanité souffre. Elle souffre de mal-développement, au Nord comme au Sud et nous sommes indifférents. La Terre et l'humanité sont en péril, et nous sommes tous responsables. Il est temps d'ouvrir les yeux. Sur tous les continents, les signaux d'alerte s'allument », avertissait alors Jacques Chirac à l'adresse de la communauté internationale.

En matière d'écologie, l'ex-locataire de l'Élysée n'était pas précisément un avant-gardiste. Partisan du nucléaire et de l'industrie lourde, on lui doit pourtant, outre le discours de Johannesburg, quelques avancées « vertes ». À commencer par la Charte de l'environnement et le principe de précaution, imposés contre sa majorité de l'époque, et auxquels on pourrait ajouter les lois environnementales votées au milieu des années 1970, notamment sur les déchets, ainsi que le moratoire sur les organismes génétiquement modifiés (OGM).

Que le propos de l'ancien président à Johannesburg, en 2002, ait été sincère ou qu'il se soit inscrit dans une opération de communication dont le monde politique n'est pas avare, importe peu. L'essentiel est que, dix-huit ans après, si la formule choc de Jacques Chirac résonne étrangement à nos oreilles, c'est parce que l'actualité, faite de catastrophes climatiques sans précédent, y compris à notre porte, nous renvoie au dramatique constat présidentiel formulé en terre sud-africaine. Depuis, le temps a passé et les conférences sans lendemains qui ont suivi se paient aujourd'hui au prix fort.

D'autres grands-messes climatiques se sont en effet inscrites sur l'agenda onusien mais, durant ces longues années, notre maison a continué à brûler de plus belle – et à s'inonder au moins autant – pendant que, trop souvent, nous persévérons à regarder ailleurs, jusqu'à ce que les désastres climatiques, inédits par leur ampleur et leur fréquence, s'accompagnent de bilans humains et matériels de plus en plus lourds. À présent, la planète affronte ouragans et pluies torrentielles en même temps qu'elle s'assèche de plus en plus, phénomène dont les lointaines contrées n'ont plus le triste monopole. Européens autant qu'Américains le constatent maintenant, eux aussi, à domicile.

Des phénomènes climatiques extrêmes et dévastateurs

Inondations à répétition, canicules en série, fonte des glaces accélérée, élévation du niveau de la mer. Soumise comme jamais aux colères de Dame Nature, la planète aura connu ces dernières années une suite quasi ininterrompue de désastres climatiques qui s'ajoutent aux records de température battus d'année en année. Une longue litanie de catastrophes naturelles que l'on déplore à présent partout. Même si les pays du Sud, moins bien organisés au plan sanitaire et nettement défavorisés, économiquement parlant, s'avèrent bien plus désarmés qu'au Nord pour faire face aux éléments déchaînés.

Les cyclones tropicaux sont synonymes de bien des malheurs et des dévastations. On se souvient encore de l'année 2018 lorsque la gigantesque tempête Harvey, après avoir dévasté les Caraïbes et meurtri Porto Rico, frappait à son tour le cœur du Texas, plongeant Houston et ses alentours sous les eaux. En l'espace de deux mois, dix ouragans auront balayé cette année-là les Antilles, Cuba, Haïti, Porto Rico et les côtes de Floride, après le Texas. À l'automne 2018, c'était au tour de Michael, le troisième ouragan le plus puissant à avoir frappé les États-Unis et plus particulièrement le nord-ouest de la Floride. À la même période, l'Asie du Sud-Est subissait le passage du supertyphon Mangkhut avec son lot de victimes en nombre, d'habitations détruites, de champs inondés et de routes coupées.

Plus récemment, en Afrique australe, après le passage du terrible cyclone Idai, au printemps 2019, c'est tout le Mozambique qui s'est retrouvé sous les eaux, les pluies torrentielles dévastant à 90 % Beira la seconde ville du pays, avec 500 000 habitants. À peine essayait-il de se remettre que le pays subissait la double peine, en étant confronté quelques semaines plus tard à l'ouragan Kenneth, d'une puissance record dans cette région. De son côté, l'Australie a connu à la même période des inondations exceptionnelles dans le nord-est du pays qui, selon les météorologues, n'arrivent que « tous les cent ans ». L'Iran a été touché à son tour au printemps 2019 par des inondations destructrices qui ont mis à mal une économie déjà affectée par une crise sévère due en partie à l'embargo américain. En Inde, c'est tout le Kerala, dans le sud du pays, qui a été noyé sous les crues trois mois plus tard.

L'été 2019 n'a pas été beaucoup plus clément dans bien des régions du globe. Au Japon, des pluies abondantes ont balayé le sud du pays, entraînant l'évacuation de 1 million de personnes, et l'archipel a subi à nouveau, suite au typhon Hagibis, de terribles précipitations qui ont fait des dizaines de morts. Un lourd bilan pour un pays pourtant habitué aux caprices du ciel. Au Mexique, fin juin, à la suite d'un orage de grêle d'une violence inégalée, les rues de la ville de Guadalajara, dans le nord du pays, étaient recouvertes, en quelques heures, de 2 mètres de glace pilée. La veille, le thermomètre affichait un beau soleil et 31 °C ! À l'automne, c'est le terrible ouragan Dorian qui a dévasté les Bahamas, avec une violence « jamais vue » dans l'histoire de ce pays, avant de longer les côtes américaines.

Cette carte géographique de la fureur du ciel, stimulée par le réchauffement climatique, parle d'elle-même. Elle frappe désormais toutes les régions du monde, surtout au Sud, obligeant à des transferts de populations d'une ampleur ignorée jusqu'à présent et qui ne feront que s'amplifier. En Asie, au Bangladesh, sans doute l'un des pays historiquement les plus frappés par de violentes intempéries, on considère que d'ici à 2050, ce sont peut-être 50 à 60 millions d'habitants qu'il faudra déplacer pour cause de catastrophe climatique et d'insécurité alimentaire en raison des terres agricoles submergées et de la salinité de l'eau qui en résulte. À en croire la Banque mondiale il faut prévoir, d'ici à 2050, une multiplication par trois des risques d'inondations que l'on doit beaucoup aux phénomènes climatiques El Niño et La Niña, une terrible menace pour la vie de dizaines de millions de personnes.

El Niño et La Niña, fauteurs de troubles climatiques

El Niño, un nom bien innocent pour désigner un fauteur de troubles climatiques de grande ampleur. Cet « enfant », baptisé ainsi par les Péruviens car il paraît aux environs des fêtes de Noël, est un phénomène climatique redoutable qui prend naissance dans le Pacifique sous l'effet du réchauffement de l'océan du même nom et de la hausse des températures de surface. Le choc est frontal avec le refroidissement des eaux intervenu en Australie et Asie du Sud-Est, et El Niño se déchaîne alors en températures déréglées, vents ultraviolents et pluies torrentielles depuis l'Afrique jusqu'à l'Amérique, semant la désolation sur son passage. Les climatologues – et les populations affectées – n'ont pas oublié les ravages du passage du Niño durant le violent épisode de 1997-1998 lorsqu'il avait fait 23 000 victimes dans le monde, 6 millions de déplacés, des territoires entièrement dévastés et entraîné près de 40 milliards de dollars de dégâts.

Depuis, « l'enfant terrible » de la météo continue d'occasionner de gigantesques inondations au Pérou, de graves sécheresses en Australie, des tempêtes impressionnantes en Californie et des typhons qui ne le sont pas moins au Japon. Et les Nations unies, comme la FAO, tirent le signal d'alarme au regard de l'impact dévastateur de l'épisode El Niño sur les récoltes et la sécurité alimentaire, un phénomène climatique hors norme qui complique les effets du réchauffement, entraînant des bouleversements considérables sur les cultures mais aussi sur la mer et les océans, donc sur les pêches.

Un malheur n'arrivant jamais seul, il faut composer à présent avec sa petite sœur, La Niña, promise elle aussi à un bel avenir en termes de nuisances climatiques. Plus de 60 millions de personnes dans le monde se retrouvent en situation d'insécurité alimentaire quand elles croisent « le garçon », El Niño. Lorsqu'il se met en tête de parcourir les airs avec « la fillette », La Niña, c'est près du double de malheureux qui, en Afrique, en Asie et dans le Pacifique, auront à en subir les maléfices.

Inondations et sécheresses

Ce trop-plein d'eau et les inondations qu'il entraîne ont leur pendant dont bien des populations se passeraient : une accumulation de sécheresses – météorologiques lorsqu'elles sont dues à un déficit de précipitations, hydrologiques pour cause de nappes souterraines à sec. En 1964, l'écrivain américain J.G. Ballard proposait à ses lecteurs un livre intitulé *Sécheresse*, décrivant une planète asséchée et des habitants, privés de toute parcelle d'ombre, en proie à une canicule à laquelle ils ne pouvaient résister. Une œuvre qui se voulait de simple fiction mais qui, un demi-siècle plus tard, est devenue réalité, laquelle, d'ailleurs, n'est pas propre à l'Amérique du Nord. Dans bien d'autres régions du monde et très souvent parmi les plus appauvries et les moins aptes à se relever après les sinistres, les populations locales souffrent de sécheresse endémique et de la pénurie alimentaire qu'elle produit.

À titre d'exemple, l'Inde où le secteur agricole fait vivre 600 millions de personnes a connu au printemps 2019 une sécheresse historique qui a privé d'eau une bonne partie des 115 millions d'habitants de l'État du Maharashtra, vidant quantité de villages de leurs paysans assoiffés. Ailleurs, le nord-est brésilien mais aussi l'État de São Paulo ont soif. En Afrique, le Kenya, le Lesotho, le Burkina Faso et la plupart des pays du Sahel figurent parmi les grandes victimes du réchauffement climatique et de la sécheresse qui en découle. Le continent africain est particulièrement frappé. Entre 2005 et 2016, 84 périodes de sécheresse ont affecté 34 pays africains sur les 54 que compte le continent. Sur le pourtour méditerranéen, tous les pays ou presque sont affectés par des élévations de température anormales qui assèchent la végétation et les cultures, favorisant les incendies. D'autres pays, *a priori* plus fortunés, sont logés à la même enseigne climatique : l'Argentine, en proie à des pénuries de pluie d'une ampleur sans précédent, ou encore l'Australie qui a connu, début 2019, sa pire sécheresse depuis cinquante ans et des incendies hors normes quelques mois plus tard.

L'Europe, elle aussi, a connu son lot de sécheresses et d'incendies de massifs forestiers, très sensibles au stress hydrique, surtout dans les pays du sud du continent. L'Espagne est en déficit chronique d'eau de pluie depuis quatre ans et des incendies, alimentés par la sécheresse, ravagent des dizaines de milliers d'hectares du couvert forestier espagnol, tout comme au Portugal. À l'été 2019, des incendies à répétition se sont produits en Grèce, et une grande partie de la Sibérie orientale a été ravagée par le feu, jusqu'à devoir classer plusieurs districts en zone « ciel noir ». La France n'échappe pas à la règle. L'Hexagone a connu de gros incendies dans le Gard et l'Aude tandis que plusieurs départements souffraient d'une grave sécheresse et d'un déficit pluviométrique de 50 % par rapport aux années précédentes, handicap majeur pour les cultures et l'élevage.

Coup de chaud sur la planète. À quand les 50 °C pour tous ?

Tous les spécialistes en conviennent, le réchauffement de la planète, marqué par une hausse des températures exceptionnelle, jusque dans les régions dites tempérées, est appelé à s'accentuer et, surtout, à durer. Les vagues de canicules qu'a connues la Terre en 2018, au Nord comme au Sud, n'étaient qu'un avant-goût des coups de chaud bien supérieurs constatés l'année suivante. Juillet 2019 aura été le mois le plus chaud enregistré depuis les premiers relevés de température à la fin du XIXe siècle, affirme la National Oceanic and Atmospheric Administration, agence fédérale américaine dont les travaux font autorité. Tous mois confondus, juillet 2019 aura été le plus chaud jamais mesuré à la surface de la Terre avec une température de 0,56 °C plus élevée que la moyenne de la période 1981-2000, et de 1,2 °C au-dessus du niveau de l'époque préindustrielle.

À première vue, cet écart peut sembler relativement faible mais ses effets sont plus que conséquents et n'épargnent plus aucun continent. Ainsi, en Inde, New Delhi a affiché un record historique de

48 °C fin juin et jusqu'à 51 °C dans le nord du pays. En Australie, la température n'est pas tombée en dessous de 47 °C en juin-juillet et en Europe où tous les pays ont été concernés, la canicule a fait tomber tous les records historiques. À Paris, le thermomètre est grimpé jusqu'à 42,6 °C mais il a atteint 45,9 °C dans le département du Gard.

Alors, à quand les 50 °C ; voire plus, un peu partout sur la planète, est-on en droit de se demander ? Si rien ne change, c'est déjà fait, ou presque. « En cas de réchauffement climatique non maîtrisé, on pourrait enregistrer des températures atteignant 55 °C dans de nombreux pays, y compris en France, durant la seconde partie du XXIe siècle, ce qui entraînerait cinquante fois plus de décès liés aux catastrophes climatiques qu'actuellement », avertit le climatologue Jean Jouzel. Les spécialistes en sont convaincus : quelles que soient les régions, les extrêmes de chaleur seront plus fréquents et les périodes de canicule plus longues. Une perspective préoccupante pour les pôles où la glace fond comme neige au soleil et élève d'autant le niveau de la mer.

Arctique et Antarctique : la fonte des glaces en alerte rouge

Avec la dilatation des mers due à l'élévation de température, les grands coupables, bien involontaires, de cette montée des eaux qui s'annonce comme un cauchemar environnemental sont les pôles, soumis au réchauffement climatique dû à l'excès de CO_2. Ainsi, au Groenland, grand comme quatre fois la France et couvert de glace sur 85 % de sa superficie, la fonte de la banquise commence actuellement avec trois mois d'avance, et l'on enregistre par moments des températures supérieures de plus de 20 °C à la normale. Du jamais vu au Grand Nord, considéré comme la vigie de tout ce qui concerne le réchauffement de la planète. Sur place, l'accélération du dégel n'est plus contestable. Chaque décennie, l'Arctique perd 13 % de son couvert de glace.

Un constat préoccupant quand on sait que cette région où vivent encore 4 millions d'Inuits, de Iakoutes, d'Evenks et d'Évènes, de Nenets et de Tchouktches, conserve la deuxième plus épaisse couche de glace de la planète, après l'Antarctique. Sous l'effet de températures hivernales de plus en plus élevées et qui bouleversent le cycle normal des saisons, les icebergs sont de plus en plus nombreux à se détacher de la calotte, parfois en quelques minutes. En trente ans, l'épaisseur de la banquise s'est réduite de 40 % et d'ici à la fin du XXIe siècle, elle pourrait avoir fondu au moins de moitié. Prévoyante, l'Islande a déjà inauguré, à l'été 2019, la plaque qui célèbre le souvenir de Okjökull, le premier glacier à avoir fondu sous l'effet du réchauffement climatique !

La situation au pôle Sud, terre de l'extrême, est à peine meilleure que celle de l'Arctique, désormais considérée comme « une bombe polaire ». Ces dernières années, la liste des records de chaleur s'est allongée en Antarctique, jusqu'à 20 °C pour ce qui est de la température la plus élevée. Au total, l'Antarctique occidental s'est réchauffé de 2,4 °C depuis 1958, ce qui fait dire aux scientifiques que la calotte de cette région, composée d'une demi-douzaine de grands glaciers, est engagée dans un phénomène de dégel qui est tout sauf transitoire. Depuis cinq ans, les glaciers de l'Antarctique fondent à un rythme trois fois plus élevé qu'au cours des précédentes décennies.

Un milliard de Terriens menacés par la montée des eaux

Sous l'effet de la disparition à grande vitesse de la couverture neigeuse, la hausse du niveau de la mer pourrait atteindre 60 centimètres d'ici à 2100 selon le succès ou non de la lutte contre les émissions de gaz à effet de serre. Cette fonte des calottes glaciaires pourrait contraindre 20 % de la population mondiale à s'éloigner des villes côtières, menacées de submersion. « Faut que je t'invite à Venise / Avant que l'eau l'ait noyée / Avant que l'eau des banquises /

Vienne recouvrir le monde entier », chantait Nilda Fernandez, auteur-compositeur franco-espagnol. De fait, outre la Cité des doges qui a connu, en novembre 2019, une « marée haute » historique, le danger menace quantité de villes et de métropoles, qu'il s'agisse de Londres ou New York, Rio de Janeiro ou Miami, mais aussi de Calcutta, Tokyo, Manille, Bangkok ou Shanghai. Et les côtes européennes ne sont pas à l'abri.

Aux Seychelles, 80 % des îles qui composent ces lagons de rêve pour amoureux de la plongée sont appelées à disparaître sous les eaux, de même que les Maldives, le Vanuatu, les îles Tuvalu ou, parmi d'autres, le petit archipel de Kiribati et ses atolls situés entre Hawaii et l'Australie. Les États d'Océanie étant particulièrement exposés aux effets du réchauffement, une quarantaine de petites îles se sont d'ailleurs regroupées au sein de l'Aosis (Alliance of Small Island States), l'alliance des petits États insulaires, pour faire valoir leurs craintes de disparaître sous les effets d'un réchauffement qu'ils qualifient de « génocide silencieux » après la salinisation des eaux, l'érosion et le blanchiment du corail dont ils souffrent déjà.

À l'horizon de 2030 et aux conditions actuelles, ce sont plus de 800 millions de personnes qui seront soumises aux effets de la montée des eaux, et 1,2 milliard en 2060. À cela, une raison bien simple : la planète comptera alors au moins 6,5 milliards d'urbains en 2050, soit 75 % de la population mondiale, évaluée alors à près de 10 milliards de Terriens. Une partie importante de ces habitants des villes vivront dans des zones côtières, particulièrement visées par les effets du changement climatique et la montée des eaux. Pour eux, contenir la mer et ses soubresauts est devenu une question de survie, surtout sur les bords de la Méditerranée, laquelle se réchauffe 20 % plus vite que le reste du globe. Sur les vingt villes du monde qui vont subir la plus forte élévation du niveau de la mer d'ici à 2050, plus de la moitié d'entre elles se trouvent sur le pourtour méditerranéen.

Catastrophes climatiques et insécurité alimentaire

Le dérèglement climatique et les catastrophes qu'il déclenche mettent en péril l'existence et les conditions de vie de centaines de millions d'habitants dans le monde. L'insécurité alimentaire s'en trouve aggravée d'autant tandis qu'aux effets des sécheresses et des inondations s'ajoute la flambée des prix des denrées alimentaires. D'ici à 2030, 100 à 120 millions de personnes au moins vont basculer dans la pauvreté par le seul fait du changement climatique et venir s'ajouter aux « ventres vides » dont le nombre va croissant (ils sont plus de 820 millions), les populations les plus affectées par ce phénomène se situant en Asie du Sud et du Sud-Est – et plus particulièrement en Inde –, en Afrique et au Proche-Orient.

Dans quelques années, l'Afrique et surtout sa zone subsaharienne auront remplacé l'Asie en termes de nombre de catastrophes naturelles rapporté à la taille de la population du continent, laquelle aura doublé en moins de cinquante ans. Une prévision inquiétante quand on sait que c'est le secteur agricole – très présent sur le continent – qui paie le plus lourd tribut aux catastrophes naturelles, jusqu'à 22 % de tous les dégâts dus aux sécheresses, inondations et intempéries de toute sorte. Au cas où le dérèglement climatique continuerait à s'aggraver, la baisse des rendements agricoles, liée à l'accroissement démographique, aurait pour effet que le continent noir ne pourrait plus subvenir qu'à hauteur de 13 ou 15 % maximum à ses besoins alimentaires d'ici à 2050. Si l'on en croit la Commission économique pour l'Afrique (CEA), il suffira que la température augmente de 1,9 °C pour que la malnutrition frappe 25 % des sous-alimentés en Afrique centrale, 50 % en Afrique de l'Est et jusqu'à 85 % en Afrique de l'Ouest ! Une perspective terrible pour les 65 % d'Africains qui travaillent une terre qui ne pourrait plus les nourrir.

L'Europe a aussi de quoi s'inquiéter, notamment pour ses « greniers à blé » de l'est du continent. En somme, c'est tout l'Objectif de développement durable (ODD) numéro 2, appelé Faim zéro, à l'horizon 2030 que se sont assignés l'ONU et la communauté internationale qui se trouve gravement compromis par le changement climatique et les dégâts considérables qu'il entraîne.

Un réchauffement à freiner d'urgence

Le changement climatique et ses dramatiques conséquences ne sont pas seulement un danger potentiel pour les générations futures. Il est une réalité dès à présent. Les catastrophes climatiques peuvent être classées en six catégories les plus préjudiciables pour la bonne santé de la planète : le réchauffement et les sécheresses, les vagues de chaleur et les incendies, la montée des eaux et les inondations. À en croire les travaux de chercheurs publiés fin 2018 dans la revue *Nature Climate Change*, il suffit de trois d'entre elles, cumulées, pour que la moitié de l'humanité soit affectée par les caprices de la nature révoltée, d'ici à 2100, dans des secteurs économiques essentiels. Ce serait notamment le cas de l'agriculture, de l'élevage ou de la pêche directement impactés par la hausse des températures, mais aussi par la pénurie d'eau potable, sans oublier les perturbations sur le monde du travail dues aux sautes d'humeur du climat. Selon l'Organisation internationale du travail, l'augmentation du stress thermique devrait conduire à des pertes de productivité équivalentes à 80 millions d'emplois pleins en 2030 et à des pertes économiques qu'elle évalue à 2 400 milliards de dollars. Le coût des catastrophes climatiques dans le monde est en constante augmentation. Dans un premier temps, la Banque mondiale les évaluait à un peu plus de 300 milliards de dollars par an. Elle les chiffre à présent à 520 milliards.

Sur cette question cruciale du climat, de son dérèglement et de ses conséquences néfastes s'il n'est pas drastiquement régulé et de façon urgente, les avis des scientifiques ont convergé ces dernières années. C'est bien l'activité humaine et les émissions de gaz à effet de serre qu'elle produit qui en sont à l'origine, et c'est leur contingentement, ou non, qui déterminera si les futurs Terriens auront encore droit de cité – et, en partie, droit de vie – dans le monde de 2050.

Pour éclairer sur le sujet les décideurs, mais aussi l'opinion publique, à partir de données et d'analyses recueillies auprès de centaines de spécialistes reconnus, la communauté scientifique internationale s'est donné un juge de paix, à savoir le fameux Groupe d'experts intergouvernemental sur l'évolution du climat (GIEC). Cette instance a pour mission de formuler un avis sur le réchauffement climatique, ses origines et ses différents effets sur la planète. Mais elle a aussi pour but, à la lumière des rapports successifs qu'elle publie depuis près de trente ans, d'évoquer les solutions qui permettraient d'éviter un désastre environnemental majeur au XXIe siècle, ou du moins les décisions à prendre au plus vite pour en limiter les dégâts.

Qu'est-ce que le GIEC ?

Placé sous l'égide des Nations unies et de l'Organisation météorologique mondiale (OMM), ce qui lui donne une légitimité institutionnelle, le Groupe d'experts intergouvernemental sur l'évolution du climat (GIEC), dont le siège est à Genève, a été créé en 1988. Organisé en trois groupes de travail (sciences du climat, conséquences du changement climatique et mesures pour en atténuer les effets), il regroupe près de 2 500 scientifiques issus d'une soixantaine de pays, intervenant à des degrés divers. Le GIEC est actuellement coprésidé par une chercheuse française, Valérie Masson-Delmotte, spécialiste des paléoclimats.

Au total, en trente ans, le GIEC aura publié cinq rapports d'évaluation, en 1990, 1996, 2001, 2007 et 2014, et trois rapports spéciaux, en 2000, 2012 et 2013, avant de rendre le dernier en octobre 2018. Les travaux du GIEC en faveur de la préservation de notre patrimoine naturel lui ont valu le prix Nobel de la paix en octobre 2007, au même titre que l'ancien vice-président américain Al Gore, considéré comme un lanceur d'alerte de longue date.

Dans leur cinquième rapport de novembre 2014, les experts du GIEC indiquaient que « le réchauffement du système climatique et les changements observés depuis les années 1980 sont sans précédent depuis des décennies, voire des millénaires » et mettaient en avant des données établies destinées à marquer les esprits. D'abord, la certitude, à 98 %, que « l'activité humaine est la cause principale du réchauffement observé », ce qu'avançait, dès 1988, le scientifique américain James Hansen, se heurtant alors à l'incrédulité quasi générale avant de devenir, bien plus tard, « la conscience morale de la science américaine ». Cette activité humaine pourrait entraîner une hausse de 4,8 °C des températures à la surface de la Terre à l'horizon 2100 si rien n'est entrepris pour la contenir. Ensuite, l'affirmation, toujours selon le GIEC que, aux mêmes conditions et à la même date, l'élévation du niveau de la mer pourrait atteindre jusqu'à 98 centimètres, bien plus que d'autres estimations. Enfin, la conviction que, dans la mesure où les émissions de CO_2 d'origine humaine sur la période 2002-2011 sont déjà supérieures à leur niveau de 1990, il faut absolument réduire d'au moins 70 % les émissions mondiales de gaz à effet de serre (le CO_2 mais aussi le méthane et le protoxyde d'azote) d'ici à la moitié de ce siècle pour maintenir la hausse moyenne des températures en dessous de 2 °C.

À l'époque, pas si lointaine, ce rapport avait fait grand bruit. Quatre ans plus tard, une autre volumineuse étude, également réalisée par le GIEC, à savoir son rapport spécial de l'automne 2018, avait eu encore d'autant plus d'écho que les catastrophes climatiques de grande ampleur intervenues entre-temps avaient fortement sensibilisé le grand public et notamment la jeunesse, décidés, cette fois, à passer à l'action en se substituant à un personnel politique jugé aussi timoré dans ses engagements de façade que ligoté par ses compromissions économiques. Par la suite, les experts français du GIEC ont publié en septembre 2019 des simulations climatiques destinées à nourrir le futur rapport de ce groupe de scientifiques internationaux, et avertissaient que le réchauffement climatique s'annonce plus prononcé que prévu, à moins de mesures pour le contenir bien plus féroces que ce qui est actuellement envisagé. Dans le scénario le plus pessimiste, à savoir un modèle de développement inchangé qui continuerait à reposer sur une croissance rapide, alimentée par les énergies fossiles, alors la hausse moyenne des températures pourrait atteindre 6,5 à 7 °C d'ici à 2100. Bien plus que le pire scénario du GIEC en 2014 qui, dans les mêmes conditions, tablait sur une hausse de 4,8 °C. La planète serait alors transformée en Cocotte-Minute, avec une épouvantable surchauffe atmosphérique dont on n'ose envisager les conséquences.

Situation gérable avec un réchauffement de 1,5 °C, désastres à 2 °C

Dans leur dernier Rapport spécial d'octobre 2018, les experts du GIEC se sont essayés pour la première fois à prévoir quelles seraient les conséquences concrètes sur notre environnement d'une hausse des températures de 1,5 °C et de 2 °C au cours des prochaines décennies. Le constat est accablant. Pour prendre quelques exemples, dans le premier scénario, l'élévation du niveau de la mer pourrait être de 36 à 77 centimètres et 10 centimètres de plus avec un réchauffement de 2 °C avec 10 millions de personnes de plus menacées sur les zones côtières et sur les îles appelées à disparaître. Par ailleurs, au-delà de 1,5 °C de hausse des températures, la couche de glace de l'Antarctique et du Groenland pourrait fondre à folle vitesse. Un réchauffement de 1,5 °C se traduirait par une perte de 70 % à 90 % des récifs coralliens et jusqu'à 99 % avec 2 °C de plus. Des détériorations du milieu ambiant qui auraient des effets directs sur la pêche avec une diminution de 1,5 million de tonnes par an des captures à 1,5 °C et jusqu'à 3 millions avec un scénario à 2 °C. À terre, il faudrait s'attendre à une baisse de rendement des cultures céréalières (maïs, riz, blé pour les plus consommées) dans le premier cas et bien davantage avec une hausse des températures de 2 °C, notamment en Afrique subsaharienne, en Asie du Sud-Est et en Amérique latine. Pour le seul maïs, la réduction des rendements pourrait atteindre 15 % dans le cas d'un réchauffement de 2 °C. Dans le même temps, l'hémisphère Nord, l'Asie de l'Est et l'Amérique du Nord connaîtraient des pluies torrentielles bien supérieures à ce qu'ils subissent actuellement.

Dans leur *Résumé à l'adresse des décideurs* auxquels il est destiné, les auteurs du rapport du GIEC de l'automne 2018 en appellent à l'état d'urgence pour demander fermement aux États et à leurs gouvernements de tout mettre en œuvre pour diminuer les émissions mondiales de CO_2 d'au moins 45 % d'ici à 2030 afin de parvenir à une neutralité carbone complète dès 2050. « Nous avons remis le message aux gouvernements, nous leur avons fourni les preuves de ce que nous avançons. Maintenant, c'est à eux de prendre les décisions nécessaires », indique l'un des experts du GIEC qui a planché sur ce rapport. En clair, il est vital d'éviter un réchauffement de 2 °C, considéré comme un point de non-retour de la planète – en commençant par se fixer comme limite impérative le seuil de 1,5 °C, seul susceptible de freiner les conséquences désastreuses du dérèglement climatique que nous subissons déjà. Malgré les engagements solennels des principaux pays émetteurs à freiner leurs dégagements de CO_2, ceux-ci progressent chaque année. Avec la perspective de rendre inhabitables des régions entières de la planète au cas où on laisserait filer le réchauffement jusqu'à 4 °C, un seuil fatidique.

De l'Accord de Paris à la COP25

C'est pour éviter cette sombre perspective que se sont tenues, sous l'égide de l'ONU, des conférences internationales à répétition sur le climat. Mais, ce qui devait être une course de vitesse pour lutter contre le dérèglement climatique, aura traîné en lenteur depuis plus de trente ans. Le top de départ avait été donné en 1987 lorsque la Commission des Nations unies pour le développement et l'environnement, présidée alors par Gro Harlem Brundtland, à l'époque Première ministre de Norvège, publiait le rapport « Notre avenir à tous ». Centré sur la notion de « développement durable », une première dans une instance internationale, ce document évoquait aussi, pour la première fois, « la faillite de notre gestion de l'environnement ».

L'année suivante voyait la création du GIEC et c'est en 1992 à Rio de Janeiro que les 178 États participant au Sommet de la Terre signaient la Convention cadre des Nations unies sur les changements climatiques (CCNUCC). Celle-ci prévoyait la tenue, chaque année, d'une Conférence des parties (en anglais *conference of the parties*, COP) dans le but de permettre aux pays membres d'annoncer les engagements volontaires qu'ils étaient prêts à prendre pour une meilleure gestion des dérèglements climatiques. Deux ans plus tard se tenait la première réunion de ce type, la COP1.

Depuis, beaucoup de COP ont eu lieu, marquées par un échec retentissant à Kyoto, en 1997, puis à Copenhague, une dizaine d'années plus tard, sur fond d'engagements peu contraignants. Jusqu'à la COP21 et l'Accord de Paris, entériné le 12 décembre 2015 sous une salve d'applaudissements et de cris de joie lorsque le maillet de bois, tenu par Laurent Fabius, maître de la cérémonie, s'abaissait enfin pour officialiser l'accord. Ce jour-là, 195 États faisant partie de l'ONU venaient de conclure un véritable traité universel de lutte contre le changement climatique associant pollueurs et pollués. Pour la première fois, la communauté internationale dans son ensemble prenait le ferme engagement – chiffré pour chaque délégation – de tout faire pour limiter la hausse des températures « bien en dessous du seuil » des 2 °C, voire sous celui de 1,5 °C revendiqué par les scientifiques et les climatologues.

Dans son livre de souvenirs *Les Leçons du pouvoir*, François Hollande, président en exercice à l'époque et artisan de l'accord final, revient sur cette victoire diplomatique accomplie sur la question du climat en disant que « rarement un simple coup de marteau aura eu plus grand effet sur l'humanité ». Un satisfecit justifié, sous réserve des petites compromissions et des oublis volontaires propres à ce genre d'exercice, surtout lorsqu'il faut mettre d'accord près de 200 dirigeants de la planète. Des accommodements, l'Accord de Paris n'en manque pas. Mais il marque une étape déterminante dans le long, très long chemin emprunté depuis trois décennies pour faire admettre, et surtout, inciter à agir, au plus haut niveau, le monde politique et institutionnel, dans le but de « reverdir la Terre ».

L'Accord de 2015 à Paris a été suivi, l'année suivante, par la COP22 qui s'est tenue en novembre 2016 à Marrakech et, un an plus tard, par la COP23 début novembre 2017 à Bonn, l'ancienne capitale fédérale allemande. En décembre 2018, c'est à Katowice, au cœur de la Silésie et du charbon polonais que s'est tenue la XXIVe Conférence mondiale sur le climat, la COP24. La suivante prévue à Santiago au Chili s'est finalement tenue à Madrid en décembre 2019 en raison des troubles sociaux dans la capitale chilienne. Durant toute cette période, l'ONU a essayé de faire de son mieux pour organiser la contre-attaque climatique mais il faut rappeler qu'elle n'est qu'une organisation au service des États qui, eux seuls, ont le pouvoir de décider ou, au contraire, de laisser faire. À cet égard, le sommet des Nations unies sur le climat qui s'est tenu le 23 septembre à New York aura été une nouvelle illustration des atermoiements qui, trop souvent, caractérisent l'action de la communauté internationale. Un an avant les grandes échéances de la gouvernance gouvernementale de l'environnement annoncées pour 2020, le secrétaire général de l'ONU, António Guterres, avait mis tout son poids dans la balance pour obtenir un renforcement des engagements visant à réduire les émissions de gaz à effet de serre mais, sur les quelque 130 États invités, seuls 66 ont répondu présent, en grande partie des pays en développement. Climatosceptique viscéral, le président américain, Donald Trump, est passé en coup de vent, sans prendre la parole, tandis que la Chine – autre gros pollueur – et l'Europe réitéraient les engagements de l'Accord de Paris, pris il y a plus de quatre ans.

Cet Accord de Paris de décembre 2015 peut paraître encore trop timide pour certains. Il contient pourtant deux avancées majeures. D'abord l'engagement de tout faire pour « maintenir la température moyenne mondiale bien au-dessous des 2 °C par rapport aux niveaux préindustriels », voire « de poursuivre l'effort pour limiter l'augmentation de la température à 1,5 °C, reconnaissant que cela réduirait significativement les risques et les impacts du changement climatique ». C'était là une exigence des petits États insulaires menacés de disparition par la montée des eaux. Il acte aussi la promesse des pays du

Nord de réunir 100 milliards de dollars par an, à partir de 2020, pour permettre aux pays du Sud de s'adapter au bouleversement à venir, ce montant étant « un plancher » appelé à être révisé avant 2025.

Il reste que la révision desdites promesses contenues dans l'Accord de Paris n'intervient qu'en 2020 pour une entrée en vigueur en 2025. D'ici là, les plus gros émetteurs, s'ils ne freinent pas drastiquement leurs activités néfastes pour l'environnement, pourront continuer à polluer la planète et à émettre quelque 35 milliards de tonnes d'équivalent CO_2 chaque année dans l'atmosphère. À l'instar de la Chine qui y pourvoit actuellement pour 29 % du total des émissions, les États-Unis à hauteur de 15 %. Viennent ensuite l'Inde pour 7 % et la Russie, pour 4,7 %, pour ne citer que les quatre premiers coupables de ces températures dramatiquement élevées, loin devant le Japon, l'Allemagne, l'Iran, l'Arabie Saoudite, la Corée du Sud et le Canada. À titre de comparaison, les petits pollueurs tels que le Mexique, la Guinée équatoriale ou encore Trinité-et-Tobago affichent des niveaux d'émissions insignifiants. Au total, les pays du Sud qui représentent 37 % de la population mondiale ne sont responsables que de bien moins de 10 % des émissions de gaz à effet de serre et la dégradation de l'environnement qu'on leur reproche se limite à leur environnement proche. En somme tous sont égaux mais, pourrait-on dire, certains sont plus égaux que d'autres pour ce qui est de leur niveau de responsabilité dans la pollution climatique de la planète. À cette inégalité de responsabilité s'ajoutent les sabotages systématiques des climatosceptiques, abstentionnistes et autres rétifs à tout accord, qui s'efforcent de miner les avancées sur le front du climat.

Climatosceptiques : démonétisés mais toujours nuisibles

« J'ai été élu pour représenter les citoyens de Pittsburgh, pas ceux de Paris. Je ne peux en conscience soutenir un accord qui punit les États-Unis. » Ce propos de Donald Trump, destiné à ses soutiens et aux habitants d'une ville symbole de la désindustrialisation des années 1980, avait accompagné sa décision, annoncée le 1er juin 2017, de retirer son pays de l'Accord de Paris sur le climat pourtant signé par son prédécesseur, Barack Obama. Un retrait officialisé en novembre 2019 en condamné par la communauté internationale sur lequel il n'est pas revenu, au contraire. Jusqu'à évoquer « un canular inventé par les Chinois » pour affaiblir cette « America First ! » dont il leur jurait le retour.

Dans son attitude de « flagrant déni » du réchauffement climatique et de détricotage systématique de toutes les avancées environnementales aux États-Unis, le président américain peut en effet compter désormais avec un nouveau venu de poids au « front du refus » depuis l'élection, fin 2018, de Jair Bolsonaro à la présidence du Brésil. Le « Trump tropical », comme on a vite fait de surnommer le croisé de l'extrême droite latino, n'a pas encore annoncé, jusqu'à présent, le retrait officiel du Brésil de l'Accord de Paris et des engagements qui vont avec. Mais les nouveaux dirigeants à Brasilia ont fait savoir qu'ils considéraient le réchauffement climatique comme « une question secondaire ». Depuis, le président brésilien ne loupe pas une occasion de pourfendre les « chiites de l'environnement », à savoir les ONG qui se consacrent à la préservation de la planète, y compris en les accusant d'être à l'origine des gigantesques incendies qui, durant l'été 2019, ont détruit une partie de la forêt amazonienne.

Numériquement, négationnistes, complotistes et autres pourfendeurs de la « fausse écologie » sont peu nombreux. Leur discours ne résiste plus à l'avalanche de données scientifiques qui prouvent la responsabilité de l'activité humaine dans le dérèglement climatique et les immenses dégâts qui en résultent. Mais, bien que totalement démonétisés, ils disposent encore d'une capacité de nuisance, relayée par la planète complotiste, toujours à l'œuvre sur les réseaux sociaux. Au « front du déni » qui a vu le jour dans les années 1990 aux États-Unis, encouragé et financé par les lobbies de l'industrie des énergies fossiles, peuvent s'inscrire, malheureusement, des responsables politiques, moins caricaturaux que le tandem Trump-Bolsonaro, mais dont les propos peuvent être tout aussi nuisibles. Dans cette catégorie, on se souvient du « Toutes ces questions d'environnement, ça commence à bien faire », prononcé par l'ancien président Nicolas Sarkozy devant des agriculteurs en mars 2010 au Salon de l'agriculture. Celui-là même qui avait lancé le Grenelle Environnement à l'automne 2007.

Promesses non tenues et injustice climatique pour les pays pauvres

Récemment, Laurent Fabius, l'ancien président de la COP21, faisant allusion à la politique de la chaise vide sur les questions climatiques pratiquée par Donald Trump et à la victoire du climato-sceptique Jair Bolsonaro à l'élection présidentielle d'octobre 2018 au Brésil, annonçait une course d'obstacles pour continuer à faire avancer le dossier climatique. « Il est clair que la lutte contre le changement climatique ne va ni assez vite ni assez loin », reconnaissait-il. Ses craintes se sont confirmées en juin 2019 à Osaka, au Japon, lors de la réunion du G20 qui regroupe les pays développés et d'autres qui le sont moins. Pour parvenir à l'accord conclu à 19 dirigeants, sans les États-Unis, le président Macron a dû mettre tout son poids dans la balance afin d'obtenir un soutien entier à l'Accord de Paris de 2015 et aux obligations qu'il contient pour lutter contre le réchauffement climatique.

« Ni assez vite ni assez loin » : c'est bien ce que pensent les 90 États représentant les petites îles et quelques pays parmi les moins avancés, lorsqu'ils réclament « une action forte » pour lutter contre un dérèglement climatique dont ils sont les premières victimes. À cet égard, l'Europe qui s'est voulue parmi les premiers de cordée dans la lutte contre les émissions de gaz à effet de serre fait à présent piètre figure. Fin 2017, deux ans après l'Accord de Paris, à l'exception d'une poignée de pays et notamment de la Suède, encore considérée comme un bon élève, tous les autres États membres avaient revu à la baisse leurs ambitions en matière d'émission de carbone. Incapable de parvenir à découpler le volume des émissions de GES de l'activité économique, l'Europe avait fait même moins bien que les États-Unis cette année-là. L'année suivante, l'écart entre les objectifs affichés et ceux réellement atteints se sera encore creusé à la suite de choix politiques remettant en cause les promesses initiales.

Le plus significatif d'entre eux aura été l'annonce par l'Allemagne, dès janvier 2018, qu'elle abandonnait ses objectifs climatiques pour 2020 qui devaient permettre au pays de réduire de 40 % ses émissions de GES par rapport à leur niveau de 1990. Depuis le retour aux centrales à charbon, conséquence de la sortie progressive du nucléaire qu'elle avait promise, les émissions de CO_2 n'ont fait qu'augmenter en Allemagne. De l'aveu même du ministère allemand de l'Environnement, à peine le quart de l'objectif visé a été atteint.

La France est à peine meilleure élève puisque, après une baisse régulière depuis la fin des années 1990, ses émissions n'ont cessé, elles aussi, de progresser. En 2017, elles étaient en hausse de 3,2 % alors qu'elles auraient dû, au contraire, diminuer de 5 %. Et la courbe est restée dans le « rouge » en 2018 à en croire l'étude de l'Institut du développement durable et des relations internationales (IDDRI). Dans tous les secteurs examinés – énergie, agriculture, transports, bâtiment – les émissions de GES restent bien trop élevées par rapport aux objectifs et le décalage continue à s'accentuer, affirme cet organisme. De quoi mettre à mal l'objectif de « neutralité carbone » que le pays s'assigne à l'horizon 2050. Une crainte que partagent, comme d'autres, nombre de responsables du ministère de la Transition quand ils manifestent pour dénoncer la réduction des effectifs et des finances, face aux besoins accrus qu'exigent les urgences environnementales.

« Les actions engagées par la France face au changement climatique sont nettement insuffisantes », affirmait en juillet 2019 Corinne Le Quéré, présidente du Haut Conseil pour le climat, en présentant son premier rapport depuis la création, en novembre 2018, de cette instance indépendante voulue par le président Macron. « Tant que l'action en réponse au changement climatique restera à la périphérie des politiques publiques, la France n'aura aucune chance d'atteindre la neutralité carbone en 2050. Pour cela, il faut que les mesures pour réduire les émissions deviennent une priorité nationale », ajoutait avec fermeté cette climatologue franco-canadienne. Piqué au vif, le chef de l'État a mis à profit le sommet du G7 de Biarritz, en août 2019, et l'embrasement d'une partie de l'Amazonie pour affirmer sa réelle conversion à l'écologie (« J'ai changé », a-t-il concédé) et demandé au gouvernement d'appliquer rapidement et de façon concrète l'« agenda vert » sur la transition énergétique.

Mais, au sein de l'Europe, l'heure est clairement à l'ajustement par le bas. La Commission européenne elle-même a fait marche arrière en acceptant de ramener à 30 %, d'ici à 2030, l'objectif de réduction des rejets de CO_2 des véhicules, au lieu des 40 % ou 50 % initialement escomptés. À l'échelle de l'ensemble de la planète, le constat est identique. En raison de la consommation de charbon qui est repartie à la hausse en Chine et en Inde en 2018, les émissions mondiales de dioxyde de carbone ont atteint fin décembre un niveau inégalé, en hausse de 2,7 % sur 2017. Au rang des coupables de ce recul, il faut aussi ajouter le Japon qui, depuis la catastrophe de Fukushima, en 2011, a rouvert ses centrales à charbon et recommencé à investir dans des centrales à gaz.

Le déséquilibre est flagrant entre les pays à l'origine du mal climatique et ceux qui en souffrent. Au total, les pays pauvres ou en développement, composés à 60 % de ruraux tributaires de l'agriculture, de la pêche et des ressources forestières, autant d'activités affectées par le réchauffement climatique, sont à l'origine de moins de 10 % des émissions de gaz à effet de serre. De leur côté, les pays émergents en assurent 48 %, et les pays développés le reste. À l'avenir, ce sont les pays les plus pauvres qui vont supporter les trois quarts de l'impact du changement climatique alors que ce sont aussi les plus démunis qui ont souvent les plus mauvaises terres. Et on comprend leur impatience en attendant les 100 milliards de dollars par an qui leur ont été promis à l'horizon 2020. Pour l'heure, les financements climatiques en faveur des pays en développement atteignent difficilement les trois quarts de cette somme.

L'Occident a une dette envers les pays du Sud

« Plus on laisse le climat dériver, plus le monde sera injuste », avertissent les rédacteurs du dernier rapport du GIEC. Un message destiné aux principaux pollueurs, accusés, au mieux, d'inertie. En tête des coupables désignés, les pays riches devront donc consentir des réductions d'émissions bien plus importantes que celles envisagées aujourd'hui pour alléger le fardeau des pays en développement.

« L'Occident a consommé sa part d'atmosphère ; il a donc une dette envers les pays du Sud car l'atmosphère est un bien commun », affirme pour sa part Catherine Larrère, philosophe et professeur émérite à l'université Paris-Panthéon-Sorbonne. « Lorsque l'on parle d'inégalités environnementales, on ne peut pas se référer aux seules inégalités dans la façon dont les populations humaines sont affectées par la situation environnementale dans laquelle elles se trouvent. Il faut aussi prendre en considération l'inégale contribution des humains à la dégradation actuelle de la situation, notamment en ce qui concerne le changement climatique », écrit-elle dans *Les Inégalités environnementales*. En rappelant le principe de « responsabilités communes mais différenciées » adopté dès la déclaration de Rio en 1992 pour traiter des questions de justice climatique, principe « qui fait aussi référence à la question de la responsabilité historique des différents pays dans ce changement, en raison de l'inégalité de leurs émissions de gaz à effet de serre ».

Le fait est que l'affrontement économique – et politique – auquel se livrent riches et pauvres sur ce sujet a longtemps freiné l'avancée des discussions. Les pays industrialisés considèrent que toute baisse drastique de leurs émissions de gaz à effet de serre, indexées sur leur vitalité économique, leur ferait perdre des places dans la compétition internationale. De leur côté les pays pauvres revendiquent le droit de produire et donc de polluer comme l'ont fait les riches pour maintenir leur prospérité, quitte à être les premières victimes des catastrophes qui en découlent. Mais certains pays, y compris parmi les grands, ont décidé de changer de paradigme économique, voire idéologique.

Le cas le plus significatif est celui de la Chine. Dès 2030, environ 20 % de ses ressources en énergie devraient provenir du nucléaire mais surtout des énergies renouvelables, contre seulement 10 % actuellement pour ces dernières, et l'empire du Milieu est d'ores et déjà le premier investisseur dans le secteur des éoliennes et du photovoltaïque. Dorénavant, les dirigeants chinois ne ratent pas une occasion d'affirmer leur – récente – conversion à un monde « plus vert ». Ce changement doit beaucoup à la nouvelle donne géopolitique résultant de la volte-face de Donald Trump par rapport aux engagements de son prédécesseur. Elle ouvre un boulevard à la Chine, qui s'y est aussitôt engouffrée. « De fait, Pékin est devenu le leader mondial de la lutte contre le réchauffement climatique » affirme Jean-François Huchet, vice-président du conseil scientifique de l'Institut national des langues et civilisations orientales (Inalco), longtemps en poste à Hong Kong. « La décision de retrait de l'Accord de Paris prise par Donald Trump conforte la crédibilité de la Chine sur la scène internationale. Elle valide aussi la politique entreprise depuis plusieurs années par Pékin et qui consiste à faire coexister un pays qui reste le plus important pollueur au monde et une "Chine verte" qui capitalise sur ses innovations et ses technologies favorables à l'environnement », explique l'auteur de *La Crise environnementale en Chine. Évolutions et limites des politiques publiques.*

La transition énergétique pour « décarboner » la planète

Développement durable et conversion énergétique sont les mots-clés pour aller vers une planète « propre » et plus équitable. Mais force est de reconnaître que, notamment sur ce second objectif, la partie n'est pas gagnée. À l'heure actuelle, environ 80 % de notre consommation en énergie est satisfaite par trois sources, certes polluantes, mais dont la Terre dispose encore en abondance, contre 87 % en 1973, au moment du premier choc pétrolier. En l'espace de quarante-six ans, le « grand basculement » aura été bien timide. L'énergie provient encore des ressources non renouvelables, qu'elles soient fossiles (pétrole, charbon ou gaz) ou minérales (l'uranium pour l'industrie nucléaire), à partir de réserves qui, si elles ne sont pas pérennes, restent importantes. Elles sont évaluées à près de 1 000 milliards de barils dans le monde pour l'or noir (soit quarante ans de consommation au rythme actuel d'exploitation), plus de 900 milliards de tonnes de charbon (soit deux cents ans au rythme actuel) et 150 000 milliards de mètres cubes pour ce qui est du gaz naturel (soixante ans). Quant à l'uranium, ses réserves représentent 14 millions de tonnes, de quoi assurer deux cents ans de vie à la filière.

Finalement, « on a le temps de voir venir ! » est-on tenté de se dire à la lumière de ces chiffres. Sauf qu'en un quart de siècle, la consommation mondiale d'énergie a explosé, et qu'il faut s'attendre à un doublement au cours des prochaines années du fait de l'accroissement considérable de la demande en provenance, pour l'essentiel, des pays émergents. En attendant une sobriété énergétique partagée par tous et la montée en puissance des énergies non émettrices de gaz à effet de serre, ce sont encore les énergies carbonées qui assureront l'essentiel de la consommation énergétique de la planète pendant deux ou trois décennies. Selon les experts de l'Agence internationale de l'énergie (AIE), les grands gagnants pour les vingt-cinq prochaines années seront le gaz naturel et surtout le solaire et l'éolien qui remplaceront un peu le charbon, champion des vingt-cinq dernières années. Mais la part des énergies fossiles restera prépondérante, quitte à reculer à 74 % en 2040.

Pourtant, la mutation vers des énergies « propres » est bien engagée, et elle progresse d'année en année, y compris sur le front de l'emploi. Pour la première fois, le cap des 10 millions de nouveaux emplois créés dans ce secteur, à l'échelle mondiale, a été franchi en

2017, ce qui représente une augmentation de 45 % par rapport à 2012 et cette tendance va en s'accélérant. La part des cinq grands types d'énergies renouvelables (solaire, éolien, hydraulique, biomasse et géothermie), inépuisables et disponibles en grande quantité et qui se développent partout dans le monde, est estimée à près de 20 %. Et elle s'accroît au rythme des investissements dans les renouvelables, lesquels dépassent à présent les 300 milliards de dollars par an (contre un peu plus de 150 milliards en 2007), plus du double des dépenses consacrées au charbon et au gaz. L'enjeu est important. Toujours selon l'AIE, pour maintenir l'élévation de la température à la surface du globe en dessous de 2 °C, voire moins, les énergies renouvelables devront couvrir en 2040 environ 58 % des besoins en électricité, 22 % pour la production de chaleur et de froid renouvelables et 20 % pour le transport. Plusieurs facteurs devraient encourager cette évolution, expliquent-ils, notamment la baisse des coûts de production et la diffusion des technologies à l'échelle mondiale.

Taxe carbone et fiscalité verte

Annoncer à grand bruit son engagement en faveur de la transition énergétique est une chose, en assumer les conséquences économiques et sociales est une tout autre affaire. Ainsi, décider de supprimer les subventions à la production d'énergies fossiles qui ont doublé en dix ans et dont on connaît l'effet néfaste sur le climat et l'environnement est une évidence. De même, taxer les énergies polluantes et carbonées doit inciter les entreprises à se tourner vers des activités plus « vertes », ne fût-ce que pour répondre à l'exigence montante des consommateurs. Mais cette démarche se heurte très vite à la résistance ou la franche opposition des secteurs concernés qui continuent à faire valoir une utilité économique qui demeure – faute d'énergies renouvelables de substitution de même ampleur –, et la préservation d'emplois, régulièrement mise en avant. Pour autant, il faut reconnaître qu'entreprises et milieux d'affaires au sens large, poussés au civisme écologique par une société civile beaucoup plus regardante sur leurs activités, prennent un certain nombre d'initiatives qui vont dans le bon sens, même *a minima.* À l'image de ces « obligations vertes » destinées à favoriser le financement de projets favorables à la cause écologique. Apparu en 2007, ce mécanisme a permis de recueillir plus de 50 milliards de dollars dès 2014 selon l'organisation Climate Bonds Initiative, et ce montant devrait rapidement doubler dès que la Chine se sera convertie à ce produit financier.

Quitte à ce qu'elle déplaise, la fiscalité écologique et énergétique est l'outil indispensable pour aboutir à une planète plus propre et moins chaude. Mais les difficultés d'application de la taxe carbone, pourtant considérée comme la meilleure solution pour limiter les émissions de gaz carbonique, confirment les difficultés d'une fiscalité verte qui ne soit pas punitive, socialement parlant, sans transiger sur son efficacité environnementale. La France en sait quelque chose qui a vécu – et vit encore – l'épisode des Gilets jaunes pour ne pas avoir anticipé l'exigence d'équité sociale pour cet outil fiscal, cloué au pilori par la rue, alors qu'il lui aurait rapporté quelque 9 milliards d'euros de recettes fiscales dès 2018. « Cette taxe incite simplement les gens à tenir compte dans leurs décisions du dommage climatique qu'elles causent », explique Christian Gollier dans son ouvrage *Le Climat après la fin du mois.* « La taxe ne contraint pas. Elle ne stigmatise pas. Elle cherche uniquement à réaligner l'intérêt privé sur l'intérêt général. Certaines catégories de Français ne pourront pas réduire leurs émissions de gaz carbonique par suite de l'instauration de la taxe carbone. Néanmoins, la plupart d'entre eux seront amenés à réagir au signal-prix de cette taxe », ajoute le directeur général de la Toulouse School of Economics.

De leur côté, les contestataires d'une hausse du prix des carburants qu'ils jugent injuste n'en démordent pas, et ils ont beau jeu de dénoncer le cas de l'aviation et du transport maritime, gros émetteurs de CO_2 et pourtant exonérés, jusqu'à présent, de toute contribution financière à la sauvegarde de la planète. La controverse ne date pas d'aujourd'hui. En 2010, le Conseil constitutionnel avait censuré le projet d'instauration d'une taxe carbone au motif que sa formulation à l'époque ne respectait pas l'obligation de faire coïncider des règles européennes régissant le marché de l'énergie avec des règles nationales pour ce qui est des modalités d'introduction de la taxe carbone dans le secteur des entreprises. Depuis, chacun se renvoie cette « patate chaude » énergétique. Prudemment, le gouvernement a confié à la Convention citoyenne le soin d'examiner toutes les options du dossier complexe de la transition énergétique, ce qui obligera les 150 membres de cette agora, voulue participative mais aussi décisionnaire, à se prononcer sur le sort de la taxe carbone, l'exécutif s'étant engagé à offrir une suite, administrative, parlementaire ou référendaire, aux conclusions de la Convention.

L'enjeu climatique et la sécurité du monde

La fiscalité appliquée au secteur de l'énergie varie fortement d'un pays à l'autre. Il existe d'autres fortes distorsions, à commencer par la force de frappe financière dont disposent les États pour entreprendre une transition devenue inévitable. Poussée par le vote écologique dans son pays, Angela Merkel a promis 100 milliards d'euros d'ici à 2030 pour la protection du climat et la transition énergétique. Un volontarisme de la chancelière qui ne doit pas faire oublier les accommodements de l'Allemagne avec ses engagements initiaux pour réduire les émissions de GES. De son côté, quand la Chine se pose en pionnier des réductions d'émissions de CO_2, elle consacre des investissements massifs à ses technologies « vertes » qu'elle se fait fort de promouvoir, en interne mais aussi à l'extérieur du pays. Mais tous les pays ne disposent pas des mêmes ressources financières que l'empire du Milieu, même s'il s'agit d'une grande nation. À l'instar de l'Inde, considérée comme un grand pollueur et qui, engagée dans un très important programme de recours à l'énergie solaire, se dit contrainte d'exiger des pays riches un effort financier à hauteur de ce que New Delhi estime être leur responsabilité historique.

Le problème est encore plus crucial pour les nations les plus pauvres. D'où l'importance de respecter la promesse d'apporter l'aide, déjà évoquée, de 100 milliards de dollars par an, à partir de 2020, aux pays du Sud, sur fonds publics et privés pour leur permettre de lutter, de façon concrète, contre le réchauffement climatique. Sur le plan pratique, une partie de ces capitaux doit transiter par le Fonds vert pour le climat, un outil financier placé sous l'égide de l'ONU et doté, dans un premier temps, de 10 milliards de dollars, un montant notoirement insuffisant au regard des besoins. Ceux-ci sont colossaux. Selon l'ONU, les pays du Sud devraient pouvoir compter sur quelque 300 milliards de dollars par an d'ici à 2030 pour répondre aux efforts d'adaptation qu'ils doivent entreprendre, quitte à se grouper pour être plus efficaces. C'est à cet effet qu'a été créée, lors de la COP22 à Marrakech, l'Adaptation pour l'agriculture africaine (AAA), dispositif permettant de mettre ensemble les pays du continent en quête de financements à caractère agricole.

Dans cette perspective, toutes les initiatives sont bonnes à prendre, y compris les plus audacieuses. Ainsi de l'appel pour un Pacte finance-climat à l'échelon européen, lancé en décembre 2017 par l'économiste Pierre Larrouturou et le climatologue Jean Jouzel, et destiné à recueillir 1 000 milliards d'euros pour financer la transition énergétique du Vieux Continent par le biais d'une Banque européenne du climat et de la biodiversité. Ce projet, élaboré avec l'aval du *Monde* et le soutien de Nicolas Hulot, consiste à créer une structure financière, filiale de la Banque européenne d'investissement (BEI), institution qui a pour mission de financer des projets de développement au sein de l'Union européenne. Elle prêterait à chaque pays l'équivalent de son produit intérieur brut, soit, pour la France, 45 milliards d'euros à taux zéro pour financer les énergies renouvelables, l'agroécologie, la protection de la biodiversité mais aussi l'isolation des bâtiments ou encore des modes de transport « propres ». Et pourquoi pas, ajoute Pierre Larrouturou, des projets en Afrique et sur le pourtour de la Méditerranée qui permettraient d'aider au développement économique des pays concernés, tout en fixant leur population.

Ce sont là des investissements verts qui, selon les calculs de l'Agence de l'environnement et de la maîtrise de l'énergie (Ademe), permettraient de créer 900 000 emplois en France et près de 6 millions dans l'Union européenne.

La somme de 1 000 milliards d'euros pour cette éventuelle Banque européenne du climat et de la biodiversité peut sembler énorme. Elle ne l'est pas par rapport aux projets de toute sorte à financer. Et encore moins si on la compare aux 4 000 milliards de dollars que coûtent chaque année, selon les calculs du Fonds monétaire international et de l'Organisation de coopération et de développement économiques (OCDE), les conséquences environnementales et sanitaires de l'utilisation des énergies « impropres », à savoir d'origine fossile. Un coût équivalent à 5 % de la richesse mondiale, affirmait Nicholas Stern, ancien vice-président de la Banque mondiale, dans son rapport de 2006 sur les effets du changement climatique sur l'économie mondiale, rédigé pour le compte du gouvernement du Royaume-Uni.

Quatorze ans plus tard, l'estimation est toujours valable puisque, à l'heure actuelle, comme cela a déjà été évoqué, 80 % de notre consommation en énergie provient toujours, pour l'essentiel, du charbon, du pétrole et du gaz. Ainsi, en dépit d'une diminution drastique du coût des énergies renouvelables qui, par exemple, a baissé de 90 % en moyenne pour le solaire, celui-ci, allié à l'éolien, ne représente toujours que 6 % du « mix énergétique » face au charbon qui occupe toujours la première place en contribuant à hauteur de 38 % à la production d'électricité. Un rôle prépondérant pour le « King Coal » qui pollue l'environnement mais aussi les discussions internationales lorsqu'elles voudraient en atténuer les effets. Fin juin 2019, c'est bien la Pologne, pays charbonnier par excellence, soutenue par la Hongrie, la République tchèque et l'Estonie, qui a bloqué tout accord sur un objectif de neutralité carbone en 2050 dans l'Union européenne, et tout engagement pour chaque pays à devoir accroître ses efforts de limitation des gaz à effet de serre. Un mauvais signal quand, par ailleurs, le Pacte mondial pour l'environnement de l'ONU demeure ensablé depuis de longues années, de nombreux pays le jugeant juridiquement trop contraignant.

Pendant ce temps, le danger s'accroît. Le changement climatique ne perturbe pas seulement les écosystèmes, les modes de vie et de production. Il faut dorénavant le considérer aussi comme un « multiplicateur de menaces ». La hausse des températures, les périodes de pluies torrentielles, de canicules et de sécheresses tout aussi dramatiques mais également d'autres facteurs tels que la croissance démographique, exacerbent les tensions dans les régions où l'état des ressources comme les activités économiques dépendent étroitement des conditions climatiques. C'est notamment le cas pour l'agriculture, l'élevage ou encore la pêche. C'est donc la sécurité du monde qui est en jeu. « Le changement climatique peut indirectement augmenter les risques de conflits violents comme les guerres civiles ou les affrontements intergroupes en amplifiant des déterminants bien connus de ce type de conflits, comme la pauvreté et les chocs économiques », estime le GIEC dans son dernier rapport. Et le continent africain sera certainement le plus affecté, assure-t-il.

« Dans les régions rurales, des impacts majeurs sont attendus à brève échéance sur la planète en raison des impacts du réchauffement sur la disponibilité en eau, la sécurité alimentaire, les revenus agricoles et les changements de zones de production partout dans le monde », écrivent encore les rédacteurs de ce document. De son côté, l'ONU n'en finit pas de tirer le signal d'alarme. « Le changement climatique est lié aux enjeux sécuritaires les plus pressants de notre époque. Aucun pays ne sera épargné », avertissait au mois de juillet 2019 Amina Mohamed, la vice-secrétaire générale des Nations unies, de retour d'un voyage d'étude au Sahel. Un avis à la population – mondiale – qu'on aurait grand tort de mésestimer. Comme ce fut le cas pour la mise en garde solennelle de Jacques Chirac. Il y a près de vingt ans !

2. *Sanctuariser la forêt et la biodiversité*

> « Pour que les arbres et les plantes s'épanouissent, pour que les animaux qui s'en nourrissent prospèrent, pour que les hommes vivent, il faut que la terre soit honorée. »
>
> Pierre Rabhi

Des images impressionnantes prises d'avion dans un ciel obscurci, faute de pouvoir filmer à partir d'un sol embrasé, c'est ce que des millions de téléspectateurs ont pu voir fin août 2019 lorsque les incendies qui, régulièrement, ravagent le couvert forestier de l'Amazonie ont revêtu, cette fois-là, une ampleur sans précédent. Plus de 15 % de la forêt brésilienne sont partis en fumée en l'espace de quarante-huit heures. L'embrasement d'une partie du « poumon » de la planète a, une fois n'est pas coutume, attiré l'attention du monde médiatique et politique réuni au même moment à Biarritz, à l'initiative de la France qui accueillait les pays du G7. Confrontés au choc des photos et à l'émotion ressentie dans l'opinion publique, les chefs d'État et de gouvernement présents se sont engagés à prendre des mesures énergiques pour préserver ce grandiose patrimoine forestier dont l'humanité peut se prétendre propriétaire. Quitte à déclencher une crise diplomatique entre la France et le Brésil, le président Macron accusant son homologue récemment élu, Jair Bolsonaro, de ne pas respecter ses engagements environnementaux et de mettre en péril un trésor « international ».

L'initiative en faveur de la forêt amazonienne est louable. Mais elle ne doit pas faire oublier que la Terre dispose d'un second « poumon » forestier, aussi mal en point que l'Amazonie à cause des incendies qui s'y propagent régulièrement, mais sans bénéficier pour autant de la sollicitude de la communauté internationale. Il se situe en Afrique subsaharienne, plus précisément dans la région qui abrite le bassin forestier du Congo. Ce sont 2 millions de kilomètres carrés de forêt tropicale, répartis sur plusieurs pays (pour l'essentiel la République démocratique du Congo, mais aussi le Gabon, le Cameroun et la Centrafrique), qui, à épisodes répétés, sont aussi la proie des flammes, mais dont on ne parle guère.

Il est vrai que les deux situations ne sont pas comparables. Comme dans bien des zones de forêt tropicale, les petits paysans africains, tout comme quelque 400 millions d'autres très modestes agriculteurs dans le monde, pratiquent traditionnellement la culture sur brûlis consistant à défricher les champs par le feu. Les populations autochtones d'Amazonie font de même, contribuant aussi au déboisement, mais à une échelle bien moindre que les vrais responsables de la déforestation massive qui s'est considérablement accélérée ces dernières années au Brésil. Les responsables autant que coupables de ce désastre écologique sont les grands groupes céréaliers et agroalimentaires, pratiquant la culture intensive, et les propriétaires d'énormes élevages, tous gros consommateurs de terres. Ces lobbies se sentent d'autant plus puissants au Brésil qu'ils se savent assurés de l'impunité politique, que ce soit pour développer leurs exploitations latifundistes ou pour évincer, *manu militari*, les occupants des étendues qu'ils veulent annexer. Avec de terribles conséquences pour le couvert végétal. Selon les spécialistes, entre un tiers et la moitié des espèces d'arbres amazoniens seraient menacés d'ici à 2050 du fait de ces politiques destructrices. Sur les 15 000 espèces actuellement recensées, la survie de 1 600 à 2 000 d'entre elles est déjà gravement compromise. Ces anticipations sont malheureusement réalistes quand on sait qu'en l'espace d'un siècle, 12 % de la surface boisée de l'Amazonie a disparu.

Ce saccage environnemental, qui dure depuis des décennies, affecte directement les quelque 600 ethnies qui vivent dans la forêt amazonienne. D'où le besoin pressant que ressentent lanceurs d'alerte et défenseurs de l'environnement de redoubler d'efforts pour sauver ce joyau végétal. Sebastião Salgado, le photographe de renommée mondiale, est de ceux-là. Depuis presque cinquante ans qu'il arpente la planète, son Pentax en bandoulière, il a su faire de ses clichés une arme de dénonciation massive de toutes les horreurs de la guerre auxquelles il a été confronté. De retour sur cette terre brésilienne de Minas Gerais qui l'a vu naître et qu'il a dû quitter de longues années pour cause de dictature militaire, cet as du photojournalisme a continué à s'indigner et à s'insurger. Cette fois, il se bat contre d'autres blessures, celles infligées à la nature et à ceux qui s'efforcent d'en vivre encore, notamment les Indiens d'Amazonie, qu'il sait en sursis.

À présent, son combat consiste à sauver les zones humides du « poumon vert » de la forêt et de la biodiversité mondiales, menacées par l'homme prédateur autant que par le réchauffement climatique. Sans abandonner son objectif, le Salgado photographe s'est donc mué en Sebastião planteur, ou plutôt replanteur. « Celui qui a planté un arbre avant de mourir n'aura pas vécu pour rien », dit le proverbe africain. Accompagné de sa femme Lélia et de son fils Juliano, Sebastião Salgado a fait sienne cette maxime : la petite PME familiale créée à cet effet aura planté en une quinzaine d'années plus de 2 millions d'arbres, de près de 300 espèces différentes, sur les terres reçues de son père. Il en a fait une réserve nationale protégée où sont revenus des animaux que l'on croyait disparus, y compris, assure-t-on, le muriqui, ce singe-araignée laineux qui figurait parmi les espèces promises à disparition.

La déforestation, un crime contre nature

Le fléau de la déforestation n'est pas réservé à la seule Amazonie, et il n'en finit pas de progresser à l'échelle mondiale. Au siècle dernier, près de 45 % de la surface forestière terrestre a disparu. Sur une plus courte période, de 1990 à 2015, le couvert forestier de la planète a baissé de 4,2 milliards d'hectares à 3,9 milliards. Chaque année, au moins 15 millions d'hectares de forêts sont détruits dans le monde, soit l'équivalent de la superficie d'un pays comme la Belgique. Heureusement, plus de 3 000 milliards d'arbres peuplent encore la Terre selon les calculs des scientifiques de l'Université Yale mais, chaque année, ils sont des millions à être effacés de la carte.

Le drame est inexcusable si l'on veut bien admettre que les arbres et les forêts sont essentiels à l'existence humaine. Ils jouent notamment un rôle crucial au niveau de la sécurité alimentaire et des économies rurales. Dans les pays en développement, ils offrent à près d'une personne sur trois dans le monde les moyens de cuisiner et de se chauffer. De ce fait, le déboisement à grande échelle a de lourdes conséquences, au niveau tant local que mondial, en rendant les sols improductifs, en affectant le cycle de l'eau et en mettant en péril la biodiversité, particulièrement riche dans ce type d'écosystème. De plus, la déforestation constitue l'un des principaux facteurs du réchauffement climatique. En effet, la végétation et les sols des forêts stockent des quantités importantes de carbone et la destruction du couvert végétal constitue une source majeure d'émission de CO_2, estimée entre 12 et 15 % des émissions mondiales de gaz à effet de serre.

Ces végétations sont aussi un acteur essentiel dans la lutte contre la faim. « Les forêts et les arbres des exploitations agricoles sont une source directe de nourriture et de revenus en espèces pour plus d'un milliard de personnes parmi les plus pauvres du monde », affirme Eduardo Rojas Briales, sous-directeur chargé des forêts auprès de l'Organisation des Nations unies pour l'alimentation et l'agriculture (FAO), insistant sur l'importance d'une gestion forestière durable et d'une réhabilitation des terres forestières dégradées. À l'échelle mondiale, 60 % des populations indigènes dépendent presque exclusivement de la forêt pour assurer leur subsistance. Pour elles, le « Zéro déforestation » est bien plus qu'un simple slogan pour gentils écolos.

Arrêter le saccage du couvert végétal

Dans les trois bassins forestiers les plus importants, à savoir l'Amazonie, le bassin du Congo et le Sud-Est asiatique, on considère qu'au minimum le tiers de la déforestation provient, pour l'essentiel, de l'exploitation de quatre produits : le bœuf, le soja, l'huile de palme et le bois, surtout les espèces de bois précieux exotiques exportées vers les pays à fort pouvoir d'achat. Des prélèvements de richesses qui s'opèrent souvent au détriment des peuples indigènes, soumis à toutes sortes de violences lorsqu'ils tentent de s'y opposer. Jusqu'à déboucher sur de véritables assassinats dont sont victimes – par dizaines chaque année – les défenseurs de la petite paysannerie dans les pays du Sud.

Un millier de militants écologistes assassinés en dix ans

Chico Mendes, Adelino Ramos, José Cláudio Ribeiro da Silva, Francisco Soares Oliveira, Raimundo dos Santos, Berta Cáceres, Nelson Garcia, Máxima Acuña, Paulo Paulino… À beaucoup d'entre nous, ces noms ne diront pas grand-chose. Ils devraient figurer pourtant en bonne place sur un monument aux morts qui reste à ériger, en hommage à celles et ceux qui ont été assassinés pour avoir défendu leur sol et leurs proches. Un monument sur lequel près d'un millier de noms devraient être gravés, ceux qui ont été tués pour s'être battus contre l'abattage clandestin de leurs forêts, l'accaparement des terres et de l'eau, le saccage de la couverture végétale et la disparition de la faune pour faire place aux exploitations minières et aux grands projets hydroélectriques qui les chassent de leurs terres.

Au cours de la seule année 2018, 164 défenseurs de l'environnement qui s'opposaient à des projets miniers, forestiers ou agro-industriels ont été assassinés dans le monde, trois fois plus qu'en 2013 selon l'enquête de la très sérieuse ONG Global Witness. Ils auront été au moins aussi nombreux en 2019. Sans oublier les centaines de petits paysans réduits au silence par les violences et les intimidations, et qui ont eu la chance de rester en vie. Les deux tiers des victimes sont à déplorer en Amérique centrale et Amérique du Sud. Mais les « morts écologiques » se comptent aussi en Asie, plus particulièrement en Indonésie, au Cambodge, et surtout aux Philippines, qui ont connu en 2018 le plus grand nombre de meurtres d'activistes défenseurs de l'environnement.

À ces violences motivées par l'appât de terre aux fins de déforestations, s'ajoute le fléau de l'orpaillage pratiqué par les chercheurs d'or – on en compte 20 000 pour la seule Amazonie –, avec son lot de violences à l'encontre des populations indigènes. Une activité clandestine qui a également coûté la vie en juillet 2019 à trois gendarmes français venus fermer un site d'extraction. L'orpaillage s'exerce notamment en Guyane (mais aussi sur le territoire indigène des Yanomani au Brésil), le cours mondial du métal précieux – environ 43 000 euros le kilo, en constante augmentation – étant un formidable attrait pour les milliers de *garimpeiros* venus en extraire illégalement les paillettes. L'orpaillage a aussi des conséquences particulièrement néfastes pour le déboisement et les rivières contaminées par les rejets de mercure qui sert pour l'amalgame avec le minerai. Ce mercure est avalé par les poissons, consommés par la population locale, laquelle se trouve directement contaminée.

Heureusement, au milieu de ces gros nuages noirs qui ont pour noms déforestation massive et dangers climatiques, apparaissent des éclaircies, à savoir une relative stabilisation, voire un léger recul, du saccage du massif forestier de la planète. Un progrès relatif dû à une prise de conscience bienvenue devant les dangers encourus et qui a conduit, d'une part à faire « reverdir » une partie des forêts massacrées, de l'autre à planter des arbres en compensation là où c'est encore possible. Sans pour autant avoir la garantie que la reforestation va pallier les effets directs et induits de l'abattage des arbres, dans la mesure où les forêts nouvellement plantées consistent trop souvent en une seule essence, d'où une faible valeur de biodiversité.

Toujours au chapitre des bonnes nouvelles, ces derniers temps, mais dans un domaine plus comportemental, l'heure est à « l'amour des arbres » et aux bienfaits qu'ils procurent, non seulement à notre environnement mais aussi à notre équilibre, corporel et mental. Couramment pratiqué au Japon dont le territoire est recouvert aux deux tiers par des forêts, le *shinrin-yoku* ou « bain de forêt » fait de plus en plus d'adeptes parmi nos contemporains s'estimant en délicatesse avec la nature ou en recherche d'une spiritualité inspirée par le caractère sacré que les bouddhistes et les shintoïstes réservent aux arbres. Une « sylvothérapie » par immersion dans le monde végétal et la compagnie des arbres, qui ne peut qu'obliger la communauté des humains à assurer la survie de ces « créatures sociales et sociables », selon l'expression de l'écrivain américain Richard Powers, ardent défenseur des rois des végétaux.

Reboiser la planète

Stopper la déforestation pour préserver des lieux essentiels aux moyens d'existence, mais aussi pour lutter contre le réchauffement climatique ? C'est possible si l'on en croit la FAO, l'organisation onusienne citant l'exemple de 12 pays – Algérie, Chili, Chine, République dominicaine, Gambie, Iran, Maroc, Thaïlande, Tunisie, Turquie, Uruguay et Vietnam – qui ont réussi à augmenter de 10 % en quelques années leur couvert forestier grâce à différentes dispositions parmi lesquelles la sécurisation des droits fonciers et le regroupement en organisations de producteurs fonciers et agricoles à partir de cellules familiales ou communautaires. C'est aussi ce que s'efforce de faire la République démocratique du Congo (RDC) depuis qu'elle s'est dotée, en 2002, d'un code forestier – pas toujours respecté – obligeant les exploitants à signer un cahier des charges avec les communautés locales.

D'autres initiatives vont dans le même sens. Le Cameroun a ainsi commencé à tester le biogaz, issu de la décomposition des déchets organiques, pour remplacer le bois et le charbon utilisés pour la cuisine ou l'éclairage. De son côté, la Guinée, soucieuse d'endiguer la déforestation de ses côtes et d'éviter la destruction de la mangrove qui permet de contenir l'érosion du littoral et de préserver sa production de crustacés, a mis en place des programmes dits Univers-Sel. Ils sont basés sur l'optimisation des techniques de riziculture et de saliculture en fixant sur place les exploitants de riz, jusque-là contraints de se déplacer sur de nouvelles parcelles à chaque récolte.

Une « Grande Muraille verte » pour protéger le Sahel

Des initiatives de grande ampleur en faveur de la reforestation ont été entreprises dans des pays très différents, avec l'appui de la puissance publique sous la forme de « murailles vertes », arboricoles et végétales, qui ont été édifiées à la fin des années 2000 en Afrique comme en Asie. « L'initiative Grande Muraille verte pour le Sahara et le Sahel » est sans doute la plus ancienne bien qu'elle n'ait que quelques années d'existence. Il s'agit d'un projet lancé en 2008 par l'Union africaine et donc, en principe, à l'échelle des 54 pays que compte le continent, afin de restaurer l'écosystème sahélien, là où prospérait une brousse généreuse, jusqu'à ce que la grande sécheresse de 1973 et celles qui ont suivi aient permis au désert d'avancer de 2 kilomètres par an. L'idée avait germé six ans plus tôt au Sommet de N'Djamena, au Tchad, consacré à la lutte contre la désertification et la sécheresse et elle a pu se matérialiser, grâce à l'engagement d'un premier groupe de pays africains et au partenariat noué avec les grandes institutions internationales.

En fait de « muraille », il s'agit plutôt d'une bande de reboisement horizontale de 15 kilomètres de largeur qui se déroule sur 7 500 kilomètres, de Djibouti à Dakar en traversant 12 pays – Gambie, Sénégal, Mauritanie, Mali, Burkina Faso, Niger, Nigeria, Soudan, Soudan du Sud, Éthiopie, Érythrée et Djibouti – regroupés au sein de l'Agence panafricaine de la Grande Muraille verte (APGMV). Elle est constituée sous forme de parcelles, chacune de 600 hectares environ, protégées par des clôtures pour assurer le développement des jeunes plants et espacées de façon à permettre la circulation des villageois et de leur bétail. Dix ans plus tard, le bilan de cette initiative est plutôt positif même si tous les objectifs n'ont pas été atteints. Chaque année, plus de 2 millions de futurs arbres résistant au climat aride ont été plantés. Le creusement de tranchées sur ces parcelles a facilité le labour sur des terres où l'eau, même en petite quantité, fait des miracles.

Au Sénégal, pays souvent donné en exemple, près de 40 000 hectares ont été reboisés sur les 80 000 prévus au total sur plusieurs années. Le taux de reboisement atteint 70 à 75 % selon les parcelles, et l'on voit réapparaître du gommier blanc, de l'acacia et du dattier du désert, propices au retour des oiseaux et à la faune africaine. Sur ces parcelles ont été créés des jardins polyvalents où l'on cultive les oignons, les pommes de terre, les tomates, les aubergines et les carottes qui iront enrichir l'offre culinaire, longtemps limitée au plat de riz. Sans oublier le pamplemousse, la mangue et bien d'autres fruits qui pourront garnir les étals des petits marchés locaux. Au profit d'une économie locale entretenue par les femmes qui s'occupent des parcelles maraîchères et qui bénéficient ainsi de nouvelles sources de revenus. De même, au Kenya, 4 000 planteurs regroupés dans la Ceinture verte, la Green Belt Movement, s'emploient à la reforestation du pays. Une initiative qui a valu à son initiatrice, Wangari Maathai, de recevoir en 2004 le prix Nobel de la paix, devenant ainsi la première femme africaine et militante écologiste à recevoir cette distinction.

Un « poumon vert » chinois pour concurrencer l'Amazonie

Parler de « Grande Muraille » évoque irrésistiblement la Chine. L'empire du Milieu dispose à présent d'une autre « muraille », verte cette fois, sous la forme d'un cordon continu d'arbres, plantés sur 4 500 kilomètres en lisière du désert de Gobi, en partant du Xinjiang à l'est jusqu'au Heilongjiang à l'ouest. Cette « muraille » est destinée à lutter contre la désertification et la réduction de surface des terres arables, responsables des gigantesques tempêtes de sable et des inondations catastrophiques que connaît régulièrement le nord du pays. L'objectif des autorités est de planter, d'ici à 2074, une centaine de milliards d'arbres dans le désert, répartis sur 35 millions d'hectares, permettant à la Chine de se revendiquer à son tour poumon vert de la planète, en lieu et place de l'Amazonie.

Pékin se verrait bien avoir mené à terme le plus vaste projet écologique au monde, bien supérieur, notamment pour ce qui est de sa concrétisation, à la « muraille » saharo-sahélienne. À ce jour, un peu plus de 50 % du programme chinois a été réalisé, selon les pouvoirs publics qui avancent une couverture forestière passée de 5 % à 13 % depuis le début des travaux, il y a une vingtaine d'années, et la remise en état de milliers de kilomètres carrés de terres jusque-là désertifiées. La surface boisée de la Chine devrait s'en trouver augmentée de 15 % d'ici à 2050 et une mini-agriculture en zone moins aride rendue possible par l'ensemencement aérien sur de larges étendues de terres.

De son côté, l'Australie a annoncé en février 2019 un gigantesque programme visant à planter plusieurs dizaines de millions d'arbres d'ici à 2050 afin d'éliminer, chaque année, environ 18 millions de tonnes de gaz à effet de serre sur les 500 millions produits par ce pays, gros producteur de charbon. La Grande-Bretagne se met également sur les rangs en lançant un projet de plantation de 50 millions de conifères. Au total, une bonne quinzaine de pays – dont l'Inde, le Pakistan, l'Éthiopie ou encore les Philippines – se sont engagés à restaurer plus de 60 millions d'hectares de forêts d'ici à 2030 si l'on en croit l'Union internationale pour la conservation de la nature (UICN), une institution qui agit en faveur de « la restauration des paysages forestiers ».

À son tour, Qu Dongyu, le nouveau directeur général de la FAO à Rome, a annoncé en septembre 2019 le lancement de l'initiative « Une grande muraille verte », cette fois pour les villes, inspirée de l'exemple de la Grande Muraille verte en Afrique. Il s'agit de créer, d'ici à 2030, jusqu'à 500 000 hectares de nouvelles forêts urbaines et de maintenir près de 300 000 hectares de massifs forestiers existants à l'intérieur et autour des villes au Sahel et en Asie centrale. Une ambition qui mérite d'être saluée au moment où, en France, le biologiste et botaniste Francis Hallé plaide pour faire renaître la forêt primaire à Bialowieza, dans l'est de la Pologne, la plus importante d'Europe et qui a été quasiment détruite avec l'aval implicite des autorités. « À l'échelon de la planète, il faudrait planter 1 milliard d'arbres pour compenser ce qui a été détruit en Amazonie durant l'été 2019 », affirme l'un des plus grands spécialistes français des arbres.

Toutes ces initiatives destinées à redonner vie à la forêt, si longtemps maltraitée, uniquement pour des motifs économiques, sont autant de contributions majeures pour faire face à d'autres urgences que sont le changement climatique, la sécurité alimentaire et la biodiversité. Sur ce dernier point – la biodiversité – le signal d'alarme mérite aussi d'être tiré, de plus en plus fort au regard d'une situation qui n'en finit pas de s'aggraver.

Biodiversité : 1 million d'animaux menacés de disparition

On l'appelle souvent « la toile du vivant », joli nom pour un bien commun trop souvent négligé alors qu'elle est la première étape du vivant. « La biodiversité, tout le monde s'en fiche », disait Nicolas Hulot, un brin amer, au printemps 2018 lorsque le ministre de la Transition écologique et solidaire, encore en poste à l'époque, venait présenter son « Plan biodiversité » devant les parlementaires français. Force est de reconnaître qu'à l'échelon mondial, la mobilisation n'est pas toujours au rendez-vous alors que s'accumulent les menaces sur la faune et la flore de la planète et qu'au fil des ans, la diversité des espèces végétales mais aussi animales s'appauvrit à grande vitesse.

En octobre 2018, les rédacteurs du dernier rapport *Planète vivante* rédigé par l'Organisation mondiale de protection de la nature WWF, vingt ans après sa première édition, faisaient état de leur préoccupation majeure. Cette ONG, qui surveille en permanence l'état de la biodiversité, constatait, à partir du suivi de 14 152 populations appartenant à 3 706 espèces de vertébrés – poissons, oiseaux, mammifères, amphibiens et reptiles –, que ces populations ont accusé une terrible chute de 60 % entre 1970 et 2014 (derniers chiffres consolidés en date), un effondrement qui, alors qu'elle n'était que de 52 % en 2014, pourrait atteindre 67 % d'ici à 2030, faute de réaction drastique à hauteur de l'enjeu. « En cinquante ans, l'effondrement du vivant est énorme », s'alarme Jacques-Olivier Barthes, le directeur de la communication de WWF France, « et si rien n'est fait pour contrecarrer cette tendance, des centaines de milliers d'espèces vont disparaître », assure-t-il.

« La nature n'est pas seulement un décor », tenaient à rappeler les rédacteurs de la dernière parution de *Planète vivante*. Quelques mois plus tard, la Plateforme intergouvernementale scientifique et politique sur la biodiversité et les services écosystémiques (IPBES), confirmant les chiffres alarmants de WWF France, sonnait carrément le tocsin en annonçant le 6 mai 2019 à Paris que 1 million d'espèces, animales et végétales – soit une sur huit –, risquait de disparaître de la surface de la Terre dans les prochaines décennies si rien n'était entrepris pour contrecarrer ce funeste destin. Selon cette organisation onusienne qui regroupe 132 pays et à la lecture de son rapport de quelque 1 700 pages, fruit de trois ans de travaux effectués par des centaines d'experts, il apparaît que 25 % de mammifères, 41 % d'amphibiens, 27 % de crustacés, mais aussi 33 % de coraux, 13 % d'oiseaux, 7 % de poissons et entre 16 et 63 % des végétaux (selon leur catégorie) seraient en danger mortel. En un demi-siècle, l'homme aura détruit une grande partie de la nature sur Terre, et le saccage continue.

Des chiffres et un constat qui font froid dans le dos, autant que la leçon qu'en tirent les scientifiques de l'IPBES, également appelée le « GIEC de la biodiversité », en référence à leurs homologues sur le climat. « Les activités humaines menacent d'extinction davantage d'espèces au niveau mondial que jamais auparavant », écrivent-ils, affirmant que le taux actuel d'extinction des espèces « est au moins des dizaines ou des centaines de fois supérieur à ce qu'il a été en moyenne durant les derniers dix millions d'années ». Le constat est glaçant pour les espèces animales et végétales, terrestres ou maritimes, mais les insectes ne sont pas davantage à l'abri. Selon le rapport de chercheurs australiens publié en février 2019 dans la revue *Biological Conservation*, 40 % des espèces d'insectes, abeilles, fourmis, éphémères confondus, sont en déclin et, depuis une trentaine d'années, leur taux d'extinction est huit fois plus rapide que celui des mammifères, des reptiles et des oiseaux. Pour ce qui est des insectes, lesquels sont à la base des chaînes alimentaires, terrestres et aquatiques, 41 % des espèces sont en déclin et 31 % menacées d'extinction. Un bouleversement planétaire qui s'effectue de manière inédite et de plus en plus vite, d'où son nom de « Grande Accélération ».

« Les espèces disparaissent à un rythme sans précédent et ce phénomène ne concerne pas seulement les espèces emblématiques que nous adorons tous mais toute la biodiversité dont dépend la bonne santé des forêts, des fleuves et des océans », s'alarme Marco Lambertini, le directeur général de WWF International. « Sans les espèces qu'ils abritent, les écosystèmes vont s'effondrer, emportant avec eux les services qu'ils nous rendent, qu'il s'agisse d'air pur, d'eau ou de nos moyens de subsistance. Plus nous irons loin au-delà des limites de la Terre, plus nous compromettrons notre propre avenir », avertit le responsable de cette ONG engagée dans la préservation des espèces menacées.

Une gigantesque chasse à l'animal

Sur la liste rouge de ces espèces les plus en danger, on retrouve bien sûr en bonne place les éléphants, notamment en Afrique. On en comptait plus de 20 millions avant la colonisation européenne, affirment les spécialistes du Great Elephant Census qui, comme son nom l'indique, recense ces troupeaux. En forte diminution depuis de longues décennies, ils étaient encore environ 1 million en 1970 mais moitié moins en 2007 (496 000) et seulement 352 000 têtes en 2014, soit une chute de 30 % en sept ans. Quand ils ne sont pas massacrés, les éléphants sont vendus au plus offrant, à l'image du Zimbabwe qui, entre 2012 et 2017, en aura cédé une centaine à la Chine et une demi-douzaine à Dubaï, le tout pour 3 millions de dollars, une somme en principe destinée à financer les réserves naturelles.

Les singes figurent aussi en bonne place parmi les victimes de cette gigantesque chasse à l'animal. À l'heure actuelle, 60 % des espèces de primates (elles sont au nombre de 504 appartenant à 16 familles) sont en voie d'extinction dans leurs régions naturelles, l'Afrique subsaharienne, l'Amérique latine, l'Asie et Madagascar. Pratiquement 70 % des grands singes ont disparu en une cinquantaine d'années. Il ne reste plus qu'un peu moins de 200 000 chimpanzés sur Terre alors qu'ils étaient 1 million au début du xxe siècle. Conscient du danger, le gouvernement indonésien a lancé il y a quelques années une campagne pour assurer la survie de ses 65 000 orangs-outans encore recensés (ils étaient des centaines de milliers il y a un siècle) et notamment le fameux « grand singe roux » des îles de Bornéo et Sumatra avec lequel nous sommes censés partager 98 % de notre patrimoine génétique.

Les oiseaux se cachent pour mourir

Au grand désespoir des ornithologues, les oiseaux sont aussi en passe de se cacher pour mourir. Selon l'ONG BirdLife, sur les 11 121 espèces d'oiseaux recensées par cette organisation à l'échelon de la planète, 13 % d'entre elles sont menacées d'extinction. C'est là un indicateur majeur car la situation de l'avifaune est considérée comme un bon baromètre de l'état de santé général de la biodiversité sur terre dans la mesure où les oiseaux sont présents pratiquement dans toutes les formes d'écosystèmes. Anticipation préoccupante : en 2050, près de 80 % des espèces migratrices pourraient être affectées par la modification de leur environnement, due pour l'essentiel au réchauffement climatique.

Sur le seul continent européen, ce sont 420 millions de volatiles qui ont disparu en trente ans, sur une population totale estimée à un peu plus de 2 milliards en 1980 selon la première étude à grande échelle menée par la Société royale britannique de protection des oiseaux auprès de vingt-cinq pays européens. En France, ce sont 30 % de ces volatiles qui ont disparu en une quinzaine d'années, les petits oiseaux étant les premiers concernés, tels le passereau, le chardonneret, l'alouette, l'étourneau ou encore le moineau.

Le sort inquiétant de l'abeille mellifère

Dans la même série d'espèces en danger, comment ne pas évoquer le sort de l'abeille et le syndrome d'effondrement de leurs colonies, scientifiquement reconnu (*colony collapse disorder* ou CCD), qui frappe l'Europe et les États-Unis depuis le début des années 1990 ? Les causes de cette disparition massive des abeilles domestiques, ou abeilles mellifères qui permettent la production de miel naturel, se répartissent entre des facteurs liés aux agents biologiques (virus, parasites, frelons prédateurs…) et l'emploi non contrôlé des pesticides. Les conséquences sont avérées : sans abeilles, plus de pollinisation des fleurs et sans pollinisation, plus de fruits ni de légumes. Or près de 80 % des plantes à fleurs sont pollinisées par des insectes, en priorité par des abeilles.

On comprend le désarroi des apiculteurs dont les ruches se vident, mais aussi de tous ceux qui s'intéressent à l'avenir de l'agriculture et à la nutrition des futurs Terriens. Selon une étude réalisée en France par Laurence Monnoyer-Smith, commissaire générale au développement durable, ce degré de dépendance existe pour 72 % des espèces cultivées destinées à l'alimentation en France. Cette activité est aussi un contributeur important à la richesse agricole. La part de la production végétale en France pouvant être attribuée à l'action des insectes pollinisateurs est évaluée entre 3 et 5 milliards d'euros par an selon les variétés, soit 6 à 12 % de la production végétale domestique. Au plan international, la contribution est également importante puisque, selon la plateforme onusienne IPBES, plus des trois quarts des cultures mondiales destinées à l'alimentation dépendent d'une manière ou d'une autre de la pollinisation animale. Or l'existence de plus de 40 % des espèces d'abeilles, sauvages ou domestiques, est dès à présent menacée.

Maigre compensation, les abeilles ont célébré en mai 2018 leur première Journée mondiale sous l'égide de la FAO. Appelant à protéger les abeilles ce qui « est de la responsabilité de chacun d'entre nous », les organisateurs de cette manifestation ont tenu à rappeler que « l'absence d'abeilles et d'autres pollinisateurs réduirait à néant les champs de café, de pommes, d'amandes, de tomates et de cacao, pour n'en citer que quelques-uns qui dépendent directement de la pollinisation ». Autre petite victoire : depuis le 1er septembre 2018, les pesticides néonicotinoïdes, reconnus en partie à l'origine de la forte augmentation du taux de mortalité dans les ruches, sont interdits en France, là où le gouvernement a lancé en 2016 un plan « France, terre de pollinisation » au profit des acteurs de la filière.

Des espèces exotiques menacées de disparition

Longtemps, leur seul nom faisait rêver et invitait au voyage vers des terres exotiques. Hélas, il faudra sans doute oublier à jamais le crocodile de Cuba, le totoaba, un poisson du golfe du Mexique, le dragon ou varan de l'île de Komodo, le tigre de Sumatra, la nymphe de Grèce, une sorte de libellule, l'âne sauvage d'Afrique, la grenouille rouge du Yapacana, la roussette de Nouvelle-Guinée. De même pour le cacatoès des Philippines, la gazelle dama, au Tchad et au Mali, le gavial ou crocodile du Gange, le grand hapalémur, lémurien de Madagascar, la salamandre géante en Chine, le vautour de Pondichéry, le rat-kangourou de l'île de San José, le kiwi d'Okarito, oiseau de Nouvelle-Zélande, et tant d'autres, sans oublier l'escargot de Corse, lui aussi promis à disparition !
Le pigeon migrateur d'Amérique du Nord qui se comptait par dizaines de milliers, sacrifié notamment par la vogue du tir au pigeon vivant, n'est plus qu'un souvenir, tout comme le tigre de la Caspienne, le crapaud doré du Costa Rica, la grenouille à incubation gastrique d'Australie ou encore le grand pingouin de Californie, de même que le dauphin de Chine vivant en eau douce, victime de la pollution des eaux du fleuve Yang-Tsé-Kiang.

La disparition des espèces se produit même dans des environnements que l'on penserait moins exposés, par exemple pour les poissons d'eau douce. Dans son dernier rapport rendu public le

11 juillet 2019, le Comité français de l'Union internationale pour la conservation de la nature indique que sur les 80 espèces de poissons d'eau douce présentes en France métropolitaine, 15 d'entre elles – soit une sur cinq – sont déclarées « menacées ». Il s'agit notamment de l'omble chevalier, de la lamproie marine, ou encore de l'esturgeon européen. Pire, si on ajoute sur cette liste « rouge », régulièrement tenue à jour, 16 autres espèces considérées comme « quasi menacées », parmi lesquelles le barbeau méridional ou encore le vairon basque, ce sont 39 % du total qui sont en péril.

La crainte d'une sixième extinction

Alors, convaincus que nous sommes du bilan de santé assez catastrophique de la biodiversité, conséquence de l'extinction massive des espèces végétales et animales, allons-nous tout droit vers cette « 6e extinction » que nous promettent nombre de scientifiques et de plus en plus d'observateurs qui s'intéressent au sujet ? Le risque existe selon Elizabeth Kolbert et son remarquable ouvrage, *La 6e Extinction*, rédigé à partir d'une longue enquête à travers les âges et les continents. Un livre qui a valu le prix Pulitzer 2015 à cette journaliste américaine venue à l'écologie sur le tard, mais avec une passion décuplée.

Les cinq précédentes extinctions, la première remontant à quatre cent cinquante/quatre cent quarante millions d'années (l'ère de l'Ordovicien), la dernière étant datée de soixante-cinq millions d'années (l'ère du Crétacé), avaient des causes naturelles. Celle qui, semble-t-il, nous menace, avec un taux potentiel d'extinction bien supérieur aux périodes antérieures, résulte pour l'essentiel de (la mauvaise) action d'une créature vivante, l'homme, à des rythmes sans commune mesure avec les précédentes. Un constat que confirme Claire Régnier, biologiste au Muséum national d'histoire naturelle à Paris. « Au cours des millénaires, la disparition des espèces s'est faite par la sélection naturelle. Le problème est qu'actuellement elles disparaissent cent à mille fois plus vite qu'avant », explique-t-elle. Le diagnostic est sans appel. « Quand le monde change plus vite que le processus d'adaptation des espèces, beaucoup d'entre elles sont fauchées », confirme Elizabeth Kolbert.

Il n'est pas trop tard pour préserver la biodiversité

Si, pour certains, le diagnostic vital est engagé, il serait inexact de dire que rien n'a été fait, au cours des dernières années, pour tenter d'éviter, justement, l'irréparable. Des actions ont été entreprises, tant au niveau global, celui des institutions internationales, qu'à l'échelon national et local. Après la Convention internationale sur la diversité biologique, signée en 1992 dans le cadre du Sommet mondial de Rio de Janeiro, le Protocole sur « l'accès aux ressources génétiques et le partage juste et équitable des avantages découlant de leur utilisation », a été avalisé à Nagoya, au Japon, en 2010, après huit années de laborieuses négociations. Entré en vigueur quatre ans plus tard durant l'Année de la biodiversité, célébrée par les Nations unies, il constitue une avancée, même modeste.

Cet accord, signé par 120 pays, a pour objectif de lutter contre la « biopiraterie », à savoir les produits et molécules, issus des plantes et des animaux, utilisés par la pharmacie ou l'industrie des cosmétiques, jusque-là sans partage des revenus tirés de leur utilisation. Le Protocole de Nagoya comporte aussi un plan stratégique 2011-2020 destiné à stopper la perte de la biodiversité mondiale en décidant la suppression des subventions dommageables à la biodiversité ainsi que la création d'un réseau d'espaces protégés sur 17 % de la surface terrestre et 10 % de la surface marine.

Organisatrice de la COP21 à Paris sur le climat, en décembre 2015, la France se devait de donner l'exemple. Un peu plus de quarante ans après la loi de juillet 1976 « relative à la protection de la nature », elle mettait en place le 1er janvier 2017 l'Agence française pour la biodiversité (AFB), destinée à regrouper l'ensemble des compétences administratives nécessaires à la préservation de la biodiversité marine et terrestre. Par ailleurs, les députés ont voté en juin 2018 un amendement à l'article 34 de la Constitution française qui définit les domaines où le Parlement peut légiférer, stipulant que la France « agit pour la préservation de l'environnement et de la diversité biologique et contre les changements climatiques ». C'est là un engagement important en faveur de la préservation des espèces. Il s'ajoute à la Charte de l'environnement qui, depuis 2005, figure déjà dans la Constitution. Dans le même esprit, le gouvernement a annoncé quelques semaines plus tard son « Plan biodiversité » autour de six axes majeurs et 90 actions spécifiques inspirés des propositions de Nicolas Hulot, lorsqu'il était encore ministre de la Transition écologique et solidaire.

Le climat a sa propre COP (la dernière, la COP25, s'est tenue fin 2019 à Madrid), la biodiversité a aussi sa Conference of Parties. La dernière en date, la COP14, s'est tenue fin novembre à Charm-el-Cheikh, en Égypte, avec pour ambition de consolider les bases d'un nouveau fonctionnement de la gouvernance internationale de la biodiversité. En s'efforçant de traiter les maux dont elle souffre – entre autres la surexploitation des ressources, le dérèglement climatique, le mauvais traitement des sols – et dont les causes sont à chercher du côté de nos modèles actuels de production et de consommation, ce qui ne fait pas nécessairement consensus.

À l'issue de cette XIVe conférence, les 196 États signataires de la convention sur la diversité biologique ont pris un certain nombre d'engagements, malheureusement non contraignants à propos du sort des pollinisateurs, de la gestion durable de la faune sauvage et des espèces exotiques. Par la suite, conformément aux engagements pris les 5 et 6 mai 2019 lors du G7 Biodiversité qui s'est tenu en France et qui a débouché sur « la Charte de Metz », les mêmes États signataires se sont donné rendez-vous pour la COP15, à Pékin en 2020, afin d'ouvrir un nouveau cycle d'actions à échéance de 2030.

Les initiatives de sauvegarde des espèces se multiplient

Face à l'ampleur du problème et à son impact croissant auprès du public, d'autres initiatives se font jour, y compris parmi les grands pays, longtemps rétifs à la cause environnementale, pour lutter à présent contre la prédation des espèces et pour sanctuariser des aires protégées. Régulièrement montrée du doigt pour sa contribution active à l'effondrement du nombre d'éléphants, *via* le commerce des défenses, Pékin a fini par interdire, début 2017, le commerce et le travail de l'ivoire. Autre exemple positif, celui de l'Inde qui, il y a quelques années, a déclaré « animal d'État » les dromadaires dont le nombre de têtes avait chuté des deux tiers entre 1997 et 2014, lorsqu'on n'en dénombrait que 320 000 pour tout le pays. Depuis, la régression du nombre de dromadaires a cessé.

Tout récemment, à l'été 2018, l'Espagne a décidé de transformer en aire marine protégée le couloir migratoire de 1 350 kilomètres emprunté par de nombreux cétacés, pour l'essentiel entre la Costa Brava et les Baléares. Il s'agit de protéger l'habitat naturel d'une dizaine de mammifères marins au milieu d'une faune et d'une flore marine considérées comme exceptionnelles. La décision est bienvenue quand on sait les dangers qui pèsent sur la biodiversité en Méditerranée. À ce jour, moins de 9 % de cet espace marin est considéré comme une aire protégée. La proportion est encore très inférieure – 5,3 % – si l'on prend en compte l'ensemble des océans dans le monde. On est loin du but fixé par l'ONU dans le cadre des Objectifs de développement durable (ODD) à savoir que 10 % des mers et océans devaient disposer d'aires marines protégées à l'horizon 2020.

Face aux menaces qui pèsent sur la biodiversité, le plus efficace est en effet la création d'aires protégées pour les espèces menacées. Dans l'archipel des Kerguelen, dans les Terres australes françaises, la zone protégée où se côtoient cachalots, orques, éléphants de mer, baleines, goélands et cormorans, mais aussi 50 millions d'oiseaux marins, est passée de 22 700 à 670 000 kilomètres carrés, une superficie supérieure à celle de la France. En Espagne, la réserve naturelle de Doñana, située près de Séville, lieu de rendez-vous obligé des oiseaux migrateurs mais aussi refuge inespéré pour le lynx ibérique, considéré comme le félin le plus rare au monde, a été longtemps un petit paradis de 130 000 hectares au service de la biodiversité. Mais la pollution sévit et Doñana qui figure en bonne place, depuis 1994, au Patrimoine mondial de l'Unesco risque d'être considérée comme le premier site européen classé dans la liste des « réserves en danger ».

L'Unesco protège près de 700 sites de biosphère dans 122 pays

De son côté, l'Unesco continue son travail de protection des oasis de biodiversité qui ne sont pas encore considérées comme « en danger ». En juillet 2018, lors de sa réunion à Palembag, en Indonésie, le Conseil international de coordination de ce programme a ajouté 24 nouveaux sites à son réseau mondial de réserves de biosphère qui en compte désormais 686, répartis dans 122 pays différents. Certains d'entre eux sont transfrontaliers, tel celui de El Pantanal qui faisait déjà partie du réseau. Il s'agit d'une réserve de 220 000 kilomètres carrés, à cheval sur trois pays, le Brésil, la Bolivie et le Paraguay, considérée comme l'une des plus grandes zones humides de la planète. C'est dans ce sanctuaire écologique que l'on trouve encore 1 700 espèces végétales différentes, 420 variétés d'oiseaux, 300 de poissons et 170 de mammifères parmi lesquels le cerf des pampas et la loutre géante. Mais aussi une trentaine d'espèces menacées d'extinction.

Parmi les 24 nouveaux sites, 9 se trouvent en Asie, le continent le mieux représenté en 2018. Il s'agit notamment d'une réserve de parcs nationaux à Berbak-Sembilang en Indonésie, du mont Huangshan en Chine ou encore du Khangchendzonga, en Inde, où se trouvent les écosystèmes les plus hauts du monde, à la frontière entre le Népal et le Tibet. Sept nouvelles réserves de biosphère ont été classées comme telles dans la zone Afrique-Proche-Orient, parmi lesquelles les zones humides de Marico en Afrique du Sud ou le site de Gombe Masito Ugalla, en Tanzanie, lieu consacré à la préservation du chimpanzé. L'Amérique du Sud ne bénéficie que d'une seule nouvelle réserve, à Chocó Andino de Pichincha, en Équateur, classée comme telle en raison de ses 270 espèces de mammifères qui y vivent, dont l'ours à lunettes. Les autres nouveaux sites de biosphère retenus par l'Unesco se trouvent pour l'essentiel en Europe. Il s'agit notamment de la zone des lacs du Prout inférieur, en Moldavie, des forêts de Ponga, en Espagne, et de deux régions montagneuses d'Italie : le Monte Peglia et le val Camonica-Alto Sebino.

Alors, à quand une banque mondiale des espèces animales comme il en existe une pour la biodiversité végétale ? C'est à Ardingly, au sud de Londres, que se trouve l'un des réservoirs de la planète où sont conservées à – 20 °C, dans les vastes sous-sols du Millennium Seed Bank, environ 10 % des quelque 300 000 espèces végétales recensées sur la planète, avec l'ambition d'atteindre les 25 à 30 % à l'horizon 2030. Sans doute un exemple à suivre pour la préservation des espèces animales.

D'autant que, jusqu'à présent, après chaque bouleversement la vie a repris ses droits, de nouvelles espèces sont nées et d'autres que l'on croyait disparues à jamais sont réapparues, parfois après une très longue absence. C'est le cas, au Congo, dans la réserve de Bombo Lumene, du cossyphe, ce joli passereau au plumage noir et roux et à tête blanche dont les chasseurs ont revu quelques spécimens, vingt ans après leur disparition. Un message d'espoir, allié à d'autres réapparitions, encore en nombre très restreint, et le signe qu'il n'est pas trop tard pour que se poursuive la grande aventure du vivant. À condition de préserver au maximum et rapidement les espèces en voie de disparition. La survie d'une autre espèce en dépend, la nôtre.

3. Contenir surpopulation et migrations

« Il n'y a qu'un seul homme de trop sur Terre, c'est monsieur Malthus. »

Pierre-Joseph PROUDHON

En 1966, c'était le tube de l'été. « Sept cents millions de Chinois. Et moi, et moi et moi » chantait Jacques Dutronc. Un peu plus de cinquante ans plus tard, avec une population actuelle de 1,44 milliard d'habitants, soit 19 % de la population mondiale, le nombre de Chinois a doublé par rapport aux 700 millions comptabilisés à l'époque par l'amateur de cigares et de bon whisky. Mais l'empire du Milieu est de plus en plus concurrencé, démographiquement parlant, par l'Inde, déjà forte de ses 1,37 milliard de résidents qui représentent à eux seuls près du sixième de l'humanité, ce que n'avait pas escompté notre ami Dutronc. À titre de comparaison, en 1947, au moment de l'indépendance de l'Inde, immédiatement suivie par la création du Pakistan, la nouvelle Union ne comptait que 350 millions d'habitants ! Et les spécialistes assurent que l'Inde aura détrôné la Chine autour de 2030 en raison d'une légère diminution de la population dans l'empire du Milieu alors que les Indiens auront continué à enfanter à bon rythme.

Ces chiffres illustrent bien le bouleversement quantitatif qu'a connu cette région, symbole de l'explosion de la démographie mondiale qui s'est accélérée en un demi-siècle et dont il est avéré qu'elle va se poursuivre, à vive allure, d'ici à 2050. En 1800, la Terre comptait seulement 950 millions d'habitants dont un peu plus de la moitié résidait en Asie. Un siècle plus tard, elle abritait 1,6 milliard de Terriens dont 905 millions d'Asiatiques et 124 millions d'Africains. Au 1er septembre 2019, signe du gigantesque bond démographique du siècle dernier, ce sont 7,71 milliards d'habitants qui se sont affichés au compteur de la population mondiale et la moitié d'entre eux sont cantonnés dans sept pays : Chine, Inde, États-Unis, Brésil, Nigeria, Indonésie et Pakistan.

Au cours des prochaines décennies, à raison de quatre naissances et deux morts à la seconde, soit un solde positif de 200 000 êtres humains de plus par jour et 15 millions par an, la courbe ascendante devrait en effet se poursuivre pour atteindre presque 10 milliards de Terriens en 2050. Voire un peu plus lors de la seconde moitié, quand la planète pourrait compter 11 milliards d'habitants en 2100, un chiffre qui marquerait alors une décélération sensible sans qu'on puisse parler de véritable retournement.

Cette augmentation de la population mondiale s'accompagnera d'un autre phénomène : son urbanisation accélérée. Dans un peu plus d'une génération, la Terre abritera 2 milliards de citadins de plus qu'actuellement et le taux d'urbanisation mondial, aujourd'hui de l'ordre de 50 %, sera de 60 % en 2030 et de 70 % en 2050. Une moyenne déjà dépassée par endroits puisque, dès à présent, près de 80 % des Latino-Américains vivent en ville, confirmant le fait que le XXIe siècle sera et est déjà le siècle de l'urbain.

À ce moment-là, l'Asie et l'Afrique auront été confortées dans leur rôle de géants de la population mondiale, selon les statistiques rassemblées par les démographes de l'Institut national d'études démographiques (INED) sous la conduite de Gilles Pison, à partir des projections de la Division de la population des Nations unies. La Chine, l'Inde et l'Afrique façonneront alors le monde de demain, tout au moins en termes de nombre d'habitants. Et ce nouveau trio de peuplement dispose déjà de son néologisme le désignant : la Chindiafrique.

À peine 5 milliards de Terriens en 1987, le double en 2050

Pour être un peu plus précis, si l'on prend en compte la projection médiane retenue par les Nations unies, nous serions 9,74 milliards de Terriens en 2050 et 10,9 milliards en 2100, alors que la Terre ne comptait que 5 milliards d'habitants en 1987. Et seulement 2 milliards en 1927. Ces prévisions sont-elles fiables ? Pour 2100 et au-delà, les hypothèses sur le niveau de la population mondiale peuvent réserver des surprises à l'instar de l'explosion de l'Afrique, initialement minorée par les démographes onusiens. En revanche, pour ce qui est de 2050, « C'est plié ! » assure Gilles Pison, signifiant que la majorité des êtres humains qui connaîtront le milieu de ce siècle sont déjà nés et que le chiffre de près de 10 milliards en 2050 peut être considéré comme certain.

Cette brusque augmentation de la population mondiale – elle a été multipliée par sept au cours des deux derniers siècles –, inédite dans l'histoire de l'humanité, constitue un enjeu géopolitique majeur. Elle a moins à voir avec la natalité ou la fécondité, en baisse dans les pays en développement en dépit de beaucoup d'idées reçues, qu'avec le fort recul de la mortalité et la hausse spectaculaire de l'espérance de vie, en dépit des inégalités qui demeurent selon les continents et les communautés. Au XVIIIe siècle, sur 8 nouveau-nés, seuls 2 d'entre eux atteignaient l'âge adulte. À présent, grâce à la baisse de la mortalité infantile, à l'amélioration des conditions économiques et de santé, en moyenne, sur 6 nouveau-nés, 4 d'entre eux sont assurés de vivre longtemps.

Quelle sera la configuration de la population mondiale en 2050 ? En tête, l'Inde comptera 1,64 milliard d'habitants, supplantant la Chine dont la population aura baissé à 1,40 milliard. Loin derrière, le troisième pays le plus peuplé sera le Nigeria avec 401 millions, le double de 2019 (201 millions), tandis que les États-Unis seront un peu en retrait avec 379 millions d'Américains au milieu du siècle contre 329 millions actuellement. Viennent ensuite le Pakistan avec 338 millions d'habitants, l'Indonésie (331 millions), le Brésil (229 millions), l'Éthiopie (205 millions), la République démocratique du Congo (194 millions), talonnée par le Bangladesh (193 millions) pour ce qui est des 10 pays qui seront les plus peuplés en 2050. Il faut y ajouter, parmi les nations confrontées à un important bond démographique, l'Égypte qui passera de 100 millions de résidents actuellement à 160 millions à la même échéance et les Philippines (de 108 à 144 millions). À l'inverse, la Russie régressera de 146 millions d'habitants en ce moment à 136 millions, illustrant un phénomène propre à la quasi-totalité des pays dits occidentaux.

Face à cette course de fond démographique, les défis à relever sont multiples. Outre l'insécurité alimentaire et l'épuisement des ressources prévisibles, il faut compter avec leur lot de conflits potentiels, l'aggravation de la pauvreté, les effets de la dégradation de l'environnement et l'accélération des flux migratoires. Auxquels il convient d'ajouter le sort préoccupant des pays trop peu engagés dans une nécessaire transition démographique. Dans ce domaine, l'Asie et l'Amérique latine ont accompli de gros progrès. En revanche, l'Afrique, confrontée à une possible « bombe démographique », est encore trop en retrait en dépit de la diminution du nombre d'enfants par femme constatée pour l'ensemble du continent avec, il est vrai, de fortes disparités selon les pays.

La bombe démographique africaine

La photographie de la future démographie de la planète parle d'elle-même. Toujours largement prépondérante, la part de la population asiatique, qui avoisinait les 60 % du total des habitants sur Terre en 2015, devrait être ramenée à 54 % en 2050. La proportion des autres continents ne varierait guère et c'est bien l'Afrique qui connaîtrait une explosion démographique, passant de 16 à 26 %

de la population mondiale en l'espace de trente-cinq ans. Certains démographes n'hésitent pas à prolonger la courbe, considérant que d'ici à la fin du siècle, près de 4,4 milliards d'Africains devraient peupler la Terre soit quasiment quatre fois plus qu'aujourd'hui. Le continent noir représenterait alors, à lui seul, près de 40 % de l'humanité. Actuellement, 1 Terrien sur 6 est un Africain ; en 2050, à conditions égales, ce sera 1 sur 4, et en 2100, ce serait pratiquement 1 sur 2.

Ce phénomène d'explosion du nombre d'habitants est général à l'ensemble du continent noir mais il sera plus marqué dans sa région sahélienne dont la population devrait doubler d'ici à 2050. Il résulte de la conjonction de plusieurs facteurs économiques, sociaux et culturels. Le premier d'entre eux est naturellement le taux de natalité en Afrique qui, en dépit des progrès constatés au cours des vingt dernières années, reste très élevé ; beaucoup trop diront certains. Sur 54 pays qui composent le continent noir, 39 d'entre eux – en majeure partie sahéliens – figurent dans la liste des nations aux taux de naissance les plus élevés, aux côtés de 9 pays d'Asie, 6 d'Océanie et 4 d'Amérique du Sud.

Quand on l'interroge sur le sujet, John R. Wilmoth en convient. « La baisse du taux de fécondité n'a pas été à la hauteur de ce que nous attendions en Afrique subsaharienne », admet le directeur de la division Population au département onusien des affaires économiques et sociales à New York. Il estime à 25 %, au mieux, le nombre de femmes qui souhaitent avoir accès à un mode de contraception, sans succès à ce jour, ce qui contribue d'autant à l'augmentation du nombre d'enfants.

Des constatations que confirment les travaux conduits il y a quelque temps par Henri Leridon, expert démographe et longtemps membre du Conseil scientifique de l'INED. La moyenne en Afrique subsaharienne se situe encore à plus de 5 enfants par femme, contre 2,5 en moyenne mondiale et certains pays de la région affichent actuellement des taux encore supérieurs : plus de 7 enfants pour le Niger, à peine moins pour le Mali et le Tchad. En 2050, on devrait compter encore 5 enfants par femme au Niger et plus de 4 au Mali et en Zambie, avance Henri Leridon, ajoutant que l'une des raisons de cette fécondité élevée est une entrée en union souvent très précoce des jeunes filles africaines. Plus des trois quarts de la population féminine se marient avant 20 ans.

Il faudrait y ajouter des éléments sociaux et sociétaux comme la pauvreté et le manque d'éducation, les relations sexuelles hors mariage ou encore la polygamie. Sur la trentaine de pays qui autorisent encore cette pratique, 25 d'entre eux se trouvent en Afrique. Sans oublier un sujet toujours délicat à évoquer en dépit de son importance croissante, le facteur religieux. La pratique de l'islam et de ses règles de vie a gagné du terrain sur le continent en une ou deux générations et dans le même temps la fécondité a augmenté ces derniers temps dans plusieurs pays africains où la majorité des habitants sont de confession musulmane, constatent les démographes.

Mais le christianisme a aussi sa part de responsabilité dans l'absence de contrôle des naissances et donc dans l'explosion de la population sur le continent. En Afrique, les deux religions condamnent fermement et à l'unisson l'avortement mais aussi toutes les méthodes de contraception, qu'il s'agisse de la pilule ou encore du préservatif que l'Église catholique continue à interdire en dépit des ravages que fait le sida en Afrique.

L'influence nataliste des évêques africains

Rompant avec Jean-Paul II qui jugeait « blessant pour la dignité humaine » l'usage du préservatif, le pape François s'est voulu un peu moins conservateur sur le sujet de la contraception mais, au sein de la Curie, ce sont paradoxalement les évêques africains qui sont les plus farouches opposants, dénonçant « un colonialisme idéologique qui cherche à détruire la famille ». Le fossé s'est creusé entre les 63 % de femmes de 15-49 ans vivant en couple, à l'échelle mondiale, qui utilisent une méthode de contraception et les 20 %,

au mieux, de la population féminine subsaharienne qui procède de même.
L'écart risque de s'accentuer à la lumière des difficultés croissantes que connaissent les organismes de planning familial dans de nombreux pays africains, aggravées depuis que l'administration Trump a étendu, fin 2017, l'interdiction de tout financement public américain aux ONG favorisant la contraception. Une « fatwa à la mode Donald » qui, jusque-là, ne visait que la communication d'informations sur l'avortement. C'est là une sanction financière dramatique qui, par exemple, prive de 46 millions de dollars annuels, soit la moitié de l'enveloppe initiale, l'accord dit Partenariat de Ouagadougou dont l'objectif est d'aider l'accès à la contraception dans les pays du Sahel.

Le fait que 500 millions d'Africains vivent encore dans les campagnes où la natalité demeure importante est aussi à prendre en considération et ce n'est qu'en 2030, au plus tôt, que les citadins devraient dépasser les ruraux au sud du Sahara. « La croissance démographique est une variable qui interagit avec l'économie et le social et notamment avec la santé et l'éducation », explique le démographe burkinabé Jean-François Kobiané, de l'Université d'Ouagadougou. « Et c'est surtout cette dernière, l'éducation, qui va de pair avec la contraception. »

Demain, la Terre sera-t-elle surpeuplée ?

« Chaque seconde, sur Terre, une femme met un enfant au monde. Il faut absolument la retrouver et lui demander qu'elle arrête ! », disait un humoriste. La boutade peut sembler déplacée. Reste que, pour beaucoup, l'évolution de la courbe démographique de la planète pour les prochaines décennies a de quoi inquiéter : près de 10 milliards en 2050, dont le quart dans la seule Afrique et autour de 11 milliards en 2100, ce sont là des chiffres qui soulèvent des questions légitimes. La première est de savoir s'il est possible d'arrêter brutalement et autoritairement ce mouvement. Le freiner peut-être mais le stopper certainement pas. « L'inertie démographique » est une réalité incontournable, assure Gilles Pison, et la population mondiale va progresser comme prévu jusqu'en 2050. Toutefois, ajoute-t-il, nous sommes en fin de période de croissance rapide, et une décélération devrait intervenir ultérieurement et c'est pour cela que les anticipations pour 2100 sont plutôt autour de 11 milliards grâce à une baisse prévisible de la fécondité résultant de la transition démographique, achevée dans certains pays, en cours ailleurs.

C'est là un scénario, optimiste diront certains, qui vaut pour les pays développés, grâce à l'amélioration de leurs niveaux de vie, et qui devrait se reproduire, dans les mêmes conditions pour les pays émergents ou en développement au fur et à mesure de leur essor économique et sociétal. L'accroissement de la classe moyenne mondiale – de 200 millions de personnes par an –, plus éduquée et moins tentée par les familles nombreuses, contribuerait ainsi à la diminution du nombre de naissances. Ce serait donc l'affaire de quelques générations avant qu'intervienne une stabilisation du nombre d'humains sur Terre.

Il reste que la perspective d'une surpopulation qui réduirait à néant les efforts entrepris pour mieux gérer la planète au regard des ressources dont elle disposera devient une question incontournable. Longtemps éludé en raison de son caractère politiquement sensible puisqu'il oblige à s'interroger sur le bien-fondé des modèles de développement et sur les politiques à adopter en matière de naissances, le sujet a été mis sur la table en novembre 2017 par la communauté scientifique, cette fois de façon explicite dans la revue *BioScience*. Évoquant l'avenir de la planète et les craintes aggravées qu'il suscite, les 15 000 chercheurs et rédacteurs du « Second avertissement à l'humanité », représentant 184 pays, ont notamment évoqué la question démographique. Soulignant l'importance de parvenir à une « population soutenable à l'échelle mondiale », ils font valoir que « la croissance rapide et continue de la population constitue le principal moteur de nombreuses menaces écologiques et sociales ».

En attendant que cet « avertissement » oblige à réagir, au moins dans les pays trop natalistes, la Terre va donc continuer à abriter de plus en plus de monde d'ici à la moitié du siècle. Mais le continent noir n'est pas seul à porter la responsabilité de l'accroissement de la population du globe, lequel reste contrasté en fonction des territoires. L'Asie est également en cause, ou du moins certains pays du continent. Ainsi, au « Pays des purs », à savoir le Pakistan, le résultat du dernier recensement, connu en décembre 2017, a été un choc. Le pays comptait alors 200 millions d'âmes, soit 60 % de plus que lors de la précédente enquête, en 1998. Un surcroît de population qui vaut pour d'autres pays de la région, tels que le Bangladesh ou les Philippines.

Malthus, reviens ! Ils sont trop nombreux !

Il y a près d'un demi-siècle, un biologiste américain, Paul Ralph Ehrlich, élu à la Royal Society de Londres, titrait son discours d'intronisation par cette interpellation : « Un effondrement de la civilisation globale peut-il être évité ? » À l'appui de ce qu'il présentait encore comme une question, ce scientifique qui avait déjà défloré le sujet dans son ouvrage *La Bombe P* (*The Population Bomb*) enfonçait le clou en déclarant que, pour la première fois, une civilisation humaine était « menacée d'effondrement » sous le poids d'une surpopulation qu'il estimait inévitable.

Il n'était pas le seul à annoncer un danger démographique majeur pour demain. Bien avant lui, l'économiste et pasteur de l'Église anglicane britannique Thomas Robert Malthus (1766-1834) lançait cette théorie connue sous le nom de « malthusianisme » et selon laquelle, pour faire simple, la population progresse de façon géométrique (1, 2, 4, 8, 16…) et donc plus vite que l'augmentation des ressources alimentaires qui, elle, se fait de façon arithmétique (1, 2, 3, 4, 5…). Il en résulte un déséquilibre tel qu'il oblige à tout faire pour freiner cette progression démographique qu'il juge catastrophique, et revenir à un nombre d'habitants compatible avec ce que peut offrir la nature, sous peine de plonger dans la misère, voire carrément de mourir.

Son ouvrage phare, *Essai sur le principe de la population en tant qu'il influence le futur de la société*, paru en 1798, suscite depuis deux siècles des controverses, scientifiques et politiques, qui reviennent régulièrement. À cet égard, les chiffres de la population mondiale annoncés pour 2050 donnent un regain d'actualité aux questions que soulevait Malthus et qui, pour certains, n'ont guère vieilli.

Ailleurs, l'Inde et son avenir démographique posent aussi question. Le pays est assuré d'être numéro 1 en 2050, et il est à craindre que, face à l'explosion de sa population, le pays ne soit pas en mesure de répondre à ses besoins essentiels, notamment alimentaires et environnementaux. Certains spécialistes se veulent pourtant rassurants. « La fécondité en Inde est tombée de 6 enfants par femme en 1950, à 2,4 soixante ans plus tard, grâce à cinquante ans de planification familiale active », relativise le démographe et économiste Gérard-François Dumont. « Tandis que le pays affichait 1,29 milliard d'habitants en 2014, soit une multiplication par 3,6 de sa population depuis lors, la production de céréales alimentaires a été multipliée par 3,9 dans le même temps et le produit intérieur brut – la richesse nationale – a été, lui, multiplié par 20 », ajoute-t-il. On pourrait également rappeler que, jusqu'à présent, la croissance démographique s'accompagne d'une croissance économique et qu'un pays où la fécondité s'effondre risque de basculer dans la stagnation, d'où l'importance que revêt le facteur population en hausse.

La Chine et le sort de « l'enfant unique »

Mais en dépit de ces propos moins alarmistes, plus on se rapproche de la date butoir de 2050, plus les partisans de la dénatalité, seul moyen, selon eux, de préserver l'avenir de la planète et surtout de ses futurs habitants, trouvent une certaine écoute, même si la préoccupation n'est pas nouvelle. « Le terme de population limite (*carrying capacity*, en anglais, “capacité de charge”) est apparu en écologie savante dans les années 1930 pour décrire la population maximale d'une espèce dans des conditions précises », écrivait le démographe Hervé Le Bras, il y a une trentaine d'années dans *Les Limites de la planète. Mythes de la nature et de la population.* Le problème est surtout de savoir comment calculer justement cette limite, précisait-il. Plus récemment, d'autres scrutateurs du ratio naissances/décès, prompts à en dénoncer les dérives, s'efforcent de donner de la voix. À l'image de l'organisation belge One Baby directement inspirée de la mouvance nord-américaine plus radicale, No Kids, un slogan qui peut se passer de traduction.

Le One Baby belge, voilà bien longtemps que la Chine a traduit dans les faits cette prescription devenue, dans l'empire du Milieu, « politique de l'enfant unique ». Promulguée en 1979 sous l'ère de Deng Xiaoping, le grand réformateur de l'économie chinoise, cette mesure jusque-là seulement incitative est devenue obligatoire sous peine de sanctions. Ce frein à la natalité avait pour but de ralentir la croissance démographique de la Chine afin de favoriser le développement économique du pays prescrit par le « Petit Timonier », successeur du « Grand Timonier », Mao Zedong, en limitant le nombre de nouvelles bouches à nourrir. Entre 1949, date de la naissance de la République populaire de Chine et 1979, la population du pays avait presque doublé, passant de 542 à 970 millions d'habitants.

Moralement et éthiquement condamnable mais économiquement et socialement efficace, du moins à court terme, ce contrôle des naissances étatique a permis à la Chine d'« économiser » en trente-cinq ans près de 400 millions de bébés. Au prix, il est vrai, d'avortements clandestins, d'infanticides et de pratiques de sélection au profit systématique des garçons. Mais le déséquilibre de genre qui en est résulté est tel que l'on compte actuellement 113,5 garçons pour 100 filles, et qu'il a ouvert la porte à un nouveau marché, celui des hommes célibataires en quête de compagnes ou d'épouses qu'il leur faut parfois aller chercher hors des frontières.

Ce retour de bâton en forme de choc démographique à l'envers fait qu'à présent, le pays a besoin au plus vite de 100 millions d'autres enfants rois pour compenser le tiers de la population qui, en 2050, aura plus de 60 ans. Rompant avec le passé, les autorités chinoises ont annoncé en octobre 2015 la fin de « l'enfant unique » et la relance de la natalité. Mais le baby-boom de l'année d'après a été suivi d'un « bébé plouf » dès 2017, et personne ne s'attend plus à une explosion des naissances, ne fût-ce qu'en raison du coût élevé que représente l'arrivée d'un nouvel enfant qu'il faudra nourrir et éduquer.

La jeunesse du monde, atouts et défis majeurs

On le voit bien, la problématique démographique est une donnée variable, politiquement et géographiquement. Comme indiqué précédemment, si une partie importante de l'Asie et de l'Amérique latine est fermement engagée dans la transition, la plupart des pays d'Afrique en sont au tout début, avec des taux de naissance souvent élevés. L'Europe, elle, connaît un mouvement inverse. Si la France affiche toujours le plus fort taux de fécondité du continent, le nombre de naissances a chuté de 40 % depuis 2008 en Espagne. Dans d'autres contrées européennes, en trois décennies, l'ensemble des ex-pays de l'Est (hors Russie) ont vu leur population régresser, en partie en raison de l'émigration vers d'autres cieux aux meilleures conditions de travail, mais surtout à cause de la baisse de la natalité. Certains pays ont fermement réagi, à l'image de la Hongrie, particulièrement affectée par la dénatalité, où le gouvernement de Viktor Orbán offre désormais un accès facilité au logement et 32 000 euros à toute famille décidée à avoir un troisième enfant.

Donc, pour l'instant, cap sur les jeunes, y compris au Sud. Dans les pays en développement, les bataillons démographiques que constitue la jeunesse du monde se comptent dès à présent en centaines de millions de personnes. À l'échelle de la planète, ce sont 1,8 milliard d'adolescents de 10 à 24 ans qui, selon le Fonds des Nations unies pour la population (FNUP), composent le total de la jeunesse mondiale. Soit le quart des 7,7 milliards d'habitants qui, à la mi-2019, peuplaient la planète. Si l'on élargit cette tranche d'âge à l'ensemble des moins de 30 ans, ces jeunes et très jeunes représentent dès à présent 50 % des humains sur Terre.

Un nouveau fardeau : le papy-boom

Pour toute nation soucieuse de son avenir, compter sur la jeunesse de sa population est un atout. À condition de pouvoir lui assurer un minimum de « bien vivre ». À l'inverse, il est à présent un autre facteur démographique qui, lui aussi, commence à poser de sérieux problèmes économiques, politiques et sociologiques : le nombre croissant des seniors sur l'ensemble de la planète, les fameuses « Panthères grises ». Tous les démographes en conviennent : la croissance de la population mondiale se fera au prix d'un vieillissement accru.

La baisse de la fertilité et une plus grande longévité sont les deux raisons du phénomène de vieillissement accéléré qui, selon les experts des Nations unies, devrait concerner au moins 21 % de la population mondiale en 2050, contre 12 % en 2014 et 8,6 % en 1980. Il s'agit là d'une évolution très rapide que confirment d'autres spécialistes du sujet. « Depuis 1950, le nombre de Terriens âgés de 65 ans ou plus s'est accru de 570 %, avec une progression plus rapide dans les régions moins développées (690 %) que dans les zones plus développées (450 %) en raison d'une croissance démographique antérieure globalement plus forte dans les premières que dans les secondes », avance Alain Parant, ancien chercheur à l'INED. Du coup, à l'échelle de la planète, le nombre de centenaires a fortement progressé. La France, qui n'en comptait pratiquement aucun dans les années 1980, en affiche à présent près de 22 000, surclassant tous ses voisins européens. De son côté, avec 5 centenaires pour 10 000 habitants, le Japon est devenu le plus grand rassemblement mondial de « Panthères grises », ce qui ne va pas sans poser problème.

Les seniors au Japon, l'« empire du Soleil couchant »

Il y a quarante ans, elle était la plus jeune des nations développées. À présent, le Japon dont la population vieillit à grande vitesse est la plus âgée. Dès 2010, les grands magasins admettaient, avec embarras, le signe annonciateur du « choc argenté » qui frappe l'Archipel : pour la première fois, les ventes de couches-culottes pour adultes étaient plus élevées que celles destinées aux bébés. Et le nombre d'accidents de la route dont la responsabilité incombe à des seniors de plus de 75 ans a doublé en quelques années. Le constat est clair : faute de jeunes pour régénérer le corps social, l'empire d'un Soleil levant devenu « couchant » perd ses habitants et voit grisonner ceux qui restent.

Actuellement évaluée à 127 millions, la population nippone devrait chuter lourdement à 102 millions d'ici à 2050 et certains anticipent même le chiffre de 88 millions dix ans plus tard. Le pays compte déjà 63 000 centenaires et le Japon n'arrive pas à faire décoller un taux de fécondité parmi les plus bas au monde : 1,5 enfant par femme en moyenne. Résultat, le rapport de 2,3 actifs pour un retraité devrait tomber à 1,3 en 2050.

La seule solution efficace serait de recourir à l'immigration, quasi inexistante. Les étrangers, asiatiques pour la plupart d'entre eux, représentent seulement 1,7 % de la population. Mais l'immigration est restée de longue date un sujet tabou. Il a fallu attendre l'automne 2018 pour que Shinzo Abe, le Premier ministre nippon, amorce une prudente rupture avec la politique de l'immigration menée jusque-là en annonçant l'octroi de visas de travail, et la possibilité de recourir au regroupement familial dans les secteurs en pénurie de main-d'œuvre ou de travailleurs qualifiés. Un premier pas vers la fin de l'immigration zéro. Mais aussi un choc culturel qui risque de perturber un système dont l'homogénéité a longtemps été un facteur important de cohésion nationale.

Là, comme dans d'autres domaines touchant à la situation de la planète, le « péril vieux » varie en fonction des pays et de l'espérance de vie. Si elle est, en moyenne hommes-femmes, de 79 ans aux États-Unis, en baisse depuis 2016, la longévité n'est que de 63 ans en Haïti, l'un des pays les plus pauvres au monde. En France, où le taux de natalité baisse légèrement depuis 2015, l'espérance de vie est pour l'instant de 79 ans pour les hommes et de 85 ans pour les femmes. Les seniors de plus de 65 ans représentent 18 % de la population, soit environ 12 millions de personnes, mais leur part va considérablement s'accroître si l'on en croit l'Institut national de la statistique et des études économiques (INSEE) lorsqu'il estime qu'en 2060, 1 Français sur 3 aura plus de 60 ans.

Les pays occidentaux en tête desquels l'Europe doivent se préparer à affronter un déficit démographique général. En 2050, la Vieille Europe sera le seul continent qui verra sa population régresser, passant de 745 millions actuellement à 736 millions dans trente-cinq ans, à la seule exception de la France et du Royaume-Uni qui gagneront quelques âmes. L'Allemagne a déjà inventé le nom, *Demokalypse*, qui lui permet de décrire la chute de sa population, laquelle devrait baisser jusqu'à 68 millions en 2060 alors qu'elle est encore à 83 millions actuellement.

Faute de pouvoir accélérer le nombre des naissances, le seul remède au déficit démographique que connaissent nombre de pays industrialisés, et notamment européens, devrait passer par le recours à une population plus jeune et active venue d'ailleurs, quitte à résister à l'hostilité d'une opinion publique de plus en plus rétive. C'est le défi migratoire auquel sont tenus de s'attaquer, ensemble, les pays de l'Union : tirer profit de l'arrivée sur le Vieux Continent d'un nombre croissant de migrants, poussés en mer par les guerres, la misère, les catastrophes climatiques mais aussi en quête de meilleures conditions économiques.

Migrants, déplacés, réfugiés : une bombe *sans* retardement

Pendant plusieurs jours, sa photo a fait la une des journaux et des actualités télévisées. Un cliché de dos seulement car le petit gamin sans vie, simplement vêtu d'un tee-shirt rouge et d'un pantalon bleu, avait le visage dans le sable et personne n'osait le retourner. D'après ceux qui l'avaient côtoyé avant qu'il s'embarque dans un rafiot avec sa famille et une dizaine de personnes fuyant les horreurs de la guerre en Syrie, l'enfant avait trois ans tout au plus, un prénom, Aylan, et un nom, Kurdi, le même que celui de son jeune frère Galip, lui aussi mort noyé. Leur embarcation avait sombré près de l'île de Kos sans laisser de survivants, et c'est son corps maigrichon que la mer, injuste comme elle sait l'être parfois, avait rejeté sur une plage turque. C'était à l'automne 2015. Depuis, la mer a continué à engloutir puis rejeter son lot d'hommes, de femmes, et d'enfants qui n'auront jamais touché terre.

Au rythme de 2 000 à 3 000 par an, bien davantage à certaines périodes, les « morts-en-mer » de Méditerranée de la « génération 2000 » auront pris la place, à trente ou quarante ans d'intervalle, des dizaines de milliers de boat people vietnamiens, mais aussi laotiens et cambodgiens qui se seront noyés dans le Pacifique en fuyant un régime qu'ils jugeaient hostile. En rappelant ce lointain souvenir, force est de constater que l'histoire se répète et que les flots n'en finissent pas de ballotter d'autres « damnés de la mer ». Les nationalités ont changé mais leur sort collectif est resté le même.

Noyés en Méditerranée ou renvoyés dans le désert

Chaque jour ou presque apporte son lot de naufrages meurtriers de migrants en Méditerranée, notre *Mare Nostrum* étant devenue un gigantesque cimetière privé de croix et de dépouilles à enterrer.

Combien sont-ils ? Selon l'Organisation internationale des migrations (OIM), une source fiable en lien avec les Nations unies, entre le 1er janvier 2014, début des grandes migrations, et la fin décembre 2018, on peut dénombrer au moins 19 200 morts dont on a recueilli les corps ou disparus dont les dépouilles n'ont pas été récupérées après les naufrages mais qui ont pu être identifiés à partir des témoignages des survivants.
Sur ces quelque 20 000 victimes, près de 17 000 d'entre elles sont à déplorer en Méditerranée centrale, noyées entre la Libye, la Tunisie, Malte et l'Italie, affirme l'OIM. Des chiffres voisins de ceux du Haut-Commissariat des Nations unies aux réfugiés (UNHCR) qui, en juin 2018, faisait état de 845 migrants morts ou disparus en Méditerranée depuis le début de l'année, après 3 139 pour la totalité de 2017 et 5 096 l'année précédente. Un an plus tard, des centaines d'hommes, de femmes et d'enfants continuaient à périr en mer et la Méditerranée connaissait le 15 juillet 2019 sa pire tragédie depuis le début de l'année avec la noyade de plus de 110 personnes au large des côtes libyennes, leur bateau ayant coulé en quelques minutes.
« La Méditerranée est certainement la route migratoire la plus meurtrière au monde », assure cette organisation onusienne. Pourtant, il en est une autre plus discrète car plus fermée aux médias mais qui affiche aussi un lourd bilan meurtrier. Elle est empruntée par des milliers de migrants fuyant les violences autant que la pauvreté extrême, venus du Mali, de Gambie, de Guinée, de Côte d'Ivoire, mais surtout du Niger, et que l'Algérie, après les avoir accueillis, expulse désormais, manu militari, vers le Sahara. À pied, souvent privés d'eau, de nourriture, et donc promis à un sort funeste ils sont d'abord acheminés en camions jusqu'à un « Point zéro », près de Tamanrasset, au-delà duquel seuls le sable et un soleil de plomb les attendent. D'après l'OIM qui suit aussi de près les pérégrinations de ces pauvres hères, plus de 13 000 d'entre eux ont été ainsi reconduits aux portes du désert, à la frontière avec le Niger, en l'espace d'un an et demi. Sans qu'il soit possible de savoir combien ont survécu.

Ils sont pour l'essentiel afghans, syriens, libyens, éthiopiens et érythréens, nigérians, guinéens, ivoiriens, fuyant les massacres et les dictatures bien plus que la misère. Selon le Haut Commissariat des Nations unies pour les réfugiés (UNHCR), 170 000 personnes ont rejoint les côtes de l'Europe par la mer en 2017, en évitant le naufrage, contre 362 000 l'année précédente et 1,01 million en 2015, un record qui avait marqué cette année-là, après un début d'accueil humanitaire, la résurrection du discours politique – et électoral – sur le danger d'invasion massive qui guette le Vieux Continent. Depuis, en partie en raison de l'interdiction d'accoster dans plusieurs ports sur les rives européennes, le flot de migrants traversant la Méditerranée a fortement baissé, mais le rejet d'une partie de l'opinion publique demeure.

258 millions de migrants dont 71 millions de déplacés

Selon la définition des Nations unies qui considèrent comme migrant toute personne née à l'étranger et installée depuis au moins un an dans un pays autre que le sien, on compte actuellement 258 millions de migrants dans le monde, soit 3 % de la population totale. La majeure partie erre le plus souvent d'un pays à l'autre, à échelle transcontinentale, signe que les pays du Sud sont devenus à leur tour des pays d'accueil migratoire, au même titre que ceux du Nord.

Ce chiffre de 258 millions de migrants internationaux, aux motivations diverses, comprend les personnes considérées comme déplacées contre leur gré, contraintes de fuir leur lieu de vie et de résidence en raison d'un conflit armé, de violations de droits de l'homme ou d'une extrême pauvreté. En 2018, la catégorie des déplacés internes à une région (compris dans les 258 millions) a atteint le chiffre record de 68,5 millions selon le UNHCR. La majorité de ces déplacés (40 millions) le sont d'une partie à l'autre de leur territoire d'origine. Les autres (25,4 millions) sont des réfugiés « officiels » reconnus comme tels par l'ONU, le solde étant des demandeurs d'asile en attente d'un statut. Ces réfugiés « onusiens » sont les seuls à pouvoir bénéficier de ce statut au titre de la Convention de Genève de 1951 et de l'aide du UNHCR. La plupart d'entre eux se trouvent dans un pays voisin de celui qu'ils ont quitté. Seule une petite minorité de ces réfugiés « officiels » (6 %) a été accueillie à ce jour en Europe.

La double peine des Rohingyas fuyant la Birmanie

Condamnés à un exil douloureux pour ceux qui ont pu échapper aux massacres, les Rohingyas de la république de l'Union du Myanmar, nom officiel de la Birmanie depuis 2010, ont toujours souffert d'une double discrimination. Le fait d'être des non-Birmans (des non-Bamars) et, au moins autant, des musulmans dans un pays où 90 % de la population est bouddhiste, leur a toujours valu, au mieux des discriminations, au pire des violences de toute nature. Qui plus est, ces musulmans sunnites descendants d'un peuple indo-aryen installé sur place au vᵉ siècle, parlent une langue proche du bengali – le Bangladesh est tout proche – alors que la langue majoritaire est tibéto-birmane, ce qui rend très précaire leur situation, économique et sociale.

Longtemps placé sous la tutelle de l'Empire britannique, le pays compte une centaine de minorités mais les Rohingyas, situés dans l'ouest de la Birmanie, sont certainement celle qui aura subi le plus d'exactions. À plusieurs reprises, pour ne citer que les plus récentes, en 1978, en 1991 et l'année suivante, puis en 2012 et en 2015, des violences communautaires attisées par la junte militaire en place les ont contraints à l'exode. C'est un nouveau scénario, encore plus violent, sur fond d'incendies de villages entiers, de meurtres, de viols et de pillages qui a éclaté à l'été 2017 et entraîné un flot d'au moins 800 000 hommes, femmes et enfants qui, en quelques semaines, ont tenté de trouver refuge dans le Bangladesh voisin, déjà un des pays les plus pauvres et le plus densément peuplé de la planète. À lui seul, le camp de Katupalong, aux allures de vraie ville, abrite misérablement 600 000 personnes.

Ces réfugiés estampillés « Nations unies », *via* le siège genevois du UNHCR dont dépend leur existence, vivent ou plutôt survivent dans des camps, au départ provisoires, devenus permanents et transformés en véritables villes confiées aux bons soins du personnel humanitaire qui n'en peut mais. Sur l'ensemble de la planète, on compte plus de 400 de ces camps – leur nombre varie au gré des conflits et des vagues de population fuyant les combats – rassemblant environ 6 millions de déshérités auxquels il faut ajouter, plus récemment, 3 millions de Syriens installés plutôt mal que bien en Turquie, en Jordanie et au Liban avec les crispations que l'on peut imaginer au regard de la population locale.

Une migration essentiellement intra-muros

On n'insistera jamais assez sur ce point. Alors qu'en Europe, des voix s'élèvent continuellement pour alerter sur le raz-de-marée migratoire en provenance de l'Afrique qui pourrait submerger notre « chez nous », la grande majorité de cette migration s'effectue en majorité dans le sens Sud-Sud et c'est encore plus vrai à l'intérieur du continent noir. Un mouvement général que confirme le Centre de conférences internationales en recherche agronomique pour le développement (CIRAD) de Montpellier, lorsqu'il a publié en 2018 son premier Atlas sur les migrations rurales en Afrique subsaharienne. Il en ressort qu'effectivement la vaste majorité des Africains (75 %) migrent au sein même du continent noir. « Par conséquent, l'Afrique subsaharienne se déplace mais principalement à l'intérieur des limites internes », constatent les auteurs de l'étude.

L'Amérique latine à la peine

En Colombie, plus de 7 millions de personnes, sur une population de 47 millions, vivent encore dans des zones officiellement démilitarisées après la fin des hostilités conclue en novembre 2016 entre

les autorités et les Forces armées révolutionnaires de Colombie (FARC), mettant fin à cinquante-trois ans d'une guerre qui aurait fait 200 000 morts. Au Venezuela, la violence n'est pas de cette nature, même si elle a fait aussi beaucoup de victimes économiques et sociales. Dictée par l'inconséquence de son actuel dirigeant, Nicolás Maduro, la crise que vit le pays a conduit le Venezuela et ses 30 millions d'habitants à une quasi-faillite. Et contraint à l'exode, depuis 2014, plus de 4 millions de compatriotes de l'autoproclamé « président du peuple », ce qui constitue le plus grand déplacement de population d'Amérique latine.
C'est la Colombie voisine, confrontée à ses propres problèmes, qui doit accueillir le plus fort contingent de Vénézuéliens (près de 1 million depuis mi-2017) en quête de nourriture et de soins tandis que 400 000 de leurs compatriotes s'éparpillent dans les pays voisins. Beaucoup de Vénézuéliens se sont aussi exilés au Pérou où 300 000 d'entre eux ont déjà trouvé asile et en Équateur qui en a reçu plus de 100 000 en quelques mois. À cela, il faut ajouter le flux, plus récent, de Nicaraguayens fuyant les exactions du régime de l'actuel président Daniel Ortega et cherchant refuge au Mexique, aux États-Unis mais surtout au Costa Rica voisin où se sont déjà enfuis près de 25 000 de leurs compatriotes après des violences qui ont fait des centaines de morts et de disparus.

« Les chiffres sont accablants : il y a de plus en plus d'étrangers dans le monde », disait Pierre Desproges en forme de pirouette à l'adresse des croisés du terroir et de l'identité qui s'estiment menacés par des hordes de barbares venus d'ailleurs. De tout temps, l'histoire de l'humanité a connu son lot de migrations internationales, politiques parfois, économiques et humanitaires beaucoup plus souvent. Un phénomène somme toute « assez banal », considère François Héran, démographe et anthropologue, ancien directeur de l'INED et qui a consacré de nombreux travaux à cette question. Mais la mondialisation accélérée des migrations est un phénomène plus récent, d'une plus grande ampleur et concernant tous les peuples et continents. On l'a dit : à présent, plus de 3 % de la population mondiale n'habite pas là où elle est née. Un chiffre qui peut sembler modeste mais qui l'est beaucoup moins au regard des drames qu'il recouvre trop souvent.

À peine nommé, début 2016, à la tête du Haut Commissariat des Nations unies pour les réfugiés, l'Italien Filippo Grandi, choix judicieux pour ce haut fonctionnaire onusien qui, de l'Afrique à l'Asie et au Proche-Orient, aura parcouru l'essentiel des théâtres de détresse du monde, avait vigoureusement actionné le signal d'alarme. Trois ans plus tard, au vu des dernières statistiques, il confirmait que depuis sa création, il y a soixante-dix ans, le HCR n'avait jamais été confronté à une telle tragédie. Les 71 millions de personnes déplacées en 2018 – un chiffre deux fois plus élevé qu'il y a vingt ans – et réparties à plus de 80 % dans les pays en développement voisins, constituent un record depuis la fin de la Seconde Guerre mondiale, affirmait-il. Il faudrait y ajouter une autre statistique : les 250 millions d'enfants qui vivent dans une zone de conflit, soit 1 sur 9 petits Terriens.

« Le HCR navigue dans des eaux de plus en plus tourmentées. Nous sommes confrontés à de multiples conflits régionaux qui s'étendent et qui appellent des solutions urgentes. Dans le même temps, nous subissons un écart de financement croissant entre des besoins humanitaires qui augmentent constamment et des ressources qui se réduisent. Le tout dans un contexte de montée très dangereuse de la xénophobie qui ne fait qu'aggraver un climat déjà très préoccupant », avertissait alors ce bon connaisseur des conflits et de leurs tragiques conséquences après avoir effectué des missions humanitaires en Afghanistan, au Soudan, en Syrie, en Irak et au Congo.

À côté de tous ces gens qui ont quitté leur foyer, bien malgré eux, on compte aussi 10 millions d'apatrides, c'est-à-dire des personnes privées de nationalité et d'accès à des droits élémentaires tels que la santé, l'éducation, l'emploi ou le droit de circuler librement. Déplacés, réfugiés, apatrides, migrants de toute nature, ces malheureux, condamnés à l'errance ou au camp de toiles, sont à présent rejoints par d'autres compagnons d'infortune, en nombre de plus en plus important : les réfugiés victimes des catastrophes climatiques qui eux aussi doivent choisir entre fuir la montée des eaux, les pluies diluviennes, les sécheresses, ou s'efforcer de rester sur place.

120 à 200 millions de réfugiés climatiques d'ici à 2050

À cet égard, la mer, bonne fille quand elle nourrit les hommes et offre ses rives à la baignade, peut aussi menacer d'engloutir ses riverains lorsque le niveau monte trop haut et trop vite. Jean Charles, à 6 000 kilomètres de chez nous, est le nom d'une île minuscule de la Louisiane que se partagent une cinquantaine d'habitants, des Amérindiens francophones de nationalité américaine. Pour eux, avoir les pieds dans l'eau est bien plus qu'une image. Voilà une bonne trentaine d'années que, sous l'effet du dérèglement climatique et de l'augmentation du niveau de la mer qui en résulte, l'eau a envahi peu à peu jusqu'à 90 % de ce tout petit territoire.

Menacés de voir leur île disparaître sous les flots, les derniers habitants de Jean Charles se sont résolus à lancer un appel au secours au gouvernement fédéral américain dont ils dépendent. Après avoir longtemps tergiversé, celui-ci s'est résolu à procéder au rapatriement sur la terre ferme de ces rescapés, devenus des réfugiés climatiques « nationaux ». Une première mais aussi les prémices de ce que vivra l'ensemble de la planète au XXIe siècle lorsque la montée des eaux menacera d'engloutir ses côtes et les îles en pleine mer. Du coup, l'histoire de cette poignée de « naufragés du climat » issus des îles du bayou de Louisiane, est plus qu'une simple anecdote.

Lorsque Filippo Grandi ne lui avait pas encore succédé à la tête du HCR, António Guterres, devenu secrétaire général de l'ONU, avertissait la communauté internationale. Dès décembre 2009, il affirmait que le réchauffement de la planète serait « la première cause de déplacements forcés dans les années à venir », estimant que le nombre de déplacés pour cause climatique, évalué à quelque

20 millions en 2008 et à 24 millions dix ans plus tard, pourrait atteindre les 200 millions en 2050 ! Une progression sans commune mesure avec l'augmentation de la population mondiale pendant la même période. Un peu avant lui, dans son rapport de 2007 qui avait fait date, *The Economics of Climate Change*, l'économiste britannique Nicholas Stern, ancien vice-président de la Banque mondiale, évaluait alors entre 150 et 200 millions le nombre de réfugiés climatiques au milieu du siècle. Il parlait alors d'une « lame de fond » climatique qui chercherait à s'échouer vers des terres plus propices.

Historiquement terre d'immigration, tout comme les États-Unis, l'Europe a connu au cours des quatre dernières années un flux migratoire, venu d'Afrique mais aussi du Proche-Orient ou d'autres contrées en guerre ou en pauvreté extrême, d'une ampleur inconnue à ce jour. Le courant migratoire vers l'Europe reste important mais il est très loin du niveau atteint les années précédentes et notamment à l'automne 2015 lorsque le continent devait faire face à l'arrivée, chaque mois, de quelque 150 000 migrants transitant pour l'essentiel par les ports grecs et italiens. Ils sont moins nombreux mais demeurent un chiffon rouge idéal à agiter devant des populations peu informées des réalités mais prêtes à « ne pas se laisser envahir » par des hommes, femmes et enfants qui, pour la majorité d'entre eux, avaient le « choix » entre mourir sous les bombes ou se noyer en Méditerranée.

Les bienfaits économiques de l'immigration

Face à ces excommunications de gens venus d'ailleurs, on en oublierait presque les à-côtés d'une immigration plutôt bénéfique dès lors qu'elle est convenablement gérée. Des apports positifs pourtant confortés par quantité d'études d'institutions internationales telles que l'Organisation de coopération et de développement économiques (OCDE) qui planche régulièrement sur le sujet. Dans ses *Perspectives des migrations internationales* publiées en juin 2018 et à partir de l'enquête menée auprès de 538 000 migrants et demandeurs d'asile, il ressort que l'arrivée de ces réfugiés dans les pays de l'Union européenne depuis 2015 – au pic de l'immigration sur le continent – a contribué à dynamiser le marché de l'emploi, les nouveaux venus se dirigeant vers des postes que les travailleurs nationaux rechignent à occuper. Dans ses *Perspectives 2019*, l'OCDE indique que les demandes d'asile dans les pays membres de l'organisation ont baissé de 35 % par rapport au record de 1,65 million de demandes enregistrées en 2016. Toujours au chapitre du travail, l'embellie des perspectives d'emploi des immigrés s'est poursuivie en 2018 « dans le prolongement de l'évolution positive observée ces cinq dernières années ».

« Passé l'effet transitoire, l'impact à long terme des migrations sur la richesse par habitant, et son évolution, est neutre », estime Jean-Christophe Dumont qui dirige la division des migrations internationales à l'OCDE. D'autres spécialistes sont encore plus positifs sur les effets de ces migrations. Témoin la récente étude du cabinet McKinsey Global Institute (MGI) qui considère que les 3 % de la population mondiale composée de migrants contribuent à près de 10 % à la richesse mondiale, soit l'équivalent des produits intérieurs bruts du Japon et de la France réunis. Et dans plusieurs pays en manque de bras sur les métiers en tension, on n'hésite plus à recourir à de la main-d'œuvre étrangère. C'est notamment le cas de la Pologne qui, en quelques années, a vu partir vers le Royaume-Uni, l'Irlande ou les nations scandinaves plus de 500 000 « plombiers polonais », aussitôt remplacés par autant de travailleurs ukrainiens, géorgiens ou russes payés jusqu'à 800 euros par mois, le double du salaire minimum pratiqué dans le pays. Mais, « défense de la civilisation » oblige, la Pologne reste hermétiquement close à tout migrant venant d'Afrique ou du Proche-Orient… De son côté, le gouvernement français a annoncé à la mi-novembre 2019 l'application, à partir de 2021, des quotas d'immigrés « professionnels » qui seront revus chaque année.

Les espoirs du Pacte de Marrakech

Partie en ordre dispersé sur la question de l'immigration qui restera son grand naufrage, coulée par le réveil des populismes et racismes confondus, l'Europe n'est plus à un accommodement près avec les valeurs universalistes qu'elle prétend conserver, pas plus qu'avec les textes fondateurs de l'humanisme partagé. Il s'agit non seulement de la Convention de Genève de juillet 1951 relative aux droits des réfugiés, désormais soumise à interprétations quand cela arrange, mais aussi de la Déclaration universelle des droits de l'homme votée par l'Assemblée générale des Nations unies à Paris en décembre 1948, et dont la chancelière Angela Merkel convenait récemment qu'elle aurait peu de chances d'être adoptée dans le contexte international actuel.

Dans son article 14, cette déclaration qui n'a pas valeur de traité, stipule expressément que « Devant la persécution, toute personne a le droit de chercher asile et de bénéficier de l'asile en d'autres pays ». En décembre 2018, l'ONU célébrait en Assemblée générale, et dans une relative discrétion, le 70e anniversaire de cette Déclaration universelle des droits de l'homme, donnant un regain d'actualité à cet engagement humanitaire bien malmené en ce moment. Pourtant, le défi migratoire est appelé à demeurer une tendance mondiale et un risque d'instabilité qui va durer tout au long du XXIe siècle. Il a déjà fait exploser la solidarité européenne alors que la militarisation des frontières, le recours aux camps, aux murs, aux barbelés et aux barrières de toutes sortes, n'ont guère d'effet dissuasif face à des gens qui n'ont plus rien à perdre.

Les réponses des États comme des organisations internationales ne peuvent être que collectives, sur le long terme, et dégagées des coups de menton autant que de la tyrannie des urnes aux slogans binaires.

À cet égard, le Pacte de Marrakech voté fin 2018 par 169 pays représentés à l'ONU constitue un progrès important. Dénoncé à tort par les complotistes et les propagateurs de fausses informations, ce Pacte, non contraignant mais comportant des objectifs concrets, entend impliquer collectivement la communauté internationale dans la question des migrations. Il comporte l'engagement de s'attaquer aux « facteurs négatifs et aux problèmes structurels » qui poussent les gens à quitter leur pays d'origine, et à coopérer pour « faciliter le retour et la réadmission des migrants en toute sécurité et dignité ». C'est là une première démarche volontariste et surtout multilatérale avec la volonté, clairement exprimée, que cette question complexe soit traitée sous tous ses aspects, politiques et sociaux sans doute, mais aussi économiques et démographiques. Traduire cet engagement dans les faits, le plus vite possible, serait, pour les migrants comme pour les régions et pays susceptibles de les accueillir, une réelle chance à saisir. Plutôt qu'une malchance à subir.

4. *Économiser l'« or bleu »*

« L'eau renversée est difficile à récupérer. »

Proverbe chinois

La chambre de l'hôtel Mayak, à Listvianka, la petite Riviera sibérienne très prisée des touristes aux moyens modestes, est sans doute un peu spartiate. Mais comment bouder son bonheur quand on a la chance d'être quasiment les pieds dans une eau mythique, celle du lac Baïkal, la plus grande réserve d'eau douce au monde et l'orgueil de la Russie. À 70 kilomètres d'Irkoutsk, la « Perle de la Sibérie » offre de la fenêtre de l'hôtel « avec vue sur le lac » ses 32 000 kilomètres carrés d'eau limpide (une superficie comparable à celle de la Belgique !) au cœur des montagnes et du pays des Bouriates, habitants aux origines mongoles.

Le lac Baïkal, situé au sud-est de la Fédération de Russie, n'est pas seulement un immense réservoir renfermant 20 % des eaux douces non gelées de la planète, mais aussi le plus vieux (vingt-cinq millions d'années) et le plus profond (jusqu'à 1 600 mètres). Il est aussi une ode à la biodiversité grâce à sa végétation et à sa faune d'eau, considérées parmi les plus riches de la planète. On n'y dénombre pas moins de 600 espèces végétales et 1 500 espèces animales, parmi lesquelles 250 espèces différentes de crevettes, mais également le fameux omoul, le poisson vedette du lac, proche du saumon, et que l'on déguste de préférence fumé.

Voilà pour le paysage de carte postale du lac Baïkal classé, dès 1996, à l'inventaire du Patrimoine mondial de l'humanité. Une merveille de la nature, mais aussi un rude climat qui a longtemps contribué à préserver cet immense gisement d'eau douce. Aujourd'hui, ce trésor écologique est menacé par la pollution consécutive à l'urbanisation accélérée de ses rives, en raison du nombre grandissant de touristes tentés par cette station balnéaire et des nuisances consécutives à l'activité industrielle locale, la pâte à papier.

En dépit de ces inconvénients, la « Perle de la Sibérie » reste, pour ses riverains, un don du ciel. Mais il leur faudra peut-être bientôt redoubler de prières pour espérer conserver intactes ces richesses en eau pure, menacées, là comme ailleurs sur la planète, par une demande inextinguible en eau alors que les ressources en « or bleu » propres à la consommation sont menacées de rareté. La quantité d'eau disponible par tête était d'environ 13 000 mètres cubes par habitant en 1970. Cinquante ans plus tard, elle ne représente plus que la moitié de ce chiffre, et la baisse devrait se poursuivre, jusqu'à moins de 5 000 mètres cubes en 2025, bien avant l'échéance de 2050, lorsque les humains seront bien plus nombreux qu'actuellement. Des chiffres qui confirment pourquoi l'avenir des ressources en eau et les conflits que peut déclencher l'accès à cette richesse naturelle, universelle et essentielle à la vie sur Terre, constituent un enjeu majeur pour les prochaines décennies, voire les toutes prochaines années.

850 millions de Terriens privés d'eau potable

L'eau, source de vie et ressource faussement abondante, est le fragile trésor d'une nature que l'homme maltraite trop souvent. Et l'exemple du lac Baïkal est là pour démontrer l'ardente nécessité – et parfois l'urgence – de le préserver, là comme dans le reste du monde où 850 millions d'habitants sur 7,7 milliards sont encore privés d'eau potable tandis que 2,1 milliards n'y ont accès que de façon sporadique sous forme d'une eau à la qualité plus que douteuse. Ajoutons à ce sombre tableau que 4,5 milliards de Terriens, soit 6 habitants sur 10, sont encore privés d'installations sanitaires dignes de ce nom. À l'échelle de la planète, c'est en Afrique que se trouvent la moitié des personnes contraintes de boire une eau provenant de sources non protégées, avec une situation aggravée dans sa partie subsaharienne où seulement 24 % de la population a accès à une source sûre d'eau potable.

Là ou ailleurs, dès lors qu'elle n'est pas traitée, l'eau sale reste la principale cause de mortalité chez les enfants. Actuellement, quelque 2,5 millions d'enfants mais aussi d'hommes et de femmes meurent chaque année de maladies liées à une eau impropre à la consommation. Dans son dernier rapport sur le sujet, paru en août 2019, la Banque mondiale s'inquiétait de la qualité de l'eau, fortement dégradée dans de nombreux pays, en pointant les deux raisons majeures à l'origine de ce problème. D'abord l'utilisation massive d'engrais azotés dans les cultures – elle a augmenté d'environ 600 % depuis les années 1960 – dont une partie pollue les cours d'eau. Ensuite la présence de sel dans l'eau résultant des sécheresses, de l'augmentation du niveau des océans et des prélèvements trop importants effectués dans les nappes souterraines littorales.

Voilà pour la situation actuelle, en dépit des progrès enregistrés depuis une quinzaine d'années qui ont permis à des millions d'assoiffés d'accéder à « un point d'eau potable amélioré » selon la définition qu'en donnent les Nations unies. Qu'en sera-t-il en 2030, date – et pari osé – fixée par l'ONU dans le cadre des 17 Objectifs de développement durable (ODD) pour garantir à tous les habitants de la planète l'accès universel et équitable à l'eau potable ? Et quelle sera la situation à une échéance à peine plus lointaine, en 2050, lorsqu'il faudra étancher la soif de 10 milliards d'êtres humains mais aussi permettre la poursuite, à un rythme plus soutenu, des activités agricoles, forestières, industrielles, domestiques, elles aussi fortement consommatrices d'eau ? La tendance est préoccupante, à en juger par les prévisions contenues dans le *VI*^e^ *Rapport mondial des Nations unies sur la mise en valeur des ressources en eau*, publié en 2019 à l'occasion de la Journée mondiale de l'eau, sans doute le document le plus actuel et le plus complet sur le sujet.

« Sous l'effet conjugué de la croissance démographique, du développement socio-économique et de l'évolution des modes de consommation, l'utilisation de l'eau dans le monde augmente annuellement d'environ 1 % depuis les années 1980, indiquent les auteurs du rapport, or la demande mondiale devrait continuer de progresser à un rythme similaire jusqu'en 2050 (soit 20 à 30 % de plus que le niveau actuel d'utilisation) et ce, principalement, en raison de la demande croissante de l'industrie et des ménages. » La demande mondiale en eau a été multipliée par six au cours du XXe siècle, soit deux fois le taux de croissance démographique, et la raréfaction de l'« or bleu » n'est plus une simple hypothèse, mais bien « un défi humain imminent », affirment les spécialistes onusiens.

En effet, on sait dès à présent qu'au cours des prochaines décennies, la consommation de biens – et donc d'eau – devra répondre à des besoins accrus, notamment ceux de l'industrie. Dans le même temps, le secteur agricole va contribuer à creuser l'écart : 70 % des prélèvements d'eau douce s'effectuent actuellement dans les zones rurales et plus de 90 % dans les pays les moins avancés, principalement pour l'irrigation des cultures agricoles, lit-on encore dans le volumineux rapport de cette institution. En somme, la demande en eau va croître considérablement alors que l'offre restera, au mieux, au même niveau qu'actuellement. D'où le risque de voir le monde confronté à un « déficit hydrique » de 40 % d'ici au milieu du siècle, voire avant, résultant de problèmes d'accès à l'eau ou de sa trop faible qualité pour la consommation.

Seulement 2,5 % d'eau douce sur Terre

Pour tenter de conjurer cette évolution préoccupante, de plus en plus de voix s'élèvent en faveur d'un changement radical de la façon d'utiliser l'eau, mais aussi d'un meilleur partage. De fait, l'« or bleu » est une ressource bien moins abondante qu'on l'imagine souvent, du moins pour celle qui permet la vie sur Terre. Si l'eau couvre 71 % de la surface de la planète, elle est salée dans sa quasi-totalité, plus précisément à hauteur de 97,5 %. Il ne reste donc plus que 2,5 % d'eau réellement douce dont 2 % sont confinés dans les glaciers, lesquels sont menacés, à terme, par le réchauffement climatique. Il ne reste donc que 0,5 % d'eau douce sous forme liquide et utilisable par l'homme, provenant des lacs, des rivières, des fleuves et des nappes phréatiques. De plus, cette eau n'est pas disponible partout de la même façon. L'inégalité qui en résulte dépend de la géographie des précipitations, mais aussi de la présence ou non de fleuves et de rivières, de l'importance de la végétation et des nappes souterraines.

« Il faut préserver la source qui ne se tarit pas, et non l'averse qui inonde la montagne », dit le proverbe chinois. Chaque année, plus ou moins 40 000 milliards de mètres cubes d'eau de pluie arrosent notre planète. Mais ces pluies se déversent de façon fort inégale, d'où des disparités entre des régions et continents bien dotés en pluviométrie, tels que l'Amérique latine et l'Asie du Sud-Est, alors que le Maghreb et le Proche-Orient, zones arides ou semi-arides, souffrent de graves pénuries, au même titre que l'Afrique subsaharienne. L'Europe ne connaissait pas jusqu'à présent de déficit majeur, ses ressources et sa consommation étant équilibrées mais les effets du réchauffement climatique se sont accentués ces dernières années, et les épisodes de sécheresse se succèdent en Europe du Nord mais également en

France. Durant tout l'été 2019, les trois quarts de l'Hexagone ont manqué cruellement d'eau, du jamais vu. De même, l'Amérique du Nord pourtant bien dotée, notamment au Canada, subit des pénuries de plus en plus fréquentes. C'est notamment le cas aux États-Unis où la sécheresse sévit dans l'ouest du pays depuis plusieurs années, surtout en Californie où elle débouche sur de véritables batailles de l'eau sur fond de fleuves et rivières quasiment à sec par endroits.

La grande inégalité du « stress hydrique »

Ces inégalités entraînent des conséquences humaines et financières toujours plus dramatiques dans les pays du Sud où ce n'est pas tant l'eau qui manque que la possibilité de la distribuer à ceux qui en ont le plus besoin. Ainsi, des pays *a priori* pauvres en eau comme Israël ou Singapour fournissent leur population en eau potable sans problème grâce à un développement économique et des réseaux adaptés. À l'inverse, l'Afrique, continent pourtant doté de 17 grands fleuves et de plus de 160 lacs majeurs, a toujours soif. À l'exemple du Mozambique ou de la République démocratique du Congo, pays qui disposent pourtant de ressources hydriques abondantes, alors que moins de 40 % de la population locale bénéficie d'un accès à une eau plus ou moins potable.

Ce déséquilibre résulte aussi de facteurs économiques, sociaux et politiques distincts de la seule disponibilité de la ressource. Et ce n'est pas un hasard si les pays les plus pauvres de la planète, tel Haïti, sont aussi ceux où la population locale souffre le plus du manque d'eau potable et de systèmes d'irrigation. Plus on est pauvre, moins on peut prétendre à une eau non polluée, quand elle est présente et, comble de l'ironie, plus on la paie cher. Et mieux vaut vivre en zone urbaine. Ainsi, en Afrique subsaharienne, la moitié des habitants en milieu rural sont privés d'accès à l'eau potable alors qu'ils ne sont que 17 % en ville. À l'inverse, en Amérique latine où la pauvreté sévit également, près de 90 % des habitants ont accès à l'eau potable, une moyenne qui masque cependant d'importantes différences selon les pays et selon les zones couvertes, urbaines ou rurales.

Le tiers de l'humanité ne dispose que de 5 à 10 litres d'eau par jour

Actuellement, plus de 2 milliards de Terriens survivent avec moins de 1 700 litres d'eau par an, soit 5 à 10 litres d'eau par jour. Pour se rendre compte de ce que cela signifie pour nous qui ne souffrons pas de cette pénurie, il suffit de se livrer à l'expérience consistant, pendant une semaine, à essayer de n'utiliser quotidiennement que ce maigre quota d'eau par personne pour la toilette, laver son linge, faire la cuisine et pour d'autres tâches domestiques ou agricoles. Le décalage est criant quand on sait que l'Américain moyen utilise 650 litres d'eau par jour, et que, dans bien des pays d'Afrique en guerre, en Somalie, au Soudan, en Centrafrique, en République démocratique du Congo et au Soudan, le manque d'eau potable est tel que les enfants n'ont bien souvent que l'équivalent de quelques bouchons du précieux liquide à boire chaque jour pour survivre sous une chaleur de plus de 35 °C.

Pour satisfaire la demande agricole, la superficie des terres irriguées a augmenté depuis les années 1980 de l'ordre de 1 % par an, mais ce pourcentage reste très inférieur à celui de la croissance démographique constatée dans le même temps. En 2050, les terres irriguées pourraient passer à 325 millions d'hectares, soit seulement 67 millions de plus qu'en 2000 alors que la population mondiale aura explosé. Si le rythme d'extension des terres pourvues en eau n'est pas accru dans les mêmes proportions, la seule irrigation ne pourra pas suffire à satisfaire les besoins alimentaires des quelque 10 milliards de futurs Terriens à l'horizon du demi-siècle, estiment nombre d'agronomes.

L'impact du dérèglement climatique

À ces considérations préoccupantes s'ajoute le dérèglement climatique qui s'est accentué ces dernières années et qui n'a nulle raison de s'atténuer, à savoir des phénomènes météorologiques extrêmes de plus en plus fréquents, tels que les cyclones et les sécheresses, accompagnés par des précipitations et des températures inhabituelles qui ont un impact de plus en plus fort sur les ressources en eau. Ainsi, les zones de montagne fournissent près de 80 % des disponibilités hydriques de la planète, mais le recul des glaciers, résultant du réchauffement de la planète, met en danger cette source vitale qui alimente la plupart des grands fleuves de la planète. À commencer par les glaciers de l'Himalaya et des hauts plateaux tibétains qui alimentent les neuf grands fleuves d'Asie et qui donnent naissance au Yang-Tsé, au Mékong, au Gange et à l'Indus, lesquels irriguent en amont des zones habitées par près de 2 milliards de personnes au total.

La situation est dès à présent critique dans certaines régions comme le Proche-Orient et l'Afrique du Nord, où la raréfaction de l'eau constitue un des problèmes les plus urgents de sécurité alimentaire auxquels est confrontée la population locale. On sait déjà que, par exemple, en Tunisie, à l'horizon 2030, le changement climatique, à lui seul, fera baisser de 10 % les ressources en eau du pays, entraînant un déficit hydrique important au regard d'une population qui, dans le même temps, passera de 9,5 à 12,5 millions d'habitants. Les conflits et les catastrophes climatiques sont certes responsables, en partie, de l'augmentation de la faim dans ces régions, mais c'est aussi la pénurie d'eau, surtout en milieu rural, qui conduit à l'exode vers les zones urbaines.

S'il convient d'insister sur le Proche-Orient, l'Afrique et, dans une moindre mesure, le pourtour méditerranéen, c'est que l'avenir s'annonce particulièrement critique dans ces régions en dépit de situations parfois différentes d'un pays à l'autre. En moyenne, la disponibilité en eau douce y a chuté des deux tiers au cours des quarante dernières années, et elle devrait fléchir à nouveau, cette fois de 50 % d'ici à 2050. Avec des conséquences dramatiques pour l'agriculture et les autres activités connexes qui consomment 85 % des ressources disponibles en eau pluviale, en eau d'irrigation et en eaux souterraines. Et avec la perspective de graves conflits sociaux et humanitaires, sachant que la sous-alimentation, déjà chronique dans bien des pays proche-orientaux et africains, ne peut que s'amplifier face à une croissance démographique de 2 % par an, le double de la moyenne mondiale.

Ces derniers temps, la situation a empiré. Selon le rapport publié le 6 août 2019 par l'Institut des ressources mondiales (WRI en anglais), près d'un quart de la population mondiale vivant dans une quinzaine de pays est en situation de « stress hydrique très grave », proche du « jour zéro » au-delà duquel ils n'auront plus accès à une seule goutte d'eau potable. Il s'agit, pour l'essentiel, de l'Arabie Saoudite, de Bahreïn, du Botswana, des Émirats arabes unis et de l'Érythrée, de l'Inde, de l'Iran, d'Israël, de la Jordanie, du Koweït, du Liban et de la Libye, enfin d'Oman, du Pakistan et du Turkménistan. Les trois quarts des habitants des pays arabes se trouvent dès à présent en situation de pénurie hydrique correspondant à 1 000 mètres cubes par an et par personne.

La liste des pays et des régions en « souffrance hydrique » au Sud s'allonge au fil des ans. Le nord de la Colombie n'a pas reçu une goutte de pluie depuis plus de cinq ans. L'Iran, qui ne connaissait pas de grave pénurie d'eau douce jusqu'à présent, voit ses rivières asséchées, au grand désespoir des agriculteurs locaux. Les experts iraniens, qui ont qualifié d'« ennemi intérieur » la grave crise de l'eau que connaît le pays, considèrent qu'au cours des dix prochaines années, sous l'effet du dérèglement climatique et de la sécheresse qui s'aggrave, 70 % des terres seront quasiment impropres à la culture et que durant la décennie suivante, un tiers des eaux souterraines et de surface aura tout simplement disparu.

La malédiction des terres arides

Les régions dites structurellement arides représentent près de 20 % des terres émergées mais elles ne reçoivent en moyenne que 250 millimètres d'eau de pluie par an (une moyenne qui s'est encore abaissée ces dernières années sous l'effet de l'aggravation de la sécheresse) alors qu'elles ne disposent d'aucune autre ressource et notamment pas d'eaux fluviales. La région d'Atacama, au Chili, est la plus aride au monde avec seulement 15 millimètres de précipitations par an, moins qu'au Sahara (25 millimètres). C'est pourtant sur les 100 000 kilomètres carrés de ce désert que vivent, malgré ces conditions climatiques extrêmes, près de 1 million d'habitants.

L'aggravation des conflits « hydropolitiques »

C'est dans cette perspective des effets du changement climatique et de la dégradation des écosystèmes qui en résulte qu'il faut envisager les batailles de l'eau à venir. L'« or bleu » est devenu une denrée rare et chère qui traverse les frontières, sans doute aussi importante que l'énergie, et comportant une même dimension géopolitique.

Pour des raisons climatiques évidentes, mais aussi en raison de l'héritage colonial des puissances occidentales qui ont souvent redessiné en fonction de leurs intérêts ses frontières, le Proche-Orient reste une des régions à forte potentialité conflictuelle, y compris hydrique. C'est le cas exemplaire du bassin du Nil, dont l'Égypte est totalement tributaire pour ses ressources en eau, qu'elle doit partager avec d'autres pays riverains. Surtout avec l'Éthiopie d'où le Nil est originaire, mais également avec le Soudan qu'il traverse avant d'irriguer le royaume des pharaons dont Hérodote disait qu'il était « un don du fleuve ».

Celui du Nil est le plus étendu des 60 bassins que compte l'Afrique. Dix pays régionaux se partagent les eaux de ce fleuve de 6 600 kilomètres, tous des pays pauvres confrontés à une démographie galopante : l'Égypte, le Soudan, l'Éthiopie et l'Érythrée, l'Ouganda, le Kenya, le Rwanda, le Burundi, la Tanzanie et la République démocratique du Congo. Au total, 300 millions d'habitants, dont plus de 90 millions en Égypte, vivent dans ce bassin. L'Égypte et le Soudan sont les principaux utilisateurs du Nil mais l'Éthiopie, pays en amont et qui fournit la majeure partie du débit du Nil, n'en consomme que moins de 1 %. D'où des revendications de part et d'autre.

Après des années de conflit, l'Égypte et l'Éthiopie ont finalement signé en mars 2015 à Khartoum, la capitale soudanaise, au confluent du Nil bleu et du Nil blanc, un accord sur un partage plus équitable des ressources en eau. Trois ans plus tard, l'Éthiopie et l'Érythrée ont conclu, avec le soutien de l'Arabie Saoudite, une ouverture qualifiée d'historique, mettant fin au conflit fratricide qui perdurait depuis l'indépendance de cette dernière, en 1993. L'Égypte s'est jointe à cet accord pour la partie qui l'intéresse, à savoir l'esquisse de règlement sur la question, toujours litigieuse, du partage des eaux du Nil.

Le Proche-Orient n'est pas avare d'autres affrontements latents pour la possession et le partage des ressources hydrauliques. C'est le cas des eaux du Jourdain, fleuve de 360 kilomètres de long que se disputent Israéliens et Palestiniens en mettant également aux prises trois États à l'histoire mouvementée, la Syrie, le Liban et la Jordanie. L'eau tant convoitée sur ces terres arides ou semi-arides provient des mêmes sources, le massif du Golan d'où descendent les cours d'eau en direction du lac de Tibériade, la seule réserve d'eau locale qui ne soit pas salée, avant de se déverser dans la mer Morte.

Dès 1992, le secrétaire général de l'ONU à l'époque, Boutros Boutros-Ghali, de nationalité égyptienne et bon connaisseur de la situation régionale, mettait en garde : « Le prochain conflit dans la région du Proche-Orient portera sur la question de l'eau, et celle-ci deviendra une ressource plus précieuse que le pétrole. » Cette partie du monde, abonnée aux affrontements, n'est pas la seule concernée. Bien d'autres pays et régions sont soumis à ce type de conflits « hydropolitiques ». Quoi de plus normal quand on sait que plus de la moitié des terres sur la planète se situent dans des bassins hydrographiques que se partagent au moins deux États, d'où d'inévitables tensions. Et que près de 80 % de l'eau douce coule dans des bassins fluviaux internationaux. Plus de 1,2 milliard de personnes vivent aujourd'hui dans des régions où les habitants disposent de moins de 1 000 mètres cubes d'eau douce renouvelable par an et par personne, proche du seuil de rareté ou de « stress hydrique ».

La liste des territoires en mal d'eau recouvre tous les continents, à des degrés divers bien sûr. En Afrique, c'est le lac Tchad qui s'assèche peu à peu, privant d'une ressource vitale le Niger, le Nigeria, le Cameroun et le Tchad alors qu'explose le nombre d'habitants vivant autour du lac. Ils étaient 700 000 en 1980, ils sont près de 2 millions aujourd'hui, et une quarantaine de millions pour ce qui est du bassin au sens large. Un chiffre qui devrait passer en 2050 à 125 millions de riverains qu'il faudra alimenter en eau et en produits alimentaires. D'où le projet de transférer vers le lac Tchad une partie des eaux du bassin du Congo, ce qui mettrait alors en péril la population locale qui se compte, elle aussi, en dizaines de millions d'habitants.

Sous d'autres cieux, l'Inde, avec en tête ses futurs 1,7 milliard d'habitants à l'horizon 2050, est à cran. Dès à présent, le pays vit sous la menace d'une pénurie d'eau qui s'aggrave à la fois en raison des conditions climatiques mais aussi de la surexploitation des nappes phréatiques et du délabrement des réseaux. En Asie, le bassin du Mékong est un autre sujet permanent de tensions entre la Chine d'une part, le Laos, le Cambodge, le Vietnam et la Thaïlande d'autre part qui se sont regroupés en Commission du Mékong pour résister à l'encombrant voisin. À des milliers de kilomètres de là, en Amérique latine, c'est la réserve souterraine de Guarani, l'une des plus importantes du monde en eau douce, qui suscite les convoitises de l'Argentine, du Brésil, du Paraguay et de l'Uruguay, à l'affût de cette ressource qui, sur le papier, pourrait abreuver quelque 300 ou 400 millions de personnes selon l'économiste agricole Bruno Parmentier. Outre le sort de l'aquifère Guarani, ces quatre pays se disputent aussi les eaux du fleuve Paraná, considérées comme l'un des tout premiers réseaux hydrographiques mondiaux, après l'Amazonie et le Mississippi.

Des affrontements Sud-Sud mais aussi Nord-Nord

De l'autre côté du globe, dans l'ex-Union soviétique, les tensions sont continuelles entre l'Ouzbékistan, le Tadjikistan et le Kazakhstan à propos des fleuves Amour-Daria et Syr-Daria tandis que la mer Noire est, elle aussi, à la source de bien des conflits régionaux. Mais le manque d'eau – ou les efforts entrepris pour l'accaparer – n'est pas l'apanage des seuls pays en développement ou en transition. Les nations dites riches ne sont pas à l'abri des pénuries à venir qui, bien évidemment, ont des conséquences beaucoup plus dramatiques dans les pays du sud. La Californie, ravagée par la sécheresse depuis deux décennies à laquelle s'ajoute les incendies géants qu'elle connaît depuis plusieurs années, est en proie à un stress hydrique sévère alors que diminue dramatiquement l'eau en provenance des montagnes à destination de l'industrie agroalimentaire du Golden State qui en consomme au moins 80 % à elle seule. Les États-Unis s'affrontent aussi régulièrement avec le Mexique, pas seulement sur les questions d'immigration illégale mais également à propos de l'eau des fleuves Colorado et Rio Grande, très convoitée.

À ce jour, l'Office international de l'eau a recensé près de 2 000 litiges à l'échelle de la planète ayant la bataille de l'eau pour origine. Aucun d'entre eux n'a débouché sur une guerre pour ce seul motif mais la situation climatique s'aggrave – les migrants fuyant les effets du dérèglement sont en passe de dépasser le nombre de réfugiés pour cause de conflits armés – et les tensions locales et régionales risquent de dégénérer.

Gaspillages et fuites d'eau, un drame environnemental majeur

Pour répondre à ces besoins croissants, il faudrait, selon les calculs de la FAO, l'Organisation des Nations unies pour l'alimentation et l'agriculture, augmenter les prélèvements en eau « bleue » d'environ 5 000 kilomètres cubes par an, ce qui signifie les doubler par rapport aux possibilités actuelles. Pour l'heure, chacun cherche son « modèle hydrique ». En commençant par lutter contre le gaspillage, les fuites d'eau et la gestion des eaux usées qui représentent des volumes considérables. Les pays industrialisés, convertis à la surconsommation, sont champions en la matière. Jeter 100 grammes de viande équivaut à gaspiller, en amont, 1 300 litres d'eau ; faire de même pour 100 grammes de pain représente une perte de 100 litres, estime Ghislain de Marsily, spécialisé en hydrologie et membre de l'Académie des sciences, rappelant que le fait de substituer un objet neuf à un autre qui peut se réparer consomme de l'énergie et des matières premières, mais aussi de l'eau.

Chacun de nous est concerné. Un bain équivaut à 120 litres d'eau, une douche à 20 à 30 litres ; se brosser les dents en laissant couler l'eau représente plusieurs litres gaspillés, autant que de laisser goutter un robinet mal fermé qui signifie plus de 5 litres perdus par jour. En France, on considère que plus de 20 % de l'eau potable est gaspillée en raison des fuites de toute nature, ce qui représente un coût économique très important, doublé d'une hérésie en termes d'environnement.

Sauver l'« or bleu » ? C'est possible !

Mal équipés, les pays du Sud où l'urbanisation est la plus galopante et où 80 % des eaux usées sont rejetées sans traitement, commencent à être sensibles au sujet. Le Maroc a lancé en 2005 un programme de gestion des eaux usées, assorti d'un montant de quatre milliards d'euros sur vingt ans qui commence à produire ses premiers effets. Le Brésil a entrepris de moderniser un réseau de distribution souvent à bout de souffle avec une déperdition d'eau de 43 % en moyenne dans les grandes villes du pays, pourcentage qui atteint même 50 % à Rio de Janeiro.

Outre le recours accru au traitement des eaux usées, la collecte systématique des eaux de pluie par le captage à micro-échelle de cette eau aux endroits où elle s'évapore habituellement, de même que les transferts d'eau entre bassins ou encore l'accès aux eaux souterraines confinées dans des formations géologiques profondes permettent aussi de mieux gérer la disponibilité en eau. D'autres solutions ont vu le jour ces dernières années comme le transport de l'eau par de grands navires-citernes vers les zones arides, de même que le dessalement de l'eau de mer, deux procédés efficaces mais ayant un fort impact financier et environnemental.

La solution du dessalement de l'eau de mer

Même s'il s'avère coûteux en énergie et préjudiciable à l'environnement en raison des rejets de saumure dans le milieu naturel, le dessalement de l'eau de mer est une solution dans les pays en situation de « stress hydrique », notamment dans le pourtour méditerranéen. À l'heure actuelle, plus de 15 000 unités de dessalement existent dans le monde, produisant près de 60 millions de mètres cubes d'eau douce par jour, dont environ 10 millions de mètres cubes pour les pays riverains de la Méditerranée. Nombre de grandes villes se sont mises sur les rangs pour profiter de cette technique, telle Chennai, la mégapole indienne plus connue sous son ancien nom de Madras, capitale de l'État du Tamil Nadu, et dont les quelque 10 millions d'habitants comptent sur cette ressource tirée de la mer. Barcelone a fait de même. Depuis plusieurs années, la métropole catalane fournit en eau potable ses 1,3 million d'habitants grâce au dessalement de l'eau de la Méditerranée.

Ces dernières années, certains pays comme l'Égypte ou le Liban ont accompli de gros progrès en matière d'irrigation au goutte-à-goutte. Ailleurs, mais toujours à petite échelle et au ras du sol, les paysans ont recours à des procédés simples et peu coûteux. Ainsi, c'est au Sahel, systématiquement asséché, que l'on trouve quelques-uns des systèmes novateurs de récupération de l'eau de pluie. Au Niger, par exemple, les petits exploitants recueillent l'eau de pluie dans des cuvettes de plantation, des trous de 20-30 centimètres de diamètre creusés manuellement à la même profondeur et espacés à 1 mètre d'intervalle. Cette technique, dont se fait l'écho la FAO dans une étude sur la gestion de l'eau, permet d'optimiser la rétention d'eau de pluie et le ruissellement, tout en améliorant la présence d'éléments nutritifs dans les sols. Une façon pratique d'obtenir une amélioration importante des rendements des cultures semées dans les cuvettes au début de la saison des pluies, mil et sorgho pour l'essentiel.

Utiliser la pluviométrie et capter l'humidité de l'air

Au Rajasthan, l'État le plus aride de l'Inde, la réhabilitation des *johads*, les bassins utilisés pendant des siècles et bien avant Jésus-Christ, pour retenir l'eau des moussons et la laisser s'infiltrer dans le sol, a permis de redonner vie à bien des villages privés d'eau où les femmes devaient marcher des heures durant pour aller la chercher ailleurs. Les Anciens avaient eu l'idée, pour s'approvisionner en eau, d'utiliser la technique des *amunas*, vieille de mille cinq cents ans au temps du peuple pré-inca Huari. C'est à ce même procédé, en lui offrant une seconde jeunesse, qu'a recours la ville de Lima, au Pérou, privée d'eau pendant sept mois de l'année en raison de la fonte des glaces qui l'approvisionne de moins en moins régulièrement. Il s'agit d'un système hydraulique permettant de stocker l'eau en provenance des montagnes pendant la saison des pluies, au moyen de bassins et d'un réseau complexe de canaux souterrains, pour la faire remonter bien plus tard lorsque l'exigent les saisons sèches. Selon les calculs des agronomes locaux, il suffirait d'une cinquantaine d'*amunas* pour réduire de 60 % le déficit hydrique du territoire concerné.

À Madagascar, dans le sud de l'île où les pluies se font rares, ce sont des arbres, les baobabs, qui servent de citerne naturelle grâce à leur capacité de pouvoir être creusés sans que le tronc pourrisse. Lorsque survient l'averse, les villageois s'empressent de recueillir dans des bassines la précieuse eau qu'ils déversent, mélangée à la terre rouge, dans de grandes cavités préalablement creusées dans l'arbre selon des normes précises. On la laissera décanter pendant plusieurs mois de façon à pouvoir utiliser, pendant les périodes sèches et avec parcimonie, cette eau, restée propre, pour étancher la soif et à des fins ménagères. Chaque famille villageoise dispose d'au moins un baobab géant pouvant contenir jusqu'à plusieurs milliers de litres d'eau. De quoi tenir en attendant le retour de la pluie, de plus en plus capricieux.

On peut aussi capter l'humidité de l'air en recourant à la Warka Water imaginée par un architecte italien, Arturo Vittori, pour les peuples de la vallée de l'Omo, en Éthiopie, et ses 200 000 personnes au mode de vie ancestral. L'Érythrée, dont 70 % du territoire est une zone aride, a su mettre à profit le brouillard qui s'installe dans l'est du pays durant la période hivernale, de novembre à mars, en recueillant les gouttes d'eau dans de grands silos. Elles s'écoulent par simple gravitation dans des réservoirs placés au fond d'où l'eau est ensuite acheminée par pipelines vers les terres de culture lorsque le besoin d'irrigation se fait sentir. Labourer en profondeur la terre pour en recueillir l'humidité est aussi une solution. C'est en tout cas celle que proposait dès 1988 l'agronome italien Venanzio Vallerani, spécialisé dans la lutte contre la désertification et qui a inventé le *smart plough*, technique de labourage à plusieurs niveaux de profondeur, adoptée depuis par 13 pays d'Afrique, d'Asie et du Proche-Orient parmi lesquels l'Égypte, la Jordanie, le Kenya, le Tchad, le Burkina Faso, le Niger, la Tunisie et le Maroc, la Chine ou encore Madagascar.

Des « bouteilles solaires » pour fournir de l'eau propre

Recueillir l'eau par tous les moyens, c'est bien ; la transporter est au moins aussi important, surtout s'il s'agit d'eau potable. La « bouteille solaire », que l'on commence à voir dans les régions désertiques, correspond à ces caractéristiques. Il s'agit d'un récipient contenant de l'eau impropre à la consommation, versée dans une enveloppe en aluminium de façon à capter et utiliser au maximum la réverbération des rayons du soleil, glissée dans une seconde peau avec un côté transparent, là où s'effectuera la condensation de la vapeur d'eau dont les gouttes seront recueillies au fond de la bouteille. Une exposition au soleil pendant six heures suffit à obtenir une eau désinfectée et six à sept verres d'eau devenue potable. Avec pour atout supplémentaire la possibilité de transporter aisément plusieurs de ces « bouteilles solaires » en raison de leur légèreté. C'est un peu le même principe, mais nocturne, qu'utilise la Dew Bank Bottle mis au point par Kitae Pak, un ingénieur de l'Université de technologie de Séoul. Une technique inspirée du fog beetle, scarabée très présent dans le désert de Namibie et dont la carapace capte l'humidité de l'air. De la même façon, la bouteille Dew Bank recueille l'humidité, cette fois pendant la nuit, et restitue le lendemain, après condensation, l'eau qui permettra d'étancher la soif de son propriétaire.

L'eau, simple bien commun ou droit universel ?

Tout comme l'air que nous respirons l'eau est un bien naturel dont on vient de voir combien sa préservation, tout comme son partage, sont un enjeu majeur de vie mais aussi d'équité. Pourtant, contrairement au droit à l'alimentation, le droit à l'eau ne figure pas expressément dans la Déclaration universelle des droits de l'homme de 1948. Jusqu'à une période récente, la reconnaissance du droit fondamental à l'eau se heurtait à la résistance de certains États et à celle de nombre d'entreprises privées du secteur, rappellent judicieusement les auteurs du volumineux rapport sur le sujet, intitulé *L'Eau, enjeu pour la sécurité alimentaire mondiale* et publié en 2015 par le Groupe d'experts de haut niveau sur la sécurité alimentaire et la nutrition (HLPE), une instance de chercheurs chargée de fournir des analyses indépendantes au Comité de la sécurité alimentaire (CSA), émanation de la FAO. Les droits fondamentaux à une eau potable et salubre et à l'assainissement n'ont été reconnus qu'en 2010 par l'Assemblée générale des Nations unies. Mais la gouvernance mondiale manque toujours d'une institution internationale de poids et qui lui soit spécifique, du type de l'Organisation mondiale de la santé (OMS), qui remplacerait l'actuel Conseil mondial de l'eau dont les pouvoirs sont très limités.

Le tribunal des Eaux de Valence, plus de mille ans d'histoire !

Chaque jeudi, à 12 heures précises, les huit représentants de la communauté espagnole des Canaux de Valence qui constituent le tribunal des Eaux, accompagnés d'un huissier armé d'une hallebarde, se réunissent devant la porte des Apôtres de l'imposante cathédrale pour y faire respecter le droit et rendre la justice. C'est à eux qu'il revient de garantir le bon fonctionnement des réseaux d'irrigation de la Huerta, l'immense verger valencien et les rizières de l'Albufera qui ont fait la réputation de la région, mais aussi de régler les éventuels conflits, oralement, en langue régionale et en public. Un rituel immuable qui se déroule depuis l'an 960 et qui a valu au tribunal de Las Aguas de Valencia son inscription au patrimoine mondial immatériel de l'Unesco. Initié par les Romains, perfectionné par les Arabes qui ont occupé la péninsule de 700 à 1400, ce quadrillage d'irrigation perdure depuis cette période et son tribunal des Eaux est encore à ce jour la plus ancienne institution de justice civile en fonction en Europe. Et une fierté historique pour les Espagnols.

Dans le même temps, aux 8 Objectifs du millénaire pour le développement (OMD) que s'étaient fixés en 2000 les 193 États membres de l'Organisation des Nations unies pour, notamment, réduire de moitié l'extrême pauvreté et la faim à l'horizon 2015 – avec des résultats parfois bien modestes – ont succédé les 17 Objectifs de développement durable (ODD) approuvés par les mêmes pour la période 2015-2030. Parmi ces nouvelles ambitions, figure l'Objectif n° 6 consacré, cette fois, spécifiquement à l'eau, avec pour but « l'accès universel équitable à l'eau potable et à des services d'assainissement et d'hygiène adéquats ». C'est ce qu'attendent impatiemment les 2,4 milliards de Terriens menacés d'être privés au cours des prochaines décennies de ce droit fondamental à l'eau potable et à l'assainissement, pourtant reconnu officiellement. Du moins sur le papier. D'où l'impérieux besoin de défendre cette eau si précieuse.

Le « verre d'eau précieuse » de René Dumont

René Dumont (1904-2001) avait bien compris ce qu'il concevait comme une urgence : anticiper la pénurie d'eau qu'il annonçait inévitable. Cet agronome de formation, considéré comme une des grandes figures de l'écologie et des questions de développement en milieu rural, était alors le premier candidat écologiste à se présenter à une élection présidentielle, en l'occurrence celle de 1974. Pour marquer les esprits à propos du gaspillage en général et de celui de l'eau en particulier, il avait voulu sensibiliser les téléspectateurs en se présentant sur le petit écran, un verre d'eau à la main. « Nous allons bientôt manquer d'eau et c'est pourquoi je bois devant vous un verre d'eau précieuse puisque, avant la fin du siècle, si nous continuons comme nous le faisons actuellement, elle finira par manquer », annonçait-il à l'adresse des électeurs. René Dumont n'a pas été élu à la présidence. Il est toujours compliqué d'avoir raison trop tôt. C'était il y a plus de quarante ans et son message, depuis, a malheureusement gagné en actualité et acuité. Le verre que René Dumont tenait à la main à la télévision était aux trois quarts plein. Il serait aujourd'hui, peut-être, à moitié vide.

5. Promouvoir nouvelles agricultures et petits paysans

> « Il n'est nul art au monde auquel soit requis une plus grande philosophie qu'à l'agriculture. »
>
> Bernard PALISSY

Représentée de profil, habillée d'une ample robe et coiffée d'un bonnet phrygien, la Semeuse lance d'un geste ample mais calculé les graines qui nourriront la terre et les hommes. Pendant plus d'un demi-siècle, de 1903 à 1960, les timbres-poste de la République française seront à l'effigie de cette Semeuse qui, au champ et au soleil levant, à contrevent pour signifier sa liberté, répand source de vie et idéaux à moissonner, inspirant peintres et écrivains. Personnage symbolique de la IIIe République et de la marche des idées, Victor Hugo avait lui aussi célébré le « geste auguste du semeur ». Le symbole s'inscrit dans la durée, en hommage au monde paysan. De nos jours, un Terrien sur deux a encore pour activité principale de nourrir ses contemporains et l'agriculture reste l'employeur n° 1 de la planète, loin devant tous les autres secteurs d'activité. Et dans une proportion bien supérieure dans les pays éloignés du développement où ils pâtissent trop souvent d'un sort peu enviable. À l'échelle mondiale, plus de 70 % des pauvres sont encore cantonnés dans des zones rurales, surtout en Afrique et en Asie du Sud, là où s'affiche un exode rural préoccupant qui vide les campagnes au profit des métropoles et de leurs bidonvilles.

Cette transition du rural vers l'urbain et la forte diminution du nombre de paysans ont été particulièrement marquées en Europe qui a vu sa population active agricole passer de 60 à 3 % en une centaine d'années, et de façon plus drastique au cours du dernier demi-siècle. La France, restée une puissance agroalimentaire incontestable, est le parfait exemple de cette déperdition des forces vives de nos campagnes. En un peu plus de cinquante ans, la France du terroir que Jacques Chirac, coqueluche de tous les Salons de l'agriculture, avait érigée en patrimoine supranational, a vu le nombre de ses paysans régresser de 4 millions en 1963 à 900 000 en 2016 et 440 000 trois ans plus tard. Dans le même temps, les surfaces agricoles ont diminué de 20 % au profit des zones urbanisées.

En somme, au fil des ans, la terre a de moins en moins de bras pour la cultiver, du moins en France, alors que, paradoxalement, elle a continué à produire chaque jour davantage. Ce « miracle », soumis aujourd'hui à inventaire, repose sur les performances de l'agriculture intensive, mise en place dans les années 1950, et basée sur la motorisation et la mécanisation, le recours massif aux engrais, la sélection des espèces et la spécialisation des cultures sur de grandes surfaces pour doper les productions. Durant toute cette période, le « Toujours plus », au risque parfois de surproductions, pratiqué par les grandes nations agricoles, a permis de nourrir les centaines de millions de nouveaux venus sur Terre, sans parvenir pour autant à réduire le nombre des « ventres creux ». Tenus à l'écart du bien commun de l'humanité que constituent la terre et ses fruits, ils continuent à crier famine.

Ils étaient 900 millions en 1960. Ce ne sont plus les mêmes aujourd'hui mais leur nombre est quasiment inchangé et il devrait même atteindre le milliard de très mal nourris en 2050, sous l'effet de la dégradation climatique et des conflits armés qui les privent d'accès aux champs et à la nourriture. À ces crève-la-faim, répertoriés avec une relative précision, il faut ajouter quelque 2 milliards de personnes de plus en situation statistique, plus floue, d'« insécurité alimentaire ». Répartis pour moitié en Asie du Sud, ils ne sont « que » 675 millions en Afrique, selon les derniers chiffres contenus dans le rapport 2019 sur *L'État de la sécurité alimentaire et la nutrition dans le monde*, publié en octobre 2019, par l'Organisation des Nations unies pour l'alimentation et l'agriculture (FAO).

L'impasse de l'agriculture industrielle à outrance

Soumise à la question aujourd'hui, à la fois pour sa participation au dérèglement climatique – elle est responsable de 30 % des émissions mondiales de gaz à effet de serre (GES) – et pour les effets néfastes du recours aux intrants chimiques sur les écosystèmes, les sols et la biodiversité, l'agriculture peut toutefois s'enorgueillir d'avoir nourri, plus ou moins convenablement, une planète de plus en plus peuplée, en dépit des guerres et des cataclysmes. À cet égard, le cas de la France est exemplaire, qui, au lendemain de la Seconde Guerre mondiale, a considérablement développé ses cultures, jusqu'à faire du pays une des plus grandes puissances agricoles mondiales, relayée par un important secteur agroalimentaire et, à ne pas oublier, en partie grâce aux généreuses subventions européennes de la Politique agricole commune (PAC). Un parcours exemplaire qui a su compter, au départ, sur le généreux coup de pouce de l'Amérique dont ont bénéficié également d'autres pays européens, au sortir de la Seconde Guerre mondiale. Le Plan Marshall, initié par les États-Unis et destiné à venir en aide aux pays confrontés à des pénuries alimentaires et énergétiques importantes, a permis à l'ouest du continent de se développer grâce aux 16 milliards de dollars de l'époque distribués entre 1947 et 1951, dont 10 milliards sous la forme de dons. Avec discrète injonction aux bénéficiaires de s'initier à l'*American Way of Life*. Quelques années plus tard, hors d'Europe cette fois, les pays sous-développés de l'époque, menacés par les famines et les pénuries, se sont vus proposer à leur tour, dans les années 1960, d'abord en Asie puis en Amérique latine, une autre forme d'aide.

Ce fut la « Révolution verte », à savoir l'importation des solutions techniques mises en pratique aux États-Unis, au Canada et en Europe pour relancer des agricultures locales en souffrance. Mais aussi, indirectement, pour, en pleine guerre froide, endiguer la progression du communisme dans cette partie du globe en contrôlant les équipes à la tête des pays bénéficiaires de l'aide occidentale, américaine pour l'essentiel. Ce schéma fait de politiques agricoles fortement incitatives destinées à accompagner le progrès technique a permis à plusieurs pays du Sud de parvenir, en à peine deux décennies, à une relative suffisance alimentaire, un progrès plus marqué en Asie qu'en Amérique du Sud, zone restée imprégnée de fortes inégalités sociales.

Ailleurs dans l'hémisphère Nord, l'intensification de l'agriculture moderne durant les décennies qui ont suivi s'est appuyée sur deux leviers : l'extension des terres, devenue le principal facteur de la déforestation dans le monde, et la course aux rendements par le recours massif à l'agrochimie. Au prix de dégâts environnementaux mais aussi économiques et sociaux, certains jugés irrémédiables. À cet égard, la disparition, en juin 2019, de Norman Borlaug, considéré comme le père de la Révolution verte, donne un regain d'actualité aux épisodes passés. C'est à cet agronome américain dont les travaux ont été récompensés par le prix de Nobel de la paix en 1970, que l'on doit des méthodes de croisement des variétés de blé et de riz qui ont notamment permis à l'Inde et au Pakistan de doubler leur production de blé entre 1965 et 1970. Mais la course aux rendements, l'usage immodéré des intrants et la priorité donnée au gigantisme des exploitations, autant de corollaires d'une agriculture productiviste telle qu'il la préconisait, ont terni son bilan. Au moins autant que le recours aux biotechnologies et aux manipulations génétiques dont il était le fervent partisan et qui, aujourd'hui, est lui aussi très discuté.

Le devoir d'inventaire et les leçons à en tirer sont d'autant plus justifiés que les prochaines décennies constituent un défi majeur pour l'agriculture de demain, appelée à se réformer. Produire quelque 50 à 60 % de plus qu'actuellement pour espérer nourrir les 9,7 à 10 milliards d'habitants que comptera la planète en 2050, soit au moins 2 milliards de plus qu'aujourd'hui, ne peut s'accomplir, aux conditions actuelles d'exploitation de la terre, qu'au prix d'un désastre environnemental majeur, clairement annoncé. Dès 2015, José Graziano da Silva, l'ex-directeur général brésilien de la FAO, s'alarmait : « L'accroissement de la production a toujours été considéré comme le moyen naturel de remédier au problème de la faim. Cependant, aujourd'hui même, si le monde produit suffisamment de nourriture pour subvenir aux besoins de tous, le problème de la faim n'est toujours pas résolu, reconnaissait-il. Cela signifie que notre façon de produire n'est plus acceptable. Ce qui prédomine actuellement est un modèle de production qui n'est pas en mesure d'empêcher la dégradation des sols et la perte de la biodiversité, deux biens essentiels, en particulier pour les générations futures. Il faut opérer un revirement complet. Les systèmes agricoles futurs ont besoin d'être plus durables, inclusifs et résilients », affirmait le patron de l'agence onusienne qui achevait son mandat à l'été 2019. À peine entré en fonctions à l'automne, son successeur chinois, Qu Dongyu, abondait dans le même sens. « L'agriculture a un rôle crucial à jouer lorsqu'il s'agit de fournir des solutions durables à un grand nombre de problèmes environnementaux urgents de notre temps. À condition de changer la manière dont nous cultivons, pêchons et élevons nos animaux », déclarait le nouveau directeur général de la FAO.

L'avertissement, de portée générale, adressé au monde agricole mais aussi aux responsables politiques de la communauté internationale, vaut notamment pour la production vivrière qui devra croître elle aussi de plus de 50 % d'ici à 2050 pour répondre à l'explosion démographique qui interviendra d'ici là. Une mission difficile dont devront s'acquitter tout particulièrement les petits agriculteurs qui ont en charge la majeure partie des cultures du globe. À condition d'avoir l'assurance de pouvoir y parvenir sans accroître davantage la dette écologique de l'humanité. Le pari n'est pas gagné à en croire Olivier De Schutter qui professe actuellement le droit international à l'Université catholique de Louvain après avoir été, de longues années, le rapporteur spécial des Nations unies pour le droit à l'alimentation. « Certains pays ont fait le choix de la productivité au détriment des intérêts à long terme des populations, notamment rurales. Ils ont mené leur révolution agricole sans s'attaquer aux raisons structurelles de leur faible productivité, parce que les intérêts des gouvernements étaient proches de ceux des fournisseurs d'engrais ou de pesticides », affirmait-il alors. Trois ans plus tard, devenu également coprésident du Panel international d'experts sur les systèmes alimentaires durables (IPES Food), il enfonce le clou. « L'industrialisation de l'agriculture a été une réponse utile à la très forte croissance démographique des années 1950 et 1960. Les technologies, comme la mécanisation et l'utilisation des intrants externes répondaient alors à une urgence, reconnaissait Olivier De Schutter. Mais le défi que nous affrontons est très différent aujourd'hui. La productivité a augmenté plus vite que la demande et on réalise que les externalités négatives de ce modèle ont été trop longtemps sous-estimées. Il s'agit des impacts environnementaux tels que les émissions de gaz à effet de serre, la réduction de la biodiversité ou encore la dégradation des sols », ajoute-t-il, confirmant la nuisance des engrais chimiques.

Haro sur les pesticides

Il faut donc continuer à produire pour nourrir les humains d'aujourd'hui mais surtout ceux à venir. Cela ne passe pas nécessairement par la poursuite de cultures intensives, mais par la transition vers un nouveau modèle agricole et alimentaire plus durable qui implique la modification en profondeur des pratiques et politiques agricoles. En somme, produire plus avec moins et différemment, en admettant que l'avenir de l'agriculture en 2050 ne se posera pas seulement en termes de rendement. Rude reconversion pour l'exploitant de demain qui devra exercer son acte de production en améliorant les pratiques de conservation des terres, diversifiant davantage les cultures et, pour répondre à l'urgence du moment, réduire drastiquement l'utilisation des pesticides et des produits chimiques en général pour ne plus se sentir mal-aimé, voire « empoisonneur ». Aujourd'hui, l'essentiel du monde agricole produit encore de la nourriture en continuant à appliquer les recettes de la Révolution verte qui remontent à plus d'un demi-siècle. C'est donc par la diminution de l'usage des engrais chimiques que peut commencer une rénovation de pratiques qui, à la longue, ont affecté non seulement la terre mais aussi ceux qui la cultivent et qui, parfois, en tombent gravement malades, sans oublier, au bout de la chaîne, le consommateur qui, de plus en plus souvent, s'interroge à présent sur la nocivité ou non du contenu de son assiette.

À en croire l'association Générations futures qui se consacre notamment à l'étude de la santé alimentaire et des effets des pesticides, les deux tiers des fruits et légumes consommés en France, voire davantage selon les catégories, présentent des traces de résidus de pesticides. Le taux est de 73 % pour les fruits et de 41 % pour les légumes selon une étude conduite sur la durée – cinq ans – et sur un large échantillon – 52 produits, 19 fruits et 33 légumes – par cette organisation et rendue publique au printemps 2018, après une précédente enquête en 2014 qui, déjà, préfigurait les conclusions de la dernière en date. Les produits présentant le plus de résidus sont le raisin, les cerises, les pamplemousses et les fraises pour ce qui est des fruits, les herbes fraîches, les endives, les céleris et les laitues s'il s'agit des légumes. Cette situation n'est pas spécifique à la France puisque chez nos amis italiens, près de 40 % des produits alimentaires recèlent des traces de produits chimiques, sous forme de nanoparticules, ou de pesticides.

Tous les engrais chimiques font actuellement l'objet de préventions mais il en est un qui concentre les critiques – et les procès – en raison de sa dangerosité qui ne fait plus aucun doute. Il s'agit du Roundup et à travers lui sa molécule, du glyphosate, substance cancérigène probable selon l'Organisation mondiale de la santé (OMS). Protecteurs de l'environnement mais aussi consommateurs protestent de plus en plus fort contre l'usage intensif – et ses conséquences – du glyphosate, *via* le Roundup, le produit phare de la firme américaine Monsanto qui l'a synthétisé en 1970. Ce pesticide entre dans la composition de plus de 700 produits utilisés dans l'agriculture, la foresterie, mais aussi pour des usages urbains et domestiques. Au fil des ans, le procès intenté à l'herbicide le plus commercialisé au monde s'est intensifié autant qu'il s'est mondialisé, sur fond de controverses scientifiques ou pseudoscientifiques entre adversaires et défenseurs de cet engrais devenu le symbole des dérives de l'agrochimie.

La pantalonnade du glyphosate, un cas d'école

Près de 290 millions de dollars, c'est la somme (ramenée ultérieurement à 89 millions) que l'ex-firme Monsanto (elle a été rachetée depuis par l'allemand Bayer qui l'a débaptisée) a été condamnée à verser, en première instance, à l'été 2018 à Dewayne Johnson, un jardinier américain, âgé de 46 ans et en phase terminale d'un cancer incurable du système lymphatique dont lui et ses avocats attribuent l'origine au Roundup et à sa version professionnelle, le Ranger Pro, deux produits massivement commercialisés par le géant des pesticides. Jusque-là en parfaite santé, cet employé chargé de l'entretien de plusieurs écoles d'une petite ville au nord-ouest de San Francisco a vu sa santé se dégrader, notamment avec l'apparition de graves lésions cutanées, au fur et à mesure qu'il poursuivait son activité consistant à répandre sur les mauvaises herbes, sans protection aucune, des doses importantes de Roundup et de Ranger Pro. Ces deux produits phares de Monsanto sont suspectés de dangerosité extrême pour l'être humain *via* le glyphosate, la molécule essentielle entrant dans sa composition, considérée par les défenseurs de l'environnement comme la cause de bien des maux dont pâtissent les cultures comme ceux qui les exploitent, peu conscients des dangers encourus. Indépendamment du jugement rendu par le tribunal californien, ces mises en cause valent à Monsanto, pour les seuls États-Unis et de l'aveu même des dirigeants de Bayer, au moins 8 000 requêtes judiciaires et quantité de procès en perspective. Avec le risque de colossales indemnisations à verser aux victimes si la multinationale était reconnue coupable.

L'efficacité du glyphosate, la molécule active du Roundup, et de ses propriétés herbicides dépend des produits chimiques que lui ajoutent les industriels pour le rendre plus actif et pour faciliter son absorption par les plantes. Depuis plusieurs années, la nocivité de ce produit avait été mise en cause jusqu'à ce qu'en mars 2015, le Centre international de recherche sur le cancer (CIRC), dépendant de l'Organisation mondiale de la santé (OMS), classe le glyphosate parmi les substances « probablement cancérogènes ». Une mise en garde confortée par les avis publiés à la même période dans la revue scientifique *The Lancet* faisant état de risques de lymphome (cancer du sang) et d'affections possibles au niveau du foie, des reins ou du système lymphatique. Depuis, défenseurs et adversaires de la molécule montrée du doigt se livrent à de sévères affrontements sur fond juridique et scientifique, surtout dans les enceintes européennes, les lobbies de l'industrie agrochimique étant particulièrement actifs. Directement visée, la firme américaine n'a pas été en reste. Comme l'a démontré la minutieuse enquête à laquelle ont participé notamment les journalistes du *Monde* et qui a abouti à la publication des « Monsanto Papers », il est clairement établi que le géant du glyphosate a utilisé tous les moyens de pression, auprès des organismes de réglementation, et qu'il a obtenu la publication d'études prétendument à caractère scientifique, en réalité rédigées par des collaborateurs de la firme, pour démonter les accusations relatives à la dangerosité du pesticide.

La France, tiraillée entre les défenseurs de l'environnement – et de la santé publique – exigeant l'interdiction immédiate du glyphosate d'une part, et les pratiquants de l'agriculture intensive de l'autre, bien décidés à continuer à exploiter le modèle agricole dominant, a finalement transigé, après arbitrage du président Emmanuel Macron, en faveur d'une interdiction, certes, mais à l'issue d'un délai de trois ans, à savoir en 2022. Avant de convenir ultérieurement que cet objectif n'était pas faisable.

Si la consommation de pesticides s'est ralentie ces dernières années dans certains pays développés, elle a fortement progressé dans les nations en développement au cours de la période 2000 à 2015 et la tendance s'est poursuivie depuis. En France, malgré les promesses du monde agricole et des fabricants de pesticides en faveur d'une baisse drastique de l'utilisation des pesticides, celle-ci a progressé de 12 % pour la période 2014-2016 par rapport à 2009-2011. De quoi émettre des doutes sur les chances de succès du plan gouvernemental Écophyto 2 qui visait à faire baisser cette consommation de 25 % dès 2020 et de 50 % à l'horizon 2035. Ce plan a été lancé à l'été 2017 pour succéder aux deux plans précédents de 2008 et 2015 qui, déjà, n'avaient pas atteint leurs objectifs.

Tous les pays agricoles n'ont pas renoncé aux engrais chimiques, tant s'en faut. Mais dans ce domaine, le bonnet d'âne revient au Brésil, déjà premier consommateur de pesticides au monde où le gouvernement du nouveau président Jair Bolsonaro a autorisé, début 2019, après seulement trois mois d'exercice, la mise sur le marché de 121 nouveaux produits phytosanitaires, portant à 2 149 le nombre de produits nocifs de cette nature autorisés sur le marché national. Considéré comme un dangereux délinquant environnemental, reconnu coupable de livrer la forêt amazonienne aux lobbies agricoles et sucriers, et accusé de donner libre cours à la production intensive d'organismes génétiquement modifiés et d'agrocarburants, cette course aux pesticides, le président brésilien instaure une nouvelle menace pour la santé de la planète et de ses habitants. Heureusement, dans le même temps, d'autres s'emploient, au contraire, à proposer de nourrir le monde autrement. Grâce à des expériences alternatives, de nouvelles pratiques agricoles dites durables, plus respectueuses de l'environnement, des paysans, mais aussi du consommateur. De l'avis général, l'agroécologie qui, de plus en plus, a le vent en poupe, est celle qui coche le mieux ces trois cases.

Les grands espoirs de l'agriculture biologique

« L'agroécologie peut nourrir le monde, y compris les 10 milliards d'humains de 2050. » Depuis des années qu'il martèle le même message, Marc Dufumier, considéré comme l'un des pionniers de l'agroécologie scientifique, peut se prévaloir d'avoir été finalement entendu. Que ce soit au sol où un nombre croissant d'agriculteurs s'y convertissent, ou sur les rayons des supermarchés où les consommateurs votent pour le sigle de la petite feuille verte figurant sur l'emballage et garantissant l'appellation « bio », les produits qui s'en réclament n'en finissent pas de gagner du terrain. En 2018, selon le dernier comptage en date, la production agricole biologique a enregistré en France une année record avec une progression de 7,5 % de la surface agricole consacrée à ce mode de culture. Désormais, plus de 10 % des agriculteurs travaillent en bio avec pour objectif de parvenir à 15 % du total de la surface agricole fin 2022, selon l'Agence Bio, un organisme public qui suit l'évolution du secteur. En 2018, ce sont 5 000 exploitations qui ont opté pour la culture bio en abandonnant définitivement engrais de synthèse et produits phytosanitaires chimiques. À l'heure actuelle, la valeur des achats de produits alimentaires issus de l'agriculture biologique approche les 10 milliards d'euros par an. Elle n'était que de 5,7 milliards en 2014.

L'engouement pour cette nouvelle forme d'agriculture « plus naturelle » ne se limite pas à la France, devenue la troisième surface agricole bio d'Europe. C'est tout le Vieux Continent qui s'offre un coup de jeune écologique. La consommation de produits bio atteignait 33 milliards d'euros au sein de l'Union européenne en 2016, selon les derniers chiffres disponibles, contre 18 milliards en 2009, le premier marché étant l'Allemagne, suivie de près par la France. Pour satisfaire une demande en constante augmentation, les surfaces consacrées à ce type de culture ont été sensiblement élargies. Six pays, l'Espagne, l'Italie, la France, l'Allemagne, l'Autriche et la Suède concentrent actuellement les deux tiers des surfaces cultivées en agriculture biologique.

Comment expliquer un tel succès, agro-industriel, économique et culturel et le changement des habitudes de consommation alimentaire qui, lui aussi, a évolué ? Sans doute pour deux raisons. D'abord, la réaction des consommateurs qui, ulcérés par les dégâts de la malbouffe, préfèrent se tourner vers des produits qu'ils considèrent plus sains, quitte à les payer un peu plus cher. Ce qui, au passage, entraîne une discrimination pour les ménages aux revenus modestes, contraints de se rabattre sur des articles de moins bonne qualité mais aussi moins chers. La seconde raison tient, au-delà de l'acte d'achat, à une prise de conscience grandissante d'un public de plus en plus sensible à l'état environnemental très préoccupant de la planète.

Honneur donc à cette alliance de l'agronomie et de l'écologie, garantie sans pesticides ni OGM comme est censée l'attester une certification obtenue auprès de tous les acteurs de la filière (producteurs, transformateurs, distributeurs, négociants...). Un modèle de substitution à l'agriculture industrielle avec, pour vocation, de faire coïncider les activités humaines avec les ressources de la planète selon les enseignements de l'un des promoteurs de cette nouvelle discipline agricole, Miguel Altieri. Ce professeur d'agroécologie américano-chilien qui, en 1988, enseignait à l'université de Berkeley, avait présenté à cette époque l'agroécologie comme la base scientifique d'une future agriculture alternative au modèle de production intensive.

Depuis, l'agriculture bio séduit, mais est-on sûr qu'elle puisse remplacer l'ancien mode de culture, en termes de rendement mais aussi de capacité de production alors que l'objectif, faut-il le rappeler, est de couvrir la totalité des besoins alimentaires mondiaux en 2050, ce qui suppose d'augmenter la production agricole mondiale au moins de moitié par rapport à son niveau actuel ? Sur le premier point, les agriculteurs qui ont opté pour une production biologique affichent, dans un premier temps, un rendement inférieur de 15 % en moyenne à celui de l'agriculture conventionnelle, notamment à cause de la rotation obligatoire des cultures et de la suppression d'intrants chimiques. Mais l'écart de rendement doit se réduire progressivement au fur et à mesure de la conversion des exploitants. Et il peut être même supérieur à celui de l'agriculture traditionnelle, y compris dans les pays du Sud où l'agriculture biologique permet de nourrir une population plus importante avec moins de surfaces agricoles.

Ainsi, au Sénégal, dans plusieurs exploitations pratiquant l'agroécologie, le rendement pour le sorgho ou le mil a doublé pour atteindre 1,2 tonne à l'hectare contre 0,4 ou 0,7 tonne précédemment, assure El Hadji Traore, directeur scientifique de l'Institut sénégalais de recherche agricole (ISRA). Le succès de l'agriculture bio repose en priorité sur les performances de la filière en termes de production – et sur la fidélité des consommateurs – mais aussi sur la possibilité, par ailleurs, de limiter la production et la consommation de produits d'origine animale. Plus l'effort permettant de réduire le gaspillage alimentaire qui atteint parfois jusqu'à 30 % de ce qui est produit, comme l'affirme l'étude scientifique sur le sujet parue en 2018 dans *Nature Communications*.

L'adoption de méthodes respectueuses des écosystèmes, qui est la base de l'agroécologie, se veut à la fois un mode de production agricole vertueux et une façon de participer à la réduction de la malnutrition dans le monde. Dans son dernier livre, *L'Agroécologie peut nous sauver*, Marc Dufumier, que l'on présente parfois comme le digne héritier de René Dumont, développe son argumentaire pour justifier son affirmation selon laquelle cette pratique agricole peut permettre de nourrir les quelque 10 milliards d'humains du prochain demi-siècle. Selon cet ingénieur agronome, alimenter en bio, d'abord l'Europe, la plus convertie au bio à ce jour, ensuite le reste du monde est parfaitement possible. Cela passe par l'intégration des particularités de chaque écosystème en tenant compte de leurs points communs, tels que la rotation des cultures, le recours aux engrais organiques fournis par les fumiers et les sols, la réhabilitation des arbres au sein des parcelles et des haies sur leurs pourtours ou encore l'utilisation des sources énergétiques non polluantes et peu coûteuses telles que le solaire, le gaz carbonique ou l'azote atmosphérique.

Considérée comme une branche de l'écologie prenant en compte l'ensemble des milieux naturels – les humains, les animaux, les végétaux – mais aussi des facteurs physiques, biologiques ou climatiques, l'agroécologie est assurément un moyen, non seulement d'alimenter de façon plus naturelle la planète et ses futurs Terriens, mais aussi de préserver son indispensable harmonie. Reste qu'il lui faudra monter en gamme pour espérer répondre à la demande. Actuellement, à l'échelle mondiale, de plus en plus de pays se convertissent au bio mais dans des proportions encore modestes. À l'exemple de Cuba où l'agroécologie s'est beaucoup développée, par obligation depuis que le pays ne peut plus compter sur les engrais que lui fournissait l'ex-URSS en échange de son sucre, jusqu'au début des années 1990, de l'Inde plus récemment où les paysans de l'État du Pendjab privilégient les méthodes ancestrales pour les cultures vivrières, de même que des pays asiatiques comme la Chine ou le Cambodge qui se sont aussi engagés dans l'agriculture bio.

Il en va de même pour des petits agriculteurs du Nordeste brésilien qui fuient les pesticides chers à leur nouveau président. Le Maroc s'est aussi mis sur la liste dans le cadre de son « plan Maroc vert » pour développer une agriculture bio. L'arrivée de ces pays dans le club de l'agriculture biologique va donner des idées à d'autres. Mais, au plan international, seulement 2 à 3 % de surfaces cultivées sont consacrées au bio. Des pourcentages encore modestes mais ils peuvent progresser vite. Ils sont de plus en plus à considérer que l'accès de tous à une alimentation saine passe par le bio ou par d'autres pratiques, respectueuses de l'environnement.

Aux côtés de l'agroécologie, la plus prisée, la permaculture en fait aussi partie. Recouvrant deux dimensions complémentaires, l'une, plutôt philosophique, instillant un nouveau mode de vie en lien avec la nature et les humains, l'autre, plus conceptuelle, à partir de la création de lieux d'exploitation et de communautés dites durables, elle fait des petits. Ainsi de la ferme du Bec Hellouin, en Normandie, considérée comme l'un des pionniers de la permaculture où, fidèles au principe de « ce qui vient du sol retourne au sol », ses propriétaires pratiquent l'association des cultures, le libre développement des plantes et des arbres, pour aboutir à un écosystème non seulement autosuffisant mais aussi plus rentable que l'agriculture classique, à en croire ceux qui l'exploitent. De même pour l'agroforesterie, ce système d'utilisation des terres où les plantes ligneuses – les arbres, les arbustes, le palmier, les bambous, en fonction des latitudes – visent à canaliser les synergies environnementales. Cette méthode intéresse paysans et écologistes en raison de sa capacité à piéger le carbone et à atténuer les effets du changement climatique, tout en contribuant au développement du milieu rural là où elle s'exerce. Autant de nouvelles formes d'exploitation de la terre et de ses richesses qui permettent aussi de valoriser une petite agriculture paysanne, souvent oubliée alors qu'elle contribue grandement à assurer la sécurité alimentaire du monde.

L'agriculture paysanne peut nourrir une grande partie de la planète

Si tous les petits paysans du monde pouvaient se donner la main, ils ceintureraient sans doute la planète ! On compte en effet 500 millions de petites exploitations dans le monde en développement où la grande majorité d'entre eux cultivent de très faibles superficies : moins d'un hectare pour 73 % d'entre eux. Ils disposent de bien peu de terres et pourtant, à eux seuls, ils permettent d'assurer la subsistance directe de 2 milliards d'habitants de notre planète auxquels ils fournissent, par exemple, 80 % des denrées alimentaires consommées en Asie et en Afrique saharienne. La petite agriculture ne se limite pas aux continents asiatique et africain. Si la Chine compte encore 250 millions de petites exploitations agricoles et si la production d'huile de palme au Bénin provient à 80 % de petites unités familiales, l'Amérique latine et les Caraïbes, de leur côté, recensent environ 15 millions d'exploitations de cette nature. L'agriculture familiale joue aussi un rôle important – en bénéficiant de meilleures conditions économiques – en Europe et dans les autres pays dits « riches », à commencer par le Japon.

C'est dans ces centaines de millions d'exploitations de petite taille que l'on trouve souvent le plus fort potentiel d'accroissement de la production agricole. L'agriculture familiale, qui nourrit la planète avec moins d'un quart des terres agricoles, doit être considérée comme l'un des principaux piliers de la sécurité alimentaire dans la plupart des pays du Sud et, au-delà, comme une composante importante du paysage socio-économique et sociologique dans tous les pays. Comme on l'a vu à propos de la Chine, les autres grands pays émergents tels que l'Inde ou le Brésil ont aussi besoin de la contribution de cette forme d'agriculture, jugée stratégique pour la sécurité alimentaire du pays concerné. C'est le cas pour ce dernier pays, le Brésil, où l'agriculture familiale fournit 58 % du lait consommé sur place, plus de 50 % de la volaille, du porc et du maïs.

C'est ce constat d'un rôle vital pour nourrir une population que dressaient déjà en 2013 les auteurs du rapport *Paysans et entrepreneurs : investir dans l'agriculture des petits exploitants pour assurer la sécurité alimentaire*, réalisé par le Groupe d'experts de haut niveau sur la sécurité alimentaire et la nutrition (HLPE) et auquel se rangent à présent les spécialistes des questions de développement. « Les petits exploitants contribuent à la sécurité alimentaire et à la nutrition dans le monde tout en jouant d'autres rôles connexes dans leurs territoires, écrivent-ils. [...] L'expérience montre que la petite agriculture, lorsqu'elle est soutenue de manière appropriée par des politiques et des investissements publics, a la capacité de contribuer efficacement à la sécurité alimentaire, à la souveraineté alimentaire et, d'une façon importante, à l'émancipation de groupes négligés et marginalisés, ainsi qu'à la réduction des inégalités géographiques et socio-économiques. [...] Dans un environnement institutionnel et politique favorable, l'agriculture familiale peut contribuer à la gestion durable de la biodiversité et d'autres ressources naturelles, tout en préservant le patrimoine culturel », ajoutent ces spécialistes à l'appui de cet éloquent plaidoyer.

Theodore Schultz, un Nobel au service de la petite paysannerie

Lorsque Theodore William Schultz obtint le prix Nobel d'économie en 1979, aux côtés d'un autre Américain, Arthur Lewis, pour « leurs travaux de pionniers dans le domaine de la recherche sur le développement économique et plus particulièrement sur les problèmes des pays en développement », ce fils d'agriculteurs né en 1902 pouvait se prévaloir de quelque expertise pour évoquer le monde paysan et ses difficultés. Il avait vécu sur le terrain, dans le Dakota du Sud, son lieu de naissance, la terrible crise de 1929 puis dans le Wisconsin et l'Iowa les difficultés du monde agricole au sortir de la Seconde Guerre mondiale lorsque son parcours universitaire l'avait conduit dans ces États historiquement voués à l'agriculture. Theodore Schultz avait aussi beaucoup voyagé dans les pays pauvres pour, disait-il, « obtenir des informations sur le terrain plutôt que dans les rencontres académiques afin de bâtir mes réflexions à partir de faits ».

Il s'est intéressé très tôt aux problèmes économiques de l'agriculture, aux États-Unis, en Europe mais aussi dans les pays sous-développés, comme on disait à l'époque, et avait formulé dès 1932 une critique remarquée de la théorie alors en vogue sur les rendements décroissants de la terre. Il estimait par ailleurs que ce sont des règles politiques et non pas des mécanismes économiques qui font que les produits agricoles sont surpayés dans les pays industrialisés comme l'Europe, les États-Unis ou le Japon et sous-payés dans les pays pauvres sous prétexte de fournir une alimentation bon marché aux habitants des villes. Ce qui expliquait, selon lui, que l'agriculture des pays pauvres ne se développait pas et que les pays riches produisaient au-delà du niveau biologique optimal, précise le professeur Dominique Roux au fil des pages qu'il consacre à Theodore Schultz dans l'ouvrage collectif *Nobels en Économie*.

Partant du constat que, dans les pays pauvres, les paysans, tout en étant très largement majoritaires, n'arrivent pas à imposer le jeu du marché qui améliorerait sensiblement leur situation, cet économiste du développement estime que si, dans ces pays sous-développés, les produits agricoles étaient mieux payés aux petits producteurs, ceux-ci en produiraient davantage. Il observe également que compte tenu des contraintes auxquelles ils sont soumis, ils se comportent comme de bons entrepreneurs, pourtant privés de machines et d'engrais et contraints d'utiliser au mieux leur capital humain, « une ressource rare », disait-il et un autre thème de recherche important pour le prix Nobel. Pourfendeur de la théorie de la productivité marginale nulle dans le domaine agricole, y compris celui de la petite exploitation, Theodore Schultz affirmait l'efficacité et la productivité de l'agriculture familiale fournie par des paysans pauvres, tenus d'utiliser au mieux les ressources rares auxquelles ils peuvent prétendre.

En cela, il est considéré comme un contributeur important aux travaux sur l'économie du développement appliquée au monde agricole. La suite lui a donné raison comme le soulignent les experts du HLPE dans leur rapport consacré à ce segment de la production agricole. « La petite agriculture affiche souvent une productivité impressionnante », écrivent-ils. « De nombreuses cultures à valeur élevée, par exemple le caoutchouc et les fruits et légumes, qui exigent une agriculture ayant une forte composante de main-d'œuvre, sont plus performantes dans une petite agriculture bien développée que dans d'autres types d'agriculture en raison de la structure incitative des exploitations à main-d'œuvre familiale et des coûts de transaction et de suivi qu'engendre une main-d'œuvre salariée ». Ils en veulent pour preuve, à titre d'exemple, le cas de la Chine et de ses 250 millions de petites exploitations familiales qui n'occupent que 10 % de la superficie totale des terres agricoles disponibles et qui produisent 20 % de tous les produits alimentaires du monde. Une productivité record.

Sur le papier, la petite paysannerie a connu une reconnaissance institutionnelle en 2014 à l'occasion de l'Année internationale de l'agriculture paysanne et de son message adressé à la communauté internationale et à l'opinion publique afin de les sensibiliser « au rôle essentiel joué par ce mode de production agricole dans la lutte contre la faim et la pauvreté au niveau mondial ». Une activité qui, a-t-on rappelé, assure plus de 80 %, en termes de valeur, de la nourriture dont le monde a besoin tout en représentant, collectivement, la plus grande source d'emplois. Avec, pour atout supplémentaire, la préservation de l'environnement et de sa biodiversité. Mais les problèmes qu'elle connaît pour continuer à se développer sont nombreux : l'accès difficile au foncier dans la plupart des pays en développement et au rachat des terres ; la difficile commercialisation des produits agricoles, enfin les obstacles pour obtenir un crédit. Autre obstacle important : le coût d'installation dissuasif pour les jeunes agriculteurs qui ne peuvent acquérir leurs moyens de production et sont finalement contraints de céder à la tentation de l'exode rural. Une aberration au moment où la planète aura besoin de davantage de producteurs de biens agricoles pour nourrir ses futurs habitants.

Comme le rappelait régulièrement Olivier De Schutter, « l'investissement dans l'agriculture familiale a des effets multiplicateurs sur l'économie locale, dans les industries de transformation, les services, la commercialisation. Elle peut créer des emplois, favoriser le développement rural et réduire l'exode vers les villes ». En 2050, lorsque la Terre comptera 9,7 milliards d'habitants, « les besoins alimentaires auront augmenté de 60 % à 70 %. Il est donc vital de maintenir et de renforcer ce type d'agriculture pour ne pas laisser l'exploitation des terres aux seuls intérêts financiers », affirmait-il. Un discours appuyé par José Graziano da Silva, au nom de la FAO, lorsqu'il en était encore secrétaire général et qu'il avait en tête de défendre fermement les petites exploitations et les coopératives agricoles « comme moyen essentiel d'extirper les petits agriculteurs de la pauvreté et de la faim ». Bien qu'ils produisent la majorité de la nourriture dans de nombreux pays « les petits exploitants manquent d'accès aux marchés pour vendre leurs produits, de pouvoir de négociation pour acheter les intrants à de meilleurs prix et d'un accès réel aux services financiers. Les coopératives agricoles peuvent aider les petits exploitants à surmonter ces contraintes », ajoute-t-il, citant l'exemple des cultivateurs de thé au Rwanda ou des centres de ressources animales au Népal, organisés sur le mode collectif, pour le plus grand profit des paysans locaux.

L'institution onusienne, spécialisée dans les questions agricoles et alimentaires, à laquelle on reproche parfois son mode de fonctionnement trop bureaucratique, source d'inerties, s'efforce pourtant de concrétiser son action, soit seule soit en partenariat, avec des initiatives sur le terrain sans doute sans grand retentissement mais fort utiles pour les populations concernées. Elle assure ainsi la promotion de six systèmes agricoles traditionnels en Chine, en Iran et en Corée du Sud qui, à ses yeux, ont valeur d'exemple. Tel ce réseau de fermes irriguées et reliées entre elles de Qanat, en Iran, pays confronté depuis plusieurs années à une grave sécheresse, une forme d'organisation qui a survécu depuis trois millénaires, ou encore un système de culture, lui aussi ancestral, fait de rizières en terrasses irriguées qui court de Gudeuljang à Cheongsando, en Corée du Sud. Autres exemples, cette fois en Chine, le système historique de culture du jasmin et du thé de Fuzhou, ou les plantations de dattiers traditionnels de Jiaxian.

La FAO s'attache aussi à soutenir l'agriculture familiale de montagne, une activité souvent méconnue qui concerne pourtant 300 millions de personnes dans les pays en développement ou en transition et où 40 % d'entre elles souffrent d'insécurité alimentaire. Ainsi, avec l'appui financier – ciblé – de pays donateurs ou d'organisations d'aide au développement, les petits agriculteurs du Zimbabwe et notamment les 40 000 d'entre eux qui pratiquent l'agropastoralisme bénéficient du soutien de l'institution romaine, de même que les petits producteurs forestiers d'une dizaine de pays dont la Bolivie, le Guatemala, le Kenya ou encore le Vietnam et la Zambie.

Quand la paysannerie africaine se prend en main

La population de l'Afrique aura doublé d'ici à 2050 pour atteindre autour de 2,3 milliards d'habitants et la majorité d'entre eux seront des petits agriculteurs. Il leur faut dès à présent travailler au mieux leur terre pour assurer leur subsistance actuelle et envisager de préserver son avenir. Les initiatives ne manquent pas, qu'il s'agisse de modes de production comme d'organisations sociales collectives.

Dans tous ces pays, l'une des préoccupations majeures est la relance de l'agriculture vivrière. Le Burkina Faso en a fait sa priorité dès 2008 tandis que dans les pays sahéliens voisins, on creuse de petits trous qu'on emplit de fumier pour permettre aux céréales qui vont y pousser de résister à la sécheresse. Le dérèglement climatique est une double et lourde peine à laquelle est confronté le continent et chaque année de façon plus dramatique. « Si nous n'agissons pas maintenant pour rendre nos systèmes alimentaires plus résilients, nous risquons de sérieusement compromettre la production alimentaire dans de nombreuses régions et de condamner à l'échec les efforts internationaux visant à mettre un terme à la faim et à l'extrême pauvreté d'ici à 2030 », avertissait le patron de la FAO au printemps 2017. À l'adresse des petits paysans africains, il préconisait les nouvelles approches agricoles visant à améliorer les rendements telles que le recours aux cultures fixatrices d'azote et un effort particulier en faveur des techniques agroforestières.

Comprenant que la culture du maïs ou du manioc ne permettait plus de s'assurer un revenu minimal, de plus en plus de petits paysans africains se sont tournés vers le maraîchage en utilisant, comme au Bénin, des engrais naturels issus du tri des déchets et de la fabrication de compost. Le recours accru aux coopératives agricoles permet de mieux organiser la production et sa commercialisation, sans stigmatisation des petites cultures. Ainsi, au Mali, dans la région de Ségou, les petits producteurs d'échalote de Benkadi se sont regroupés au sein de la coopérative locale, Faso Jigi, de façon à obtenir de meilleurs prix pour leur production et de réelles possibilités d'investissement. Un réel progrès dont bénéficient près d'un millier d'agricultrices – le quart des adhérents de la coopérative – qui ont désormais leur mot à dire. Au Kenya, le système de coopératives laitières réorganisé par les pouvoirs publics au début des années 2000 au sein de l'entreprise New KCC, a permis d'accroître fortement la production et de développer de nouvelles activités comme la fourniture d'aliments pour animaux. Les petits négociants ont aussi bénéficié de l'autorisation d'ouvrir des « bars à lait », très prisés des habitants. Autant d'initiatives, conduites à petite échelle, mais source de grandes améliorations du niveau de vie.

La maîtrise de l'exploitation agricole dans les pays en développement passe par la pratique mais aussi par l'apprentissage. À l'image du centre de Songhaï, au Bénin, où, depuis une trentaine d'années, sont enseignées des techniques simples et peu coûteuses, adaptées aux réalités locales. Elles sont devenues une référence pour le monde rural africain et d'autres centres de formation viennent épauler les petits paysans désireux d'améliorer leurs connaissances et leurs revenus. Ainsi, à Songhaï comme à Yopougon, à la périphérie d'Abidjan, en Côte d'Ivoire, on forme les petits agriculteurs à l'agrobiologie. Sans doute l'une des voies du futur pour offrir une plus grande autonomie à la paysannerie africaine.

L'amélioration des conditions de vie et de travail de la petite paysannerie est une donnée essentielle pour sortir ces communautés de la pauvreté, de la faim et de la malnutrition qui, trop souvent, est leur lot quotidien. Mais à l'intérieur de ces populations tout le monde n'est pas logé à la même enseigne et ce sont les femmes qui sont le plus pénalisées, socialement et économiquement, alors qu'elles jouent un rôle majeur dans les pays en développement. Dans ces espaces très peuplés, elles représentent en moyenne 45 % de la main-d'œuvre agricole et jusqu'à 60 % dans certaines régions d'Afrique et d'Asie. Au fil du temps, même si des améliorations ont pu être constatées, les femmes rurales subissent toujours de longues journées de labeur marquées par le travail aux champs et la pénibilité qui en résulte, les soins aux enfants et les tâches domestiques multiples parmi lesquelles la collecte de l'eau et du bois de chauffe qu'il faut aller chercher de plus en plus loin au fur et à mesure que la sécheresse gagne du terrain.

Accorder aux femmes la place qui leur revient

À raison de 12 à 13 heures de travail de plus que les hommes chaque semaine, dans le meilleur des cas, ce sont elles qui produisent une grande partie des cultures vivrières mondiales, sur la petite parcelle familiale ou sur celle d'autres propriétaires où elles seront chichement rémunérées. Bien souvent, la principale richesse dont disposent les petites agricultrices est leur force de travail, amplement utilisée et indispensable à la survie de la cellule familiale. Dans les pays les moins développés, les femmes réinvestissent jusqu'à 90 % de leurs revenus dans leur foyer pour l'alimentation, la santé, les frais scolaires, aidant ainsi à briser le cycle de pauvreté générationnelle. Alors qu'elles subissent une discrimination affichée ou implicite dans l'accès à la terre et au crédit cette « disparité des genres » entre sexes se poursuit sur les marchés du travail ruraux où elles sont les plus exposées à occuper des emplois à temps partiel ou saisonniers mal rémunérés.

Une « chaise violette » pour les femmes

Les différences de traitement entre sexes ne concernent pas que l'Afrique où les droits d'accès au foncier sont souvent différenciés entre les hommes et les femmes. En Inde, nation émergente mais société restée fortement inégalitaire, près de 80 % des femmes actives travaillent dans l'agriculture mais elles ne sont que 10 % à posséder des terres. Le cas est encore plus tragique pour les femmes des communautés autochtones qui subissent une triple discrimination en termes de pauvreté, de sexe et d'ethnicité. Près de 400 millions de personnes, soit environ 5 % des habitants de la planète et 15 % des personnes les plus pauvres au monde s'identifient comme autochtones. Leur nombre est plus important (plus de 8 % de la population) en Amérique latine et dans la région des Caraïbes. Dans ces communautés, les femmes sont confrontées à des taux de pauvreté et de malnutrition plus élevés que dans les autres groupes sociaux, à un analphabétisme majeur, un accès limité aux soins et quand elles sont rémunérées, elles gagnent en général quatre fois moins que les hommes.

Les femmes autochtones sont généralement oubliées dans les plans de développement locaux alors qu'elles jouent un rôle majeur dans la préservation de la biodiversité et l'adaptation au changement climatique. Un « oubli » lourd de conséquences quand on sait que les territoires autochtones traditionnels représentent 22 % de la surface terrestre et qu'ils abritent 80 % de la biodiversité de la planète. Gardiens de la biodiversité mondiale, les peuples autochtones sont aussi les défenseurs des terres et des territoires dont ils s'occupent pour les générations futures. De leur côté, les femmes autochtones élèvent du bétail, pratiquent l'agriculture, pêchent et chassent afin de nourrir leurs communautés. Elles sont également considérées comme les gardiennes des semences et des plantes médicinales. Malgré ces contributions vitales à la vie de leurs communautés mais aussi à l'avenir de la planète, les femmes autochtones sont trop souvent empêchées de prendre part aux processus de décision qui pourtant affectent directement leurs vies. Malgré leur expertise, leur travail quotidien, leur savoir ne sont pas pris en compte dans les statistiques, pas plus que dans les enceintes des grandes organisations où elles ne sont pas représentées et encore moins invitées à prendre la parole. Elles existent mais restent totalement invisibles. Pour leur donner vie et visibilité, une initiative qui n'a rien d'un gadget a été prise début 2018 : placer systématiquement une « chaise violette » lors de chaque réunion des instances internationales afin de rappeler que les femmes autochtones ont elles aussi le droit de s'asseoir à la table des négociations où sont discutées les politiques concernant leurs communautés. Le violet est ainsi devenu la couleur symbolique de la lutte de ces femmes pour faire entendre leur voix. Une initiative commune que l'on doit à la FAO dans le cadre de la Campagne mondiale pour l'autonomisation des femmes autochtones en vue de réaliser l'objectif Faim zéro et au Forum international sur les femmes autochtones, avec l'appui de l'agence de presse des femmes autochtones et afro-descendantes. Avec une totale liberté sur la forme que peut revêtir la fabrication de cette « chaise violette » : artisanat, textiles autochtones, tout est bon pour soutenir la campagne. Et frapper les esprits.

Cette injustice flagrante est d'autant plus malvenue qu'elle handicape le développement économique des pays concernés. Si les femmes avaient accès aux mêmes ressources productives que les hommes, le nombre de personnes souffrant de la faim diminuerait d'au moins 15 % à 17 % dans le monde, estiment les spécialistes agricoles de l'ONU. Selon eux, si les agricultrices des pays en développement avaient le même accès que les hommes aux ressources, le nombre de personnes souffrant de la faim dans le monde pourrait diminuer de 150 millions grâce aux gains de productivité qui en résulteraient, outre des effets bénéfiques pour le sort social des femmes. L'accès à la terre est fondamental pour la population féminine dans le monde agricole car il est à la fois une source de revenus mais aussi un moyen indispensable d'émancipation dans un monde villageois resté très conservateur. Selon la Banque mondiale, dans une centaine de pays en développement, les femmes continuent à être privées du droit d'exercer certains emplois réservés aux hommes. Plus de 2 milliards d'entre elles sont encore empêchées d'accéder librement et à salaire égal au monde du travail. Raison de plus pour saluer l'énergie qu'elles déploient pour affirmer, dans leur village ou, de façon élargie, dans des groupements de femmes agricultrices, la place qui leur revient. Au regard de l'important travail qu'elles fournissent et du rôle social majeur qui est le leur.

Les exemples abondent de ces femmes qui, seules ou aidées par des organisations humanitaires, ont pris leur destin en main. Ainsi, au Mali qui reste l'un des pays les plus pauvres de la planète, dans de nombreux villages, tandis que les hommes sont dans les pâturages, conformément à la tradition chez les Peuls, grâce à de nouveaux modes d'irrigation, les femmes se consacrent aux cultures maraîchères, source de vitamines, une activité peu pratiquée jusque-là. Ailleurs, dans la région du Kanem, dans l'ouest du Tchad, où la malnutrition infantile dépassait les 20 % pour les enfants de moins de 5 ans, des accords de prêts ont permis aux femmes de la région d'accéder à des terres irrigables et fertiles et de les exploiter en leur nom de façon à dégager un revenu plus important permettant d'offrir à la famille un meilleur régime alimentaire.

Pouvoir bénéficier à leur tour du droit foncier, ne plus être lésées lors des héritages, obtenir la pénalisation pour les violences qui leur sont faites, c'est le long combat juridique dans lequel se sont engagées les femmes rwandaises. Avec succès lorsque, après bien des années de revendications, elles ont obtenu du gouvernement de Kigali des avancées importantes dans ces domaines essentiels à leur dignité et à leur place dans la vie publique ; à l'heure actuelle, la parité est officiellement reconnue en termes de droits fondamentaux et ce sont plus de femmes que d'hommes qui siègent au parlement du Rwanda.

D'autres initiatives, sur d'autres continents où les femmes paysannes ne sont pas mieux traitées, sont encouragées par les instances onusiennes et les ONG comme en Haïti où des projets de jardinage communautaire ont permis de réduire drastiquement la proportion d'enfants souffrant de malnutrition sévère. Ou encore en Afghanistan où un très grand nombre de villageoises sont analphabètes et quittent rarement leur maison, la construction de 28 000 poulaillers, construits et gérés localement par les femmes, leur a permis de créer une véritable filière de production de volailles, source de revenus et d'une – relative – autonomie.

Avec les paysannes de l'Altiplano péruvien

« *Canocota, un lugar hermoso, tranquilo, acompanado de colcas y canones* », annonce la petite brochure, sommairement illustrée mais aux ambitions touristiques affirmées, offerte au voyageur aventuré dans ces lieux peu touristiques. À 3 400 mètres d'altitude, la petite bourgade de Canacota, « lieu magnifique et tranquille, fait de colcas et de canyons » si l'on veut bien traduire le dépliant, s'efforce de mettre en avant la beauté de ses colcas, greniers circulaires en pierre que l'on peut voir dans les villages, mais aussi de la rivière du même nom, Colca, qui parcourt la vallée. L'attrait de cette bourgade, c'est aussi le vol des condors que l'on garantit au visiteur, et une cuisine locale, la fierté des paysannes de Canacota, ravies de l'inviter à goûter le cuy, le cochon d'Inde local, un mets d'excellence réservé aux grandes occasions. Pour ces communautés indigènes traditionnellement attachées à la petite agriculture et notamment à la production de pommes de terre – le Pérou, « pays des patates », en compte un millier de variétés ! – cette diversification vers « un tourisme responsable » dans laquelle s'engagent de nombreux petits villages de la région, est une petite révolution, économique autant que culturelle dans la mesure où ce sont les femmes qui en ont essentiellement la charge. Et heureusement les bénéfices qu'elles en retirent. À quelques dizaines de kilomètres de là, mais toujours à près de 4 000 mètres de haut ce qui explique l'isolement de ces lieux de vie bien rude, la petite communauté paysanne de Chari parie, elle, sur le développement de la vente de ses tissus, une spécialité locale encore confinée à la région, appelée « la route des tisserandes » et que les femmes du village veulent « exporter » jusqu'à la grande ville. Ce jour-là, elles sont une douzaine de paysannes incas ou plutôt aymaras, revêtues de leurs plus beaux tissus colorés, venues expliquer la mutation de leur activité. Jusque-là, après avoir effectué leur travail quotidien dans les petits jardinets alentour, elles se mettaient à tisser avec l'espoir de vendre leur étoffe sur les petits marchés locaux, au mieux au prix de 80 à 90 sols, la monnaie péruvienne, l'équivalent de 25 euros, pour trois semaines de travail. Leur situation a radicalement changé lorsqu'elles se sont organisées en association chargée de développer leur production et surtout sa commercialisation. Avec l'appui déterminant du Centre Bartolomeo de Las Casas, une ONG fondée il y a une trentaine d'années dans la ville de Cuzco par des dominicains français, devenue familière des cultures andines et qui aide les communautés paysannes à acquérir leur autonomie économique et sociale. Pour les villageoises de Chari, l'amélioration de leur condition a été radicale. Leurs tissus se vendent maintenant dans un magasin de Cuzco, géré par le Centre Bartolomeo de Las Casas et ouvert aux touristes, à un prix cinq ou six fois supérieur à ce qui leur revenait précédemment. C'est aussi un produit d'appel pour inciter le visiteur à ne pas se contenter du Machu Picchu et des autres sites touristiques bien connus, comme Cuzco et Arequipa.

Ces quelques exemples et bien d'autres initiatives dans le monde entier tendent à démontrer que l'autonomisation des femmes rurales permet une croissance économique plus élevée et une meilleure qualité de vie, hommes et femmes confondus, dans le but de réduire l'insécurité alimentaire et l'extrême pauvreté villageoise. Au-delà des questions de genre, c'est toute la petite paysannerie qui doit pouvoir bénéficier du droit élémentaire à l'alimentation et à ses ingrédients naturels. Ceux-ci ont notamment pour nom la garantie du droit des petits exploitants agricoles à la sécurité de jouissance des terres et des ressources naturelles ; la facilité d'accéder aux marchés locaux, nationaux et régionaux ainsi que l'accès aux biens publics pour aider les petits paysans à investir et à des services financiers adaptés à leurs besoins. Et on ne peut que souscrire aux recommandations des auteurs de l'ouvrage collectif *Agricultures familiales et mondes à venir*, à savoir des politiques publiques qui sachent combiner aides à la production agricole et actions sur les prix ; des marchés publics réservés en partie aux agricultures familiales. Ou encore un soutien appuyé aux activités de diversification rurale couplé avec des aides sociales et des investissements publics. Un moyen de pallier des concours privés quasi inexistants et des partenariats dont le bien-fondé économique n'apparaît pas toujours évident.

S'appuyer sur les communautés paysannes, notamment en Afrique et en Asie, là où elles sont le plus présentes, reste l'un des meilleurs moyens de lutter contre la paupérisation des populations locales les plus fragiles, à commencer par les femmes. Et d'aller vers un monde moins affamé, à défaut d'être devenu véritablement Faim zéro.

6. Préserver la mer, autre « terre nourricière »

« Seule la mer lave toutes les souillures des hommes. »

EURIPIDE

Chaque année, entre fin février et mi-mars, ils étaient des dizaines de milliers de terre-neuvas, partis des côtes françaises, à s'élancer, à bord d'une gigantesque armada de navires morutiers en direction des eaux poissonneuses de Terre-Neuve, pour huit à neuf mois d'une longue campagne de pêche à la morue au large de l'archipel de Saint-Pierre-et-Miquelon. Du tout début du XVIe siècle lorsque les premières embarcations partaient de Honfleur, de Dieppe ou de Bréhat, et jusqu'au milieu du XXe siècle, les morutiers français, espagnols et portugais, ont écrit quelques-unes des pages les plus glorieuses, parfois dramatiques, sur l'épopée de la morue et de ses matelots qui ne font qu'un.

Pendant toute cette période de plus de quatre cents ans, en dépit des dangers, tous ne rentrant pas au port, c'est l'image d'une « pêche miraculeuse » qui est restée gravée dans l'imaginaire collectif et ceux qui ont pris la relève ont longtemps continué à parier sur l'« or blanc », lorsqu'il suffisait de lancer un filet dans l'eau pour être sûr de le remonter abondamment garni. Sauf que, ces derniers temps, il a suffi de moins de cinquante ans d'exploitation intensive des bancs de poissons pour que l'aventure épique de la pêche à la morue soit désormais reléguée dans les musées où on lui consacre de temps en temps de belles expositions.

Aux goélettes et terre-neuvas ont succédé les chalutiers familiaux puis les gigantesques bateaux-usines-congélateurs qui, désormais, écument les fonds marins en les vidant progressivement de leurs ressources sans leur laisser le temps de se reconstituer. Bien avant l'heure – c'était en 1929 – l'écrivain japonais Takiji Kobayashi avait intitulé un de ses livres *Le Bateau-usine* (*Kaniköse*n en japonais). Il y décrivait les conditions de vie plus que précaires de ces marins courageux partis pêcher le crabe en mer d'Okhotsk, dans l'Extrême-Orient russe, et qui finissent par se révolter contre leurs conditions de travail. Pour les Japonais de l'époque, tous pêcheurs ou presque, Kobayashi « écrivait vrai » et son livre eut un fort retentissement à sa publication cette année-là, avant d'être ultérieurement porté à l'écran.

Depuis *Le Bateau-usine*, les navires se sont modernisés mais les séjours à bord sont au moins aussi pénibles pour tenir les cadences et répondre à l'appel des consommateurs de plus en plus gourmands de produits de la mer. Le poisson se raréfie – les prises totales de poissons ont commencé à diminuer dès 1996 – mais il en faut toujours plus pour faire face à une demande sans cesse croissante qui pourrait bien finir par vider la mer d'une grande partie de ses richesses halieutiques. Un désastre écologique et alimentaire à éviter à tout prix dans la mesure où la terre à elle seule ne suffira pas pour nourrir l'humanité du futur. Or la mer se dépeuple et s'appauvrit alors que les pollutions de toute sorte aggravent les dangers de pénurie qui, déjà, la menacent.

La morue pêchée dans les eaux de l'Atlantique n'est plus ou presque, et une espèce, elle aussi très prisée, risque bien de subir le même sort, le thon rouge, victime à son tour d'une surexploitation dont le Japon, premier consommateur, est largement responsable. C'est ce thon gras, dont l'archipel absorbe 80 % de la pêche mondiale pour la confection des sushis et des sashimis, que l'on retrouvait en quantité phénoménale, dès l'aube, sur le marché aux poissons de Tsukiji, à Tokyo, à proximité du quartier commerçant de Ginza. C'est dans cette gigantesque halle aux poissons qui déroute plus d'un touriste, célèbre pour ses ventes à la criée, que se négociait la vente, durant toute la matinée, de 480 différentes sortes de poissons et de fruits de mer, à raison de 2 000 à 2 500 tonnes quotidiennes de thon, d'anguille, de langues d'oursin, de crabes et d'huîtres géantes à foison.

Las ! La longue et belle histoire du marché de Tsukiji s'est achevée à l'automne 2018 mais l'aventure continue. Après plus de quatre-vingts ans d'existence, le temple du poisson a quitté sa halle historique en centre-ville pour être transféré sur un nouvel emplacement plus moderne, baptisé Tsukiji Uogashi, à Toyosu, en grande banlieue de la capitale nippone. Dans le déménagement, le nouveau marché a perdu beaucoup de son âme. Surtout le thon rouge « qui y était un peu chez lui », regrettent déjà les nostalgiques.

Ce sont là deux histoires de la mer moins éloignées qu'il n'y paraît, deux destins croisés soumis à la modernité et à un appétit sans frein pour les ressources des océans, dont les conséquences environnementales se font dramatiquement sentir. Mais qui ne gâchent en rien l'image mythique que continue à faire flotter la simple évocation de la mer.

Plus de 12 % de la population mondiale vit de la mer

Milieu originel de la vie, réservoir incomparable de variétés animales, poumon aquatique qui permet à l'humanité de respirer, vecteur incontournable de la mondialisation – près de 90 % du commerce mondial est transporté par voie maritime –, mais aussi espaces de compétitions ; les images et les superlatifs abondent quand on parle de la mer. Un magnifique espace marin, gigantesque puisqu'il recouvre au bas mot 71 % de la surface de la planète et contient 1 300 à 1 400 milliards de mètres cubes d'eau salée. Il abrite encore 250 000 espèces sous les mers pour ce qui est des catégories marines dûment recensées, reliquat d'une longue histoire de 3,8 milliards d'années et d'une vie animale d'une extrême diversité.

Acteurs majeurs de l'activité économique, les océans font vivre, directement ou indirectement, près de 12 % de la population mondiale. Tous sont des travailleurs de la mer, pêcheurs et aquaculteurs, le nombre de ces derniers ayant considérablement augmenté en moins de trente ans. On comptait 27 millions de pêcheurs en 1990, ils sont plus de 40 millions à présent, embarqués à bord de 4,6 millions de navires de pêche. Le bond est encore plus significatif pour les aquaculteurs, passés de 4 millions à 19 millions durant la même période. L'activité de la pêche a connu un essor marchand sans pareil. De 8 milliards de dollars en 1976, la valeur des échanges mondiaux de produits de la mer atteignait 130 milliards quarante ans plus tard, soit une croissance moyenne de plus de 8 % par an. C'est ce que rapporte l'économiste et essayiste Jacques Attali dans l'un de ses derniers ouvrages, *Histoires de la mer* où il s'est mis en tête de raconter par le menu la longue marche sur l'eau des océans, depuis les premiers instants de l'univers, en tentant d'anticiper ce que sera l'après-demain maritime.

Le poisson, une part croissante dans l'alimentation

La mer nourrit les Terriens et fournit du travail à ceux qui l'exploitent, souvent avec démesure. Plus de 500 millions de personnes en vivent à ce jour et près de 2,5 milliards d'êtres humains bénéficient de leur indispensable apport de protéines par le biais du plancton, des algues et autres nutriments qui ont de tout temps élu la mer et ses rivages pour domicile fixe. Un apport nutritionnel important sous forme de protéines animales de qualité et peu caloriques : une portion de 150 grammes de poisson peut assurer 50 à 60 % des besoins journaliers en protéines d'un adulte. Le monde de la mer constitue également un apport indispensable, économique cette fois, pour beaucoup de pays en voie de développement dont les revenus commerciaux tirés de la pêche sont à présent supérieurs à ceux issus de la viande, du tabac, du riz et du sucre, tous confondus.

« Depuis plusieurs décennies, le monde consomme des quantités de plus en plus importantes de poissons », écrit l'Organisation des Nations unies pour l'alimentation et l'agriculture (FAO), dans son dernier rapport sur *La Situation mondiale des pêches et de l'aquaculture*, publié à l'été 2018. Dans les années 1960, la consommation par habitant de ce produit de la mer était de 10 kilos par an en moyenne. Elle a dépassé les 20 kilos en 2016 et continue à progresser alors que se modifient les sources d'approvisionnement. L'aquaculture, à savoir la culture en milieu fermé – en bassins, étangs ou rivières – de poissons, de crustacés, de mollusques ou encore d'algues diverses assure déjà la moitié du poisson consommé dans le monde. Elle est appelée à dépasser les produits de la capture en mer d'ici à fin 2020.

C'est ce que confirme au siège de la FAO, à Rome, Tina Farmer, responsable des publications de l'organisation. Sur les 171 millions de tonnes de poissons produites en 2016, 91 millions provenaient de la capture et 80 millions de l'aquaculture. « Depuis, les deux courbes tendent à se rejoindre et, à la fin de 2020, l'aquaculture l'aura emporté sur la capture », assure-t-elle. Toujours d'après Tina Farmer, à l'horizon 2030, l'offre, capture et aquaculture confondues, devrait atteindre les 200 millions de tonnes. Mais en face, la demande mondiale s'établira alors à 260 millions de tonnes, il en résultera un important déficit de poisson à consommer. Conclusion : en dépit des efforts internationaux pour les contenir, la surpêche et son triste corollaire, la pêche illégale, ont encore de l'avenir.

Une surexploitation par la surpêche et la capture illégale

La capture de poissons en quantité croissante et sans réelle considération pour les espèces fragiles ou menacées d'extinction est pourtant une catastrophe humaine et environnementale majeure. La FAO s'en émeut régulièrement, elle qui, dès 2016, constatait que « près d'un tiers des stocks de poissons commerciaux est à présent pêché à des niveaux biologiquement non viables, soit trois fois plus qu'en 1974 ». À ces stocks de poissons clairement surexploités s'ajoutent les captures « à un niveau encore biologiquement viable » qui peuvent atteindre jusqu'à 70 % du stock existant, ce qui constitue un danger potentiel pour cette ressource sur une longue période, selon les calculs de Marc Taconet, chef des statistiques au département des pêches et de l'aquaculture à la FAO.

De fait, le bilan de la surpêche est accablant. Les navires-usines sont tenus d'aller de plus en plus loin et de pêcher chaque jour un peu plus profond pour capturer des espèces qui leur avaient jusque-là échappé, parfois jusqu'à 1 500 mètres pour y traquer, par exemple, le poisson-empereur. Tout cela pour satisfaire un marché en expansion continue et les exigences – parfois absurdes – de consommateurs mal informés. Du coup, les pertes et le gaspillage après capture peuvent atteindre jusqu'à 30 % des prises mondiales dont la moitié dues aux rejets de poissons en mer. Pendant longtemps, lorsque le poisson constituait encore une faible partie de notre alimentation, du moins chez les Occidentaux, le grand public n'avait pas conscience de l'ampleur du pillage qui s'exerce sur les ressources marines. Loin des yeux, loin du ventre. Mais le contexte et le niveau d'information ont changé et les ressources de la mer sont à présent mieux défendues, en grande partie grâce à l'action énergique de courageux lanceurs d'alerte.

Claire Nouvian, farouche gardienne des fonds marins

L'association environnementaliste Bloom lutte depuis sa création, en 2005, contre les méfaits de la pêche industrielle. Claire Nouvian, la présidente et fondatrice de cette ONG spécialisée dans la protection des fonds marins, fait partie, avec la célèbre navigatrice Isabelle Autissier, de ces militantes écologistes tenues de donner de la voix pour se faire entendre dans un milieu encore majoritairement masculin. Journaliste puis documentariste, elle a parcouru les mers pendant une dizaine d'années en profitant de toutes les estrades pour faire avancer sa cause : empêcher l'industrie de continuer à massacrer les poissons et les fonds marins.

À cet égard, elle peut se prévaloir au moins de deux victoires significatives, et collectives dans la mesure où elle n'était plus seule pour les remporter. D'abord convaincre l'Union européenne de la nécessité d'interdire le chalutage à plus de 800 mètres de profondeur, pari gagné en 2016 et, plus récemment, faire voter par le Parlement européen l'abolition de la pêche électrique qui avait été d'abord interdite puis discrètement rétablie.

Ce sont ces campagnes de défense de la faune marine qui lui ont valu un certain nombre de récompenses pour son activisme. Le Trophée de la Femme en Or de l'environnement, reçu en 2010, le Prix des femmes engagées en 2015 et le prix de l'Environnement de Positive Planet la même année. Elle a également été lauréate du Prix de l'Océan qui lui a été attribué en 2017 par une organisation américaine, la Blue Marine Foundation. Elle connaîtra la consécration suprême avec le prix Goldman de l'environnement qui lui a été décerné au printemps 2018, considéré comme la plus haute distinction dans le domaine de l'action écologique.

Claire Nouvian est la deuxième Française à recevoir ce prix, après Christine Jean, il y a bien longtemps, en 1992. Et les 200 000 dollars qui vont avec, ce qui permettra à Bloom de continuer à vivre et à agir. En tant qu'« ange gardien de la planète », ainsi que l'avait baptisée dix ans plus tôt le magazine *Géo* dans un numéro consacré aux « héritiers » du commandant Cousteau. À l'été 2018, elle s'indignait à nouveau, cette fois contre la position de la France et de la Commission européenne qui venaient d'opposer un refus à une demande australienne visant à interdire cinq zones de pêche aux chalutiers en eau profonde. Un refus qui constitue, selon Claire Nouvian, « une violation flagrante du droit international ». Et un autre pavé lancé dans la mare océanique qui, selon elle, risque fort de ne plus compter beaucoup de poissons en 2050.

Les organisations environnementalistes combattent depuis longtemps les méfaits de la pêche industrielle et plus particulièrement de certains engins de pêche tels que les chaluts de fond, les filets maillants dérivants et autres dispositifs de concentration de poissons qui ont un terrible effet sur la biodiversité marine et la structure des habitats en surexploitant les océans et condamnant la vie marine.

On connaît le sort funeste de la morue et celui qui guette le thon rouge. Le hareng, l'anchois sont quasiment en sursis tandis que le sabre et le grenadier, réfugiés dans les profondeurs, sont en butte aux chalutiers qui raclent les fonds marins. Au Pérou qui assure à lui seul 60 à 70 % des captures mondiales d'anchois, les pouvoirs publics sont régulièrement invités à limiter, à défaut de l'interdire totalement, la pêche à l'anchois jusqu'à ce que la reconstitution des stocks soit effective. Les sardines, elles, souffrent d'un autre mal, la maigreur. Confrontées à une baisse de la qualité du plancton qui constitue leur nourriture, notamment en Méditerranée, elles ont vu leur taille diminuer, passant de 15 à 11 centimètres en moyenne, trop petites pour une pêche rentable.

Une espèce marine sur trois menacée de disparition

Dans le Pacifique, la situation plus que critique du chinchard est aussi le signe annonciateur d'une forte diminution progressive des ressources halieutiques qui concerne tous les océans. Le danger guette aussi le krill de l'Antarctique (nom générique de 85 espèces de petits crustacés) qui nourrit le phytoplancton et dont les captures ont augmenté « à des niveaux jamais atteints depuis le début des années 1990 », s'indigne la FAO, dénonçant la « situation alarmante » qui prévaut en mer Méditerranée et en mer Noire où 59 % des stocks évalués ont été pêchés à des niveaux biologiquement non viables.

D'autres poissons, comme le merlu, le mulet, la sole et les brèmes de mer sont particulièrement menacés, de même que le bar sauvage dont les stocks ont chuté de 35 % en dix ans en Méditerranée. Dans l'océan Indien, l'albacore, un thon tropical que l'on retrouve en conserve sur les tables des pays occidentaux, est considéré comme surexploité au moins à 80 %. Pour faire simple, une espèce sur trois est menacée d'extinction, et six sur dix sont gagnées par le dépeuplement, entraînant la disparition de maillons entiers de la chaîne alimentaire alors qu'il faudra nourrir des populations futures en constante progression.

Cette surexploitation des océans est un drame que vivent surtout les pays en développement. Certes, la pêche ne représente qu'une toute petite part de la richesse mondiale mais beaucoup plus pour certains pays comme le Sénégal, les Comores et la Namibie, confrontés à une baisse régulière de leurs captures, généralement modestes, alors qu'il leur faut affronter la prédation des navires-usines venus coloniser leurs eaux. À l'exemple de la Mauritanie où les petits bateaux ne rapportent plus que 3 kilos de poisson à l'heure, contre 20 kilos il y a une vingtaine d'années. Difficile, pour eux, d'affronter les immenses chalutiers japonais, coréens et chinois qui ne respectent en rien les règles internationales et viennent épuiser la mer de ses réserves, jusqu'à proximité des côtes africaines, avec des bateaux-usines sur lesquels les équipages restent parfois deux ans.

Les petits pêcheurs, qu'ils soient asiatiques, africains ou latino-américains, sont les premières victimes de la surpêche, malheureusement légale (en grande partie) et bien mal régulée. À l'image des petits agriculteurs menacés par l'accaparement des terres, surtout dans les pays en développement, eux aussi subissent un « accaparement des mers » par une pêche industrielle exploitant déjà plus de la moitié de la surface des mers et qui ne fait qu'accentuer la pauvreté de leurs populations côtières. Présentée comme une arme contre la surpêche et un atout pour la conservation des espèces, la politique des quotas et la création de zones de protection marine, tels que les sanctuaires côtiers ou les réserves, aboutit paradoxalement à priver les pêcheurs locaux d'accès à leur ressource première, à faible distance, alors qu'au large, les navires-usines s'en donnent à cœur joie.

Un danger réel. Selon Philippe Cury, chercheur à l'Institut français de recherche pour l'exploitation de la mer (Ifremer), « à cause de la surenchère technologique et des subventions, la pêche mondiale capture deux fois et demie ce qu'il serait acceptable de pêcher », accuse-t-il, ajoutant que « la préservation des espèces marines sauvages, outre une question d'écologie et de biodiversité, est un combat pour la survie humaine ». En Afrique, explique-t-il, pendant les périodes de sécheresse, les produits de la mer ont longtemps constitué une ressource alimentaire de secours. Mais depuis que les grands acteurs du secteur – Europe, Russie, Corée du Sud, Japon et désormais Chine – se déplacent dans les eaux tropicales, au large des côtes africaines, ils concurrencent la pêche artisanale et mettent directement en danger l'équilibre alimentaire des populations locales.

Le saccage de la pêche industrielle en haute mer

Économiquement, en termes de rentabilité immédiate, le calcul est vite fait ; humainement et écologiquement, le coût est tout autre. « La pêche industrielle dans les eaux très étendues peut sembler la bonne option économique, mais seulement parce que les flottes peuvent empocher d'importantes subventions tout en extériorisant les coûts de la surpêche et de la dégradation des ressources », affirmait Olivier De Schutter lorsqu'il était encore le rapporteur de l'ONU sur le droit à l'alimentation. « Mais ce sont les générations futures qui en paieront le prix, quand les océans seront vides », avertissait-il. Un appel pressant à la communauté internationale pour qu'elle se décide à réagir. D'abord en prenant des décisions énergiques contre la surpêche, la pêche illégale et les autres pratiques condamnables qui déciment les bancs de poissons et endommagent la flore marine. Ensuite en favorisant la pêche artisanale qui emploie encore 90 % des pêcheurs de capture et des travailleurs de la mer. Il faut des mesures de sauvegarde indispensables pour éviter le scénario noir pour la planète et ses habitants que commencent à craindre certains scientifiques : l'extinction des poissons marins d'ici à la fin de l'actuel XXIe siècle.

Mettre 40 % des poissons de chaque espèce à l'abri de la pêche industrielle, telle est l'idée avancée par Philippe Cury. Pour atteindre cet objectif permettant de renouveler le patrimoine halieutique, la première des dispositions consiste à contrôler l'interdiction de la pêche industrielle en haute mer dont les effets dévastateurs ne peuvent plus être démentis. Le procès intenté aux chaluts de fond qui ratissent les profondeurs marines en ramassant tout ce qui s'y trouve – quitte à rejeter une espèce sur quatre qui ne sera pas commercialisée – et aux palangres, ces câbles équipés de centaines d'hameçons qui s'étalent sur des kilomètres, date de plus de quinze ans, sans effet à ce jour.

En 2003, l'Union européenne, seule à se mobiliser à l'époque, instaurait des licences et des quotas pour permettre le contrôle des espèces d'eaux profondes. Six ans plus tard, l'ONU adoptait – après un premier échec en 2006 – une résolution en faveur de la protection des grands fonds marins mais il a fallu attendre juillet 2016 pour que l'Union interdise enfin le chalutage en eaux profondes, à plus de 800 mètres, dans les eaux européennes, qu'elle qualifiait alors de « plus grand risque de destruction des écosystèmes marins vulnérables et irremplaçables » dans le cadre du traité international négocié cette année-là par la FAO et visant à prévenir, voire à contrecarrer, la pêche non déclarée et non réglementée. À ce jour, une centaine de pays ont adhéré à cette disposition qui vise quelque 26 millions de tonnes de captures mondiales illégales de poissons chaque année.

Le danger d'un retour en arrière est permanent à en juger par la violente passe d'armes, à propos de la pêche électrique, qui a vu, à l'automne 2017, s'affronter le lobbying intense de certains pêcheurs européens, notamment néerlandais, favorables à cette méthode de capture, face à leurs adversaires, bien résolus à interdire cette barbarie qui consiste à envoyer des impulsions électriques dans les sédiments afin d'en déloger les poissons et de les capturer, morts ou vifs pourrait-on dire. Ce n'est qu'à la fin 2017 que le Parlement européen a obtenu le bannissement définitif de cette pratique particulièrement néfaste pour la faune marine et pour les écosystèmes. En revanche, le même Parlement a approuvé en avril 2019 le retour des subventions, interdites depuis quinze ans, pour financer la construction d'un nouveau type de navires, plus puissants, qui vont nécessairement aggraver la surexploitation des bancs de poissons. Cette fois, les intérêts économiques ont pris leur revanche.

Préserver la mer et les espèces qui la peuplent est un combat de tous les instants et les défenseurs de la nature n'en sortent pas toujours vainqueurs. Le sort des baleines en constitue un nouvel exemple. À la mi-décembre 2018, le Japon a annoncé à la surprise – et à la consternation – d'une grande partie de la communauté internationale son retrait de la Commission baleinière internationale (CBI) dans le but de reprendre en toute liberté la chasse à ce cétacé dès juillet 2019. Du coup, l'Islande et la Norvège se sont empressées d'annoncer leur décision de reprendre, elles aussi, la chasse à la baleine à des fins commerciales. Ces derniers temps, grâce aux mesures de sauvegarde décidées par la communauté internationale, des espèces les plus menacées, comme la baleine bleue, commençaient à se repeupler lentement. Désormais, le saccage industriel de ces cétacés qui fascinent petits et grands peut recommencer en toute impunité, sans garantie qu'il puisse réellement se limiter aux eaux territoriales des pays concernés.

Les petits pêcheurs assurent la sécurité alimentaire mondiale

Ballottés par les flots et les menaces qui pèsent sur leur existence, des millions de petits pêcheurs ont beau jeu de faire valoir qu'ils fournissent encore plus de 50 % des prises mondiales de poissons. Menacés par la pêche industrielle et illégale qui pille leurs ressources côtières, la pollution et la dégradation de leur environnement, en mer comme à terre, et des conditions de travail et de vie plus que précaires, ces pêcheurs artisanaux sont encore situés pour 90 % d'entre eux dans des pays en développement où ils figurent souvent dans la catégorie peu enviable des « 2 dollars par jour ». Leur venir en aide est une contribution active à la sécurité alimentaire mondiale, à la nutrition et à la lutte contre la pauvreté. C'est d'autant plus vrai dans les zones arides, notamment en Afrique, dans la région subsaharienne, où les petits poissons et les poissons sauvages à croissance rapide sont un instrument de lutte apprécié contre la faim et la sous-alimentation. Mais les gigantesques chalutiers venus rafler les ressources marines locales signifient la disparition des pêcheurs artisans qui sont aussi des transformateurs et souvent des migrants réinstallés.

« Donne un poisson à un homme et tu le nourris toute la journée ; apprends-lui à pêcher et tu le nourris toute sa vie », dit le proverbe chinois. De fait, la pêche côtière artisanale n'est pas seulement le moyen de nourrir et de procurer du travail à des centaines de milliers de personnes – ils sont ainsi 600 000 habitants à vivre directement de la pêche au Sénégal –, elle a aussi un impact écologique et économique majeur. Chaque tonne pêchée de façon artisanale consomme moins d'énergie, impacte moins les écosystèmes et génère plus d'emplois que la même tonne pêchée de façon industrielle, assure l'ONG World Wild Fund (WWF) France, présidée par Isabelle Autissier.

Le rôle vital des petits pêcheurs est régulièrement rappelé mais, dans les faits, la plupart d'entre eux souffrent de marginalisation. D'où le besoin d'encourager toutes les initiatives visant à conforter le cadre de vie des pêcheurs artisanaux et la survie de leurs ressources. Il en est ainsi des « aimants à poissons » constitués d'une bouée flottante et d'un tapis-habitat disposé sur le fond marin et installé sur une partie des 3 000 kilomètres de côtes en Somalie. Ce dispositif ingénieux permet d'attirer des espèces de poissons, dont le thon, que les petits pêcheurs, d'ordinaire, ne peuvent pas attraper. Une méthode qui leur ouvre ainsi de nouvelles opportunités de capture. On peut aussi citer, dans un tout autre domaine, l'offre de reconversion offerte à quelque 3 000 anciens combattants engagés dans les dix ans de guerre qui ont ensanglanté la République démocratique du Congo de 1996 à 2006. Une fois démobilisés et retournés dans leurs villages côtiers, ils ont pu échanger leurs armes contre un matériel de pêche fourni par la FAO et retrouver ainsi une activité pacifique au sein de leur communauté !

L'aquaculture : pêcher sans vider la mer

« La mer est bonne fille. Elle a longtemps offert ses richesses sans trop rechigner », aime à dire Isabelle Autissier. Mais la « bonne fille » a de moins en moins de ressources marines à offrir. D'où le besoin de transférer la mer à terre pour continuer à approvisionner des consommateurs de plus en plus nombreux en organismes aquatiques divers et le recours à l'élevage qui prend de plus en plus d'importance, surtout depuis le début des années 1970. L'idée est pourtant ancienne qui remonte loin dans le temps, au moins à mille cinq cents ans avant notre ère lorsque la pisciculture, l'une des branches de l'aquaculture, est apparue, d'abord en Chine, puis en Inde avant de gagner les rives de la Méditerranée.

Les rives du Mékong se convertissent au poisson d'élevage

À Tan Chau, une petite ville située dans la partie vietnamienne du delta du Mékong, à proximité de la frontière avec le Cambodge, le voyageur découvre un alignement de fermes piscicoles dédiées à la crevette ou aux carpes, très prisées à l'exportation vers les marchés asiatiques. Sous chaque maison flottante où vit toute la famille, parfois nombreuse, sont installées de grandes nasses dans lesquelles sont élevés ces crustacés en milieu naturel, nourris de farines mais quelquefois aussi des restes de cuisine. Un modèle d'habitation et de gagne-pain très fréquent dans la région de Chau Doc et qui se décline dans bien d'autres petites localités, elles aussi converties à l'élevage des poissons en eaux douces.

À l'heure actuelle, 90 % du poisson d'élevage provient de la filière Asie-Pacifique, la Chine assurant à elle seule près de 65 % de cette production. L'aquaculture qui repose sur l'élevage et la culture d'espèces continentales ou océaniques, pour l'essentiel des carpes, du tilapia, du poisson-chat et des salmonidés, est une activité qui se développe à grande échelle. Selon les spécialistes de la FAO, le poisson d'élevage assurera près des deux tiers de la production mondiale de poisson destiné à l'alimentation d'ici à 2030 compte tenu de la stabilisation des prises de poissons sauvages en mer et de la demande croissante d'une classe moyenne émergente à l'échelle mondiale et plus particulièrement en Chine.

6,5 millions de tonnes de déchets par an dans la « plastisphère »

La haute mer conserve encore bien des attraits mais il lui faut lutter contre les réels dangers que constituent, outre la surpêche et la pêche illégale, la pollution marine et les déchets industriels, devenus un fléau planétaire. Le spectacle est désolant de ces gigantesques étendues de déchets à la dérive qui transforment parfois les mers du globe en immenses poubelles à ciel ouvert. Chaque année, nous déversons 6,5 millions de tonnes de déchets dans les océans dont 80 % sous forme de plastique non dégradable qui flotte en permanence ou qui se fragmente en minuscules particules. Sur chaque kilomètre carré de mer on peut compter des milliers de parcelles de plastique qui mutilent et tuent les mammifères et les oiseaux marins qui les ingurgitent.

Ce sont ces plastiques flottants de toutes tailles, de la microbille à la bouteille et au bidon de grande contenance qui, amalgamés en « soupe » au gré des courants, capables de résister à l'eau de mer et aux ultraviolets, constituent cette « plastisphère », que l'on trouve à présent dans tous les grands bassins océaniques de la planète où ils vont séjourner à l'infini. On ne le dira jamais assez : il faut deux minutes pour avaler un hamburger mais cent à cinq cents ans pour que soit détruite son enveloppe en plastique que l'on retrouve en mer.

Le 14e Objectif de développement durable (ODD)

Prenant la suite des 8 Objectifs du millénaire pour le développement (OMD) élaborés par les Nations unies, adoptés en 2000 avec l'espoir de les atteindre quinze ans plus tard, avec un résultat final mitigé, les Objectifs de développement durable ont vu leur nombre augmenter. En 2015, ils sont passés à 17 objectifs, et autant d'ambitions qu'il faudra concrétiser sur la période 2015-2030. Ce « nouveau référentiel de développement du monde » vise 169 cibles destinées à améliorer le sort de la planète et de ses habitants, regroupées au sein de ces 17 ODD.

Intitulé « Écosystème des mers », le 14e objectif de développement durable a pour mission de parvenir à « réduire drastiquement la pollution marine de tous types, dont celle résultant des activités terrestres, réduire la pollution des nutriments, gérer et protéger durablement les écosystèmes marins et côtiers, renforcer leur résilience, enfin remettre en état des océans sûrs et productifs ».

L'ambition est forte. Rendez-vous en 2030 pour juger de son résultat.

En permanence, ce sont près de 300 000 tonnes de plastique qui sont en suspension à la surface de la Planète bleue – qui porte bien mal son nom – auxquelles s'ajoutent 23 millions de tonnes en profondeur dans les eaux côtières, 29 millions dans les fonds marins peu profonds et 34 millions de tonnes en haute mer, beaucoup plus accueillante, soit 86 millions de tonnes de déchets plastiques en surface et dans les profondeurs marines. Au rythme actuel, d'ici à 2030, la quantité de matière plastique accumulée dans les océans pourrait atteindre jusqu'à 300 millions de tonnes. À l'horizon de 2050, ce sont 12 milliards de tonnes (bien au-delà des 8,3 milliards de tonnes actuelles) que l'homme sans scrupule aura jetées à terre et le plus souvent en mer, laquelle reçoit 80 % des déchets plastiques. Cette décharge mondiale qui augmente régulièrement représente déjà l'équivalent d'un camion poubelle de 200 kilos de déchets chaque seconde. Principal accusé, le plastique à usage unique représente actuellement

70 % de l'ensemble des déchets marins et seulement 20 % des déchets plastiques de la planète sont actuellement collectés pour être recyclés.

En quelques décennies, la Méditerranée, qui ne représente pourtant que 1 % des eaux marines à l'échelle du globe, concentre à elle seule plus de 7 % de tous les microplastiques flottant en surface et sous l'eau, ce qui en fait l'une des mers les plus polluées au monde avec une concentration de ces produits quatre fois supérieure à celle qu'on peut relever dans « l'île de plastique » du Pacifique Nord. Chaque jour, la France déverse en mer 66 tonnes de sacs, de bouteilles, de gobelets et autres articles en plastique. Les autres pays ne valent pas mieux ; les Européens, dans leur ensemble, jettent, bon an mal an, entre 300 000 et 600 000 tonnes de « soupe plastique » dont une grande partie est ingurgitée par le système digestif des poissons et des oiseaux marins qui se passeraient bien de ce poison d'origine industrielle qui les fait mourir en silence.

Un tas d'ordures flottant de la taille de l'Europe

De retour d'une de ses dernières expéditions à caractère scientifique dans l'Atlantique Nord à l'automne 2018, l'équipage de la goélette *Tara* est revenu atterré par l'immensité de ces « soupes » de plastique qui polluent l'océan, pas toujours détectables en surface mais bien présentes jusqu'à une trentaine de mètres de profondeur. Ces immenses *trash vortex* ou « tourbillons d'ordures » sont aussi présents dans l'Atlantique Sud, dans l'océan Indien et également dans les deux zones du Pacifique, notamment dans sa partie nord-est où elles s'étirent sur 3,5 millions de kilomètres carrés, six fois la superficie de la France. Dès à présent, on prévoit que ce tas d'ordures flottant continuera à grossir jusqu'à atteindre la taille de l'Europe à l'horizon de 2040. L'ONG Ocean Cleanup s'efforce de lutter contre cette marée de plastique avec son système de flotteur long de plusieurs centaines de mètres qui permet de capturer les déchets afin de les recycler mais, pour méritoire qu'elle soit, cette initiative paraît encore bien dérisoire par rapport à l'ampleur du problème.

Ce fléau, mondial, provient surtout de ces sacs en plastique qui se dispersent à tout vent, sur terre ou en mer, obligeant les pouvoirs publics à réagir. Invités à passer outre aux arguments des lobbies industriels concernés – à l'image de la représentation en France de Plastics Europe pour qui le plastique « est quelque chose de fantastique qui a permis le bien-être et l'amélioration de la vie au quotidien » –, les gouvernements, au Sud comme au Nord, ont commencé à appliquer des interdictions de façon plus ou moins drastique. En Afrique, une douzaine de pays du continent ont opté pour le bannissement. C'est le cas au Kenya où quelque 100 millions de sacs plastiques étaient distribués dans les supermarchés et que l'on retrouvait ensuite dans les rues, les parcs, les côtes et en mer. Ce pays applique depuis août 2017 aux contrevenants des amendes allant jusqu'à 32 000 euros, assorties de possibles peines de prison. Dans les magasins, les emballages plastiques sont remplacés depuis cette date par des sacs en papier ou en tissu, réutilisables.

Les pays émergents ou en développement, les plus menacés, ne sont pas seuls à réagir. De nombreux pays européens ont aussi annoncé l'interdiction des 100 milliards de sacs en plastique utilisés chaque année sur le continent et opté pour le recours obligé à des sacs biodégradables, une mesure que la France applique depuis juillet 2017. Le gouvernement français a aussi annoncé à l'été 2018 l'interdiction progressive des gobelets, couverts, assiettes et pailles en plastique et la mise en place, dès 2019, d'un système de bonus-malus impliquant une hausse pouvant aller jusqu'à 10 % du prix des produits en plastique non recyclables. Avec pour objectif d'obtenir en 2050 le recyclage de la totalité du plastique utilisé dans le pays, essentiellement sous forme d'emballages, contre seulement 20 % actuellement. De son côté, le Parlement européen a enfin tranché en validant, en mars 2019, l'interdiction définitive de certains plastiques à usage unique au sein de l'Union.

À l'échelon de la planète, la production mondiale de plastique a progressé de plus de 40 % en dix ans, passant de 255 à 348 millions de tonnes par an, soit 53 kilos de plastique pour chaque habitant de la planète. Il s'agit donc d'un combat d'envergure, initié dès 2011 par la campagne « Interdisons les sacs » de la Surfrider Foundation et qui a connu sa consécration depuis que cette cause bénéficie elle aussi d'une Journée mondiale, la première ayant été célébrée en juin 2018. Elle est symbolisée par la photo d'une jeune Indienne en sari, enfoncée jusqu'aux genoux dans une mer de plastique, celle que côtoient quotidiennement les habitants de Jammu, dans l'Inde du Nord.

Le blanchiment des coraux, un mal endémique

Il est malheureusement un autre danger pour les mers et les océans, celui qui affecte les coraux dont la survie est partout menacée sous l'effet de l'acidification des eaux marines, du réchauffement climatique et des méthodes de pêche qui raclent les fonds marins. Mais aussi du développement du tourisme et de son volume croissant de déchets. Un bien sombre tableau pour un univers vivant et animal – le corail n'est ni un végétal ni un minéral – arborant, au contraire lorsqu'il est en vie, de magnifiques couleurs qui illuminent le squelette aux formes aériennes qu'il a construit tout au long de son existence.

Les récifs coralliens ne se contentent pas d'offrir de belles photos aux amateurs de plongée sous-marine, de tout temps fascinés par le « corail de feu » aux huit tentacules et généralement de couleur rouge. Organisés en colonies, d'où leur nom de récifs, ils sont avant tout l'un des plus importants réservoirs de biodiversité. Ouverts à des milliers d'espèces différentes d'animaux et de végétaux, ils abritent, à eux seuls, le tiers des espèces marines. C'est grâce à la présence des coraux que près de 900 millions de personnes, soit 8 % de la population mondiale, vivant dans des pays en développement ou des nations insulaires, à moins d'une centaine de kilomètres des récifs coralliens qui s'étendent sur près de 150 000 kilomètres de côtes, peuvent, à domicile ou presque, puiser les ressources halieutiques nécessaires à leur alimentation quotidienne.

Les récifs coralliens ne couvrent que 0,2 % de la superficie des océans mais ils permettent la concentration d'au moins 30 % des espèces marines connues à ce jour. Ce pactole écologique trop méconnu est mis en péril par les conséquences d'activités humaines dont les effets néfastes sur les coraux se font sentir chaque jour davantage. On estime que 20 % au moins des récifs coralliens ont été détruits à jamais en une cinquantaine d'années sous l'effet des facteurs climatiques évoqués mais aussi de la pollution industrielle, de l'urbanisation anarchique des zones côtières et de la surpêche qui endommage les fonds marins.

Actuellement, 50 % des coraux sont jugés dans un état critique ou de menace avancée, et seuls 30 % d'entre eux ont résisté à ce jour. Tous les océans et tous les récifs coralliens sont affectés par ce même mal et le cas de la Grande Barrière de corail qui s'étend sur 2 300 kilomètres au large des côtes australiennes est emblématique de l'ampleur et de sa vitesse de propagation qui fait craindre la disparition de la majorité des coraux d'ici à vingt ans. Protégé par les Nations unies par son inscription au patrimoine de l'humanité en 1981, cet ensemble corallien le plus étendu au monde, situé dans l'État du Queensland, dans le nord-est de l'Australie, abrite près de 500 espèces de coraux, trois fois plus de poissons de multiples variétés et 4 500 espèces différentes de mollusques.

À moins d'une réduction significative des émissions de gaz à effet de serre et d'un coup de frein énergique à l'utilisation des énergies fossiles, charbon et gaz exploités à terre, la Grande Barrière australienne ne sera plus qu'un souvenir en 2034 ! Une perspective qui a incité le gouvernement australien à investir 500 millions de dollars australiens, soit 320 millions d'euros, pour tenter de sauver les coraux encore en vie.

Le combat du professeur Okamoto

La bataille des coraux mobilise de plus en plus de scientifiques bien décidés à permettre aux générations futures d'être à nouveau fascinées par leur beauté. C'est le cas du professeur japonais Mineo Okamoto, familier de la vie des océans et qui s'est mis en tête de redonner vie au corail, à sa façon. Le journaliste français Luc Folliet, qui l'a suivi dans son aventure, décrit le travail de l'équipe de ce scientifique, non pas dans les eaux japonaises mais en Indonésie, au large de Manado, sur l'île de Sulawesi, bien connue des touristes et des plongeurs. Là se trouve le parc naturel de Bunaken. En surface, l'eau cristalline de cet îlot préservé ferait illusion mais il suffit d'aller plus profond pour découvrir un paysage impressionnant à la blancheur immobile auquel le professeur Okamoto s'est juré de redonner vie et couleur.
Pour ce faire, il a mis au point un procédé de replantation du corail grâce à des disques en céramique installés au fond de la mer, là où les courants apportent de multiples larves de corail. En les traversant, certaines de ces larves se fixent sous les disques et, après plusieurs semaines, elles ont atteint quelques millimètres, suffisamment pour régénérer le corail. Le travail est encore artisanal et oblige à une grande minutie mais il commence à porter ses fruits. Des zones totalement blanchies en l'espace d'une dizaine d'années commencent à renaître et une partie de la faune marine retrouve un habitacle longtemps déserté. Fort de ces progrès, ce programme de réhabilitation des récifs coralliens est à présent exporté vers d'autres littoraux d'Asie et de certaines îles de l'océan Pacifique où le corail a aussi subi un sort funeste. Outre l'Indonésie, les Philippines et la Papouasie-Nouvelle-Guinée s'inspirent des travaux du professeur Okamoto.

Ailleurs, sous d'autres mers, la préservation ou la revitalisation des coraux est devenue affaire de tous mais aussi individuelle et à petite échelle, à l'image de ces « jardiniers du corail » qui ont entrepris de redonner vie à cet élément primordial de l'existence sous-marine. Ainsi, en Polynésie française, de jeunes surfeurs, pêcheurs ou plongeurs recueillent – en apnée et un par un – des coraux abîmés et promis à une mort certaine et dont ils vont équiper la partie vivante d'un tuteur en bambou planté au fond de l'eau. Grâce à cette technique de bouturage, ils ont replanté, en deux ans et avec 70 % de réussite, quelque 3 000 coraux dans les lagons autour de l'île de Moorea. Un succès qui intéresse les autorités d'autres pays, telle la Thaïlande, soumise aux mêmes dégâts.

Le réchauffement du climat, obstacle au rôle régulateur de l'océan

La pêche illégale, la surpêche, la pollution mettent les écosystèmes marins en péril et avec eux les poissons, les coraux et ce qui reste de la faune et de la flore en surface ou au fond des eaux. La question du réchauffement climatique et de ses effets pervers joue aussi un rôle important. Près de 80 % des ressources mondiales en produits de la mer se trouvent en Afrique et en Asie, là où la progression démographique est la plus forte. À l'heure actuelle, 60 % des êtres humains vivent à moins de 150 kilomètres d'une mer ou d'un océan ; ils étaient seulement 30 % un siècle plus tôt. Raison de plus pour rappeler le rôle crucial, à préserver à tout prix, que jouent les océans en tant que régulateurs du climat, entre courants marins, masses d'eau et masses d'air. En lien constant avec l'atmosphère, les flots marins sont un formidable capteur de carbone. Le CO_2 se dissout dans la mer grâce au phytoplancton, fait d'algues microscopiques qui, par photosynthèse, absorbent ce dioxyde de carbone et, en échange, nous fournissent la majeure partie de l'oxygène que nous respirons. Ce qui vaut à l'océan son surnom de « poumon bleu » de la planète.

Le réchauffement climatique qui s'est fortement accentué, notamment depuis cinquante ans, vient perturber cette fonction naturelle de stockage. À la surexploitation des ressources et à la pollution, s'ajoute une élévation du niveau des mers qui constitue un danger majeur pour les régions côtières, leurs habitants comme leurs ressources de pêche. Les scientifiques du Groupe d'experts intergouvernemental sur l'évolution du climat (GIEC) considèrent que le niveau des océans s'est élevé d'une vingtaine de centimètres en moyenne depuis le début du xxe siècle. Si rien n'est entrepris pour limiter ce réchauffement, il faut s'attendre à une élévation d'au moins un mètre d'ici à 2050 du niveau de la mer, estiment-ils. Et on comprend l'inquiétude croissante des populations côtières et îliennes qui risquent tout simplement de disparaître, une préoccupation partagée par les experts du GIEC. En septembre 2019, dans leur premier rapport consacré à l'océan et à la cryosphère, constituée de la neige permanente, des glaciers et des banquises, ils lançaient un cri d'alarme à propos d'un monde marin en surchauffe, plus salé, plus acide, moins riche en oxygène, illustrant un immense bouleversement déjà à l'œuvre et qui augure bien des catastrophes.

Le golfe du Mexique, victime du climat et de la pollution

En une dizaine d'années, le nombre des « zones mortes » est passé de 150 à 450 selon le Programme des Nations unies pour l'environnement (PNUE) et c'est dans l'Atlantique Nord qu'elles s'étendent de la façon la plus visible. La mer Baltique en fait partie mais les zones chaudes ne sont pas épargnées. Au large du Texas et de la Louisiane, le golfe du Mexique « abrite » la plus vaste zone morte au monde, devenue un cimetière d'animaux marins. Il n'y a pas si longtemps, ses eaux turquoise et ses poissons multicolores attiraient estivants et plongeurs. Aujourd'hui, ses flots troubles, sans vie aquatique, sinon des algues vertes microscopiques, sont plutôt un repoussoir. Les causes de ce désastre écologique exemplaire qui aboutit à l'asphyxie du golfe ? Le réchauffement climatique bien sûr et la montée de la température de l'eau. Mais le grand coupable est à chercher à terre chez les fermiers propriétaires d'immenses champs de maïs qui, sans aucun contrôle, utilisent force nitrates et autres polluants qui se déversent dans le Mississippi avant d'aboutir dans le golfe du Mexique où se dissolvent azote et phosphates. En cinquante ans, la pollution du fleuve a été multipliée par deux. Le golfe se meurt et avec lui sa biodiversité et ses ressources, sans émouvoir le moins du monde les responsables de ce désastre écologique. Quand, acceptant de descendre de leur pick-up pour qu'on les interroge sur les moyens de pallier cette pollution, par exemple en installant des barrages pour l'empêcher de gagner le milieu océanique, la réponse des fermiers américains est aussi brutale que sans appel. « Ce n'est pas mon problème. Si on paye mon maïs plus cher, on verra, mais sinon je ne donnerai pas un cent pour ça. Je dois gagner ma vie et produire un maximum. » Tant pis pour le Mississippi. Il devra encore absorber des milliers de tonnes d'engrais lors des épandages et faire mourir le golfe du Mexique encore plus vite.

Même mal en point à bien des égards, la mer est restée terre de conquête, de lien entre les hommes et les territoires, autant que source de conflits. À présent, pays industrialisés et émergents se livrent à une course effrénée aux ressources, agricoles notamment, et aux matières premières afin de nourrir et d'approvisionner en énergie des populations et des installations dont l'appétit croît avec le nombre. Longtemps, cette compétition s'est livrée au sol pour l'essentiel mais les ressources terrestres sont devenues insuffisantes quand elles ne se sont pas carrément épuisées. Les océans, eux, constituent encore un gigantesque réservoir de richesses naturelles dont il faut espérer qu'il ne soit pas pillé trop vite comme on l'a malheureusement fait à terre. Et la crainte s'avive à propos de ces nouvelles routes maritimes que rêvent d'ouvrir au plus vite les corsaires du XXIe siècle, indifférents au saccage environnemental qui peut en résulter.

L'océan de toutes les convoitises

« Demain, plus que jamais, et malgré le basculement croissant de l'économie vers le numérique et l'espace, tout se jouera encore sur et sous la mer : le commerce, la puissance, l'influence, l'idéologie, la paix et la guerre », prédit Jacques Attali dans son ouvrage sur la mer. « C'est par elle que transitera encore l'essentiel des marchandises et des données ; c'est là que se trouvera l'essentiel des ressources futures. Et c'est donc là, comme dans le passé le plus lointain, que se situeront à la fois les points de force et de vulnérabilité des économies et des nations », ajoute-t-il. D'ores et déjà, « l'économie bleue » est un enjeu géostratégique d'envergure. En prenant en compte l'ensemble des activités qui ont la mer pour point de départ, à savoir le transport maritime et les services portuaires, la pêche et l'aquaculture, la construction navale et l'exploitation offshore, le tourisme, la sécurité maritime, on aboutit à un montant annuel d'environ 1 500 milliards d'euros. Il pourrait atteindre 2 550 milliards en 2020 et jusqu'à 3 000 milliards en 2030 selon les calculs de l'OCDE.

La France, deuxième puissance maritime mondiale

« La France est un pays de paysans qui vivent au bord de la mer. » La formule est assez juste. On parle toujours de l'agriculture qui a droit à son ministère et à son salon annuel, beaucoup moins de la pêche souvent reléguée, au mieux, à un sous-secrétariat. Pourtant, on ne le sait pas toujours, notre pays est la deuxième grande puissance maritime et commerciale, derrière les États-Unis mais devant la Chine, avec le double avantage de disposer d'un littoral et d'une flotte exceptionnels, doublés d'une « économie bleue » qui ferait des envieux.

Grâce à ses 7 000 kilomètres de côtes hexagonales et ultramarines, la France bénéficie d'un espace maritime de 11 millions de kilomètres carrés, parcouru par 4 500 bateaux de pêche en métropole avec 15 000 marins à bord. Les activités liées au secteur maritime emploient directement plus de 310 000 personnes et représentent une valeur marchande de 71 milliards d'euros, soit 2,5 % du produit intérieur brut français. Un poids supérieur à celui de l'automobile ou de l'aéronautique.

Dans la course aux ressources productives qui va se renforcer pour satisfaire une demande mondiale appelée à s'accroître, le Grand Nord est certainement la région au monde actuellement la plus convoitée alors que son existence est clairement menacée par le réchauffement climatique. Au fil des ans, la calotte glaciaire de l'Arctique se réduit comme peau de chagrin et si la fonte se poursuit au rythme actuel, le pôle Nord sera libéré de toute glace en été d'ici une cinquantaine d'années. Une catastrophe pour la planète, aux conséquences multiples sur les écosystèmes, y compris une hausse importante du niveau des mers. Mais aussi une aubaine pour les armateurs qui ont déjà pris une option sur les nouvelles routes maritimes qui s'ouvriraient à la flotte marchande, de même que pour les pétroliers qui rêvent de voir bientôt le cercle polaire hérissé de derricks.

Quand Donald Trump veut s'offrir le Groenland

Le dégel du Groenland, devenu l'Eldorado du Grand Nord, permettrait des périodes de navigation plus longues qu'actuellement, plusieurs mois par an dès 2025 et pratiquement toute l'année en 2040. Il ouvrirait ainsi une voie désormais sans contrainte climatique pour tracer deux routes maritimes d'importance économique et géopolitique majeure. D'abord la route du Nord-Est, reliant l'Asie à l'Europe par le nord de la Russie et la mer de Barents à l'océan Pacifique. Ensuite la route du Nord-Ouest qui permettrait de contourner le continent américain par le nord pour rejoindre le détroit de Béring. Un gain de temps et donc d'argent considérable pour les pétroliers, méthaniers, minéraliers et les armadas de porte-conteneurs qui font des allers-retours entre les sites de production asiatiques et les marchés américains ou européens.

L'Arctique ne suscite pas l'intérêt seulement pour ses futures autoroutes à flot ouvert. Sous les eaux, ses grands fonds recèleraient environ 13 % du total des réserves mondiales de pétrole encore inexplorées, soit l'équivalent de 90 milliards de barils de brut et, encore plus, quelque 30 % des réserves mondiales de gaz, l'équivalent de 45 trillions de mètres cubes de gaz. À cela il faut ajouter les phosphates, le fer, le cuivre, le zinc, le nickel, l'or, l'argent, de l'uranium et des terres rares. Plus de 80 % de ce pactole énergétique et minier serait encore à l'abri sous la mer. Peut-être pas pour longtemps car ce trésor potentiel fait des envieux. À commencer par le président Donald Trump qui a demandé en août 2019 à ses conseillers d'étudier la possibilité, pour les États-Unis, d'acheter le Groenland, territoire autonome lié depuis le XVIIIe siècle au royaume du Danemark et qu'il juge « stratégiquement intéressant ».

L'idée, pour farfelue qu'elle puisse paraître, n'est pas une première. En 1946, le président de l'époque, Harry Truman, avait proposé, en vain, 100 millions de dollars au royaume danois. Plus de soixante-dix ans après, l'ancien magnat de l'immobilier est revenu à la charge, suscitant la stupéfaction puis une réaction indignée des Danois qui ont rétorqué que le territoire n'était pas à vendre et que cette idée était « absurde ». Un épisode cocasse qui confirme toutefois l'intérêt que Washington porte au Groenland pour des raisons certes économiques mais aussi hautement stratégiques. Depuis des décennies, les États-Unis disposent au Groenland d'une importante base militaire et ils voient d'un très mauvais œil les prétentions de la Chine sur ce territoire peuplé de seulement 56 000 Groenlandais qui ont sous leurs pieds une quantité impressionnante de ressources naturelles.

La chasse frénétique aux trésors du pôle Nord vaut-elle la peine au regard des dangers qu'elle implique ? Bien sûr, diront les nations émergentes ou en voie de l'être, désireuses de poursuivre leur développement économique. Le pétrole, le gaz, les minerais, sont des réservoirs énergétiques miraculeux pour une planète qui sera bien vite en panne de ressources de cette nature. Mais à quel prix, économique autant qu'environnemental ? À titre d'exemple, pour ce qui est du brut, le total des ressources estimées de pétrole enfouies dans les profondeurs de l'Arctique correspond, au mieux, à une dizaine d'années de production mondiale, ce qui finalement n'est pas grand-chose sur la durée. Idem pour le gaz avec une « espérance de vie » du double. En somme, pour permettre de continuer à pousser les feux de la croissance mondiale, alors qu'il faudrait, au contraire, la ralentir en produisant et consommant mieux et autrement, on va endommager à jamais l'une des dernières terres quasi vierges que recèle encore la planète. Et pirater ses fonds marins, pour l'instant plutôt préservés. Il est plus que temps d'éviter au globe ce désastre écologique programmé.

CHAPITRE III

Idéologies et modes de vie périmés

Faire son deuil de la croissance infinie et parier sur la social-écologie

> « La difficulté n'est pas de comprendre les idées nouvelles, mais d'échapper aux idées anciennes. »
>
> John Maynard KEYNES

À l'époque, lorsqu'il est sorti sur les écrans, en avril 1973, *Soleil vert* était considéré comme un film de science-fiction, qui eut d'ailleurs du succès. Son réalisateur, Richard Fleischer, avait planté sa caméra à New York, devenue dans cette fiction une ville gigantesque de 44 millions d'habitants, et coché sur son agenda la date de 2022. Cette année-là, selon le scénario d'anticipation, les New-Yorkais affrontaient une canicule qui n'en finissait pas, avec un thermomètre bloqué sur 33 °C. L'eau potable venait à manquer et alentour, la végétation, calcinée, offrait un bien triste spectacle. Dans les rues, c'était pire, mais pas pour tout le monde. Les plus chanceux ou les plus riches, souvent les deux, pouvaient se protéger du climat et d'un environnement devenu hostile et se nourrir presque à leur faim.

Les plus démunis, au contraire, en étaient réduits à se battre entre eux et à se faire bastonner par des policiers casqués et armés dans l'espoir de grappiller quelques tablettes de soleil vert, l'unique aliment qui leur était distribué, dans le meilleur des cas, une fois par semaine.

Qui aurait cru que, si vite, à peine cinquante ans plus tard, la fiction aurait des airs de réalité ? Avec une autre œuvre cinématographique qu'on aurait pu intituler *Un monde dans tous ses dégâts*, devenu le nôtre à présent. À la lecture du chapitre précédent sur les « six défis pour 2050 » et du constat préoccupant qui en résulte – le dérèglement climatique, l'épuisement des ressources naturelles, l'effondrement de la biodiversité, la probable pénurie d'eau, de terres agricoles et de poissons pour nourrir une planète bientôt trop peuplée – conforté par les rapports de plus en plus alarmants des spécialistes des questions environnementales, comment ne pas se demander si la planète n'est pas fichue. Et nous avec.

C'est du moins ce qu'avancent les « collapsologues », convaincus de l'effondrement du système-Terre et de la disparition programmée de notre civilisation thermo-industrielle. Pour les tenants de l'effondrement à brève échéance, le saccage de la nature et le délitement de nos sociétés, incapables de le contenir, sont tels que les humains qui en dépendent sont condamnés, au mieux, à végéter, au pire, à disparaître. La date de l'éclipse définitive de l'*Homo sapiens* version XXIe siècle est déjà fixée : ce sera, grosso modo, dans les années 2030 ! L'annonce de « L'Apocalypse pour demain » n'est pas vraiment une nouveauté et l'histoire de l'humanité depuis la nuit des temps recèle quantité d'exemples de civilisations disparues, aussi brillantes que la nôtre. Les Mayas, les Khmers dans leur ancienne version, les Polynésiens de l'île de Pâques et d'autres sociétés aussi prospères du Proche-Orient, se sont effondrées. Peut-être en raison du péché de « suicide écologique » qu'elles auraient commis, selon la thèse défendue par le géographe et biologiste américain Jared Diamond dans son ouvrage *Effondrement. Comment les sociétés décident de leur disparition ou de leur survie*.

Est-ce une vision autoréalisatrice d'un effondrement général de notre monde ? Toujours est-il que cette idée est allée jusqu'à interpeller les très sérieux experts de l'Organisation de coopération et de développement économiques qui, à la mi-septembre 2019, ont planché sur le thème « Prévenir l'effondrement systémique ». Ils en sont sortis un peu rassurés, mais convaincus que « nos approches actuelles de l'action publique ne sont plus adaptées, face à la complexité, à l'interconnexion et à la dynamique des problèmes environnementaux, économiques et sociaux d'aujourd'hui ».

Le risque de l'effondrement par paliers

Même si elles sont sujettes à discussion, voire à excommunication, les diverses théories de l'effondrement ont pour elles de s'ancrer dans une actualité propice à une vision « catastrophiste » de l'avenir de la planète. Face à cela, comment s'étonner de la « névrose climatique », de l'« éco-anxiété » et du burn-out environnemental qui gagnent nombre de nos compatriotes et commencent même à intéresser le monde médical et universitaire ? À côté des « collapsologues » (de l'anglais *collapse*, affaissement), parmi lesquels le biologiste Pablo Servigne, très en vogue auprès des jeunes générations depuis la parution de son livre *Comment tout peut s'effondrer*, coécrit avec Raphaël Stevens, ou encore le député écologiste Yves Cochet, encore plus radical sur le sujet, figurent donc à présent les « effondristes », pas toujours prêts à transiger sur « la fin d'un monde » à défaut de fin du monde. Ils sont rejoints à présent par les « survivalistes » qui s'organisent pour résister aux dangers et catastrophes de toute sorte qui, selon eux, nous menacent : climatiques, sanitaires, économiques, sociales, ou encore liées aux guerres et au terrorisme.

Pourtant, la perspective d'une catastrophe écologique et de notre disparition, qui peut susciter des inquiétudes légitimes, n'est pas pour demain matin. Elle ne risque pas de se produire soudainement, de façon brutale et imminente, comme dans un film catastrophe à la mode hollywoodienne. Mais le temps est compté. À en croire certains spécialistes, nous disposons encore de dix à vingt ans pour nous prémunir d'un funeste destin, à condition de mettre en place dès à présent les mesures coercitives qui permettront de l'éviter.

En revanche, il est clair que, dans bien des domaines, nous subissons dès à présent, par paliers, des mini-effondrements qui sont au moins aussi préoccupants. Quand les terres s'appauvrissent et que la météorologie accumule les canicules, les ouragans en série et les pluies torrentielles comme jamais, c'est bien d'un effondrement climatique qu'il s'agit. Il en va de même pour la pénurie d'eau, des terres en piteux état ou encore de la biodiversité dévastée et du million d'espèces menacées d'extinction à l'horizon de ce demi-siècle, pour ne prendre que quelques exemples d'un paysage à l'arrière-fond peu agréable à contempler. Avec, au premier plan, un être humain qui paraît bien perplexe. « Nous sommes la première génération à devoir comprendre clairement la valeur de la nature et l'impact que nous avons sur elle. Nous pourrions être la dernière qui soit en mesure d'inverser cette tendance », assurent les auteurs du dernier *Rapport Planète vivante* réalisé pour le compte de WWF France, et dans lequel leurs auteurs estiment que la période allant jusqu'à 2030 « sera un moment décisif de l'histoire » pour ce qui s'annonce comme le grand défi du siècle en cours. Après une période d'abondance et de certitudes qui n'est plus.

La fin des certitudes : info ou intox ?

Les deux siècles d'essor et de prospérité économique que nous devons aux révolutions industrielles des XIXe et XXe siècles sont derrière nous. Reste le bilan de progrès incontestables mais au prix d'une gabegie généralisée qui nous laisse une planète en piètre état et la perspective d'une lourde facture à régler pour les générations futures. Une situation de plus en plus difficile à justifier auprès d'une opinion publique désormais davantage à l'écoute des revendications écologiques et qui demande des comptes. D'où les mises en cause, de plus en plus fermes, adressées aux dirigeants politiques, accusés de trente ans d'immobilisme face à des dangers environnementaux croissants.

Mais aussi au monde économique et financier, ainsi qu'à ses élites, considérées comme le farouche gardien d'un modèle productiviste, néolibéral, à bout de souffle, et invités à présent à faire leur *mea culpa.*

Du coup, chacun y va de son couplet antilibéral, reniant ses propos et comportements d'un passé somme toute récent. Tel jour, c'est Emmanuel Macron qui réclame « une économie sociale de marché où chacun trouve sa place », au lieu « d'une captation des richesses par quelques-uns », reconnaissant au passage la panne du système. « Quelque chose ne fonctionne plus dans ce capitalisme qui profite de plus en plus à quelques-uns. Je ne veux plus que nous considérions que le sujet de l'ajustement économique et de la dette prévaut sur les droits sociaux », affirmait récemment le président de la République, il est vrai devant un auditoire acquis puisqu'il s'agissait de l'Organisation internationale du travail (OIT) à Genève. Un discours que certains n'ont pas hésité à taxer de « crypto-marxiste » ! Pour ne pas être en reste sur son patron, le très libéral ministre de l'Économie Bruno Le Maire se disait prêt à remettre en cause « les dogmes du capitalisme mondial tel qu'il a émergé à la fin des années 1940 ». Et il n'hésitait pas à stigmatiser : « Le capitalisme tel que nous l'avons connu au siècle dernier et qui a conduit à la destruction des ressources naturelles ; il est dans une impasse, nous devons le refonder », affirmait-il.

Les anciens propagandistes du capitalisme performant et de la « mondialisation heureuse » s'y mettent aussi, tel l'essayiste Alain Minc qui, admettant « l'effondrement de nos certitudes », en vient à lancer un avis de recherche pour un nouveau « Keynes ou Friedman », en référence aux grands noms de la pensée alternative au modèle dominant, à cinquante ans d'écart. Le désarroi, puis la volte-face ont gagné jusqu'aux vitrines médiatiques du libéralisme à l'anglo-saxonne. « Capitalisme, il est temps de tout remettre à zéro. Le profit doit avoir un autre but que lui-même », annonce tel jour en une le *Financial Times*, la bible des milieux d'affaires. De son côté, *The Economist*, faisant sa couverture sur le climat, affirme qu'« il faut changer l'économie profondément ».

Elles aussi interpellées sur la finalité de leur action économique qui a toujours consisté, certes à produire de la richesse, mais aussi à en maximiser les profits pour mieux chérir l'actionnaire, nombre d'entreprises annoncent à présent leur intention de faire du « vert », du social, voire de s'occuper des laissés-pour-compte. Ainsi, à l'été dernier, 34 multinationales, représentant un chiffre d'affaires total de 1 000 milliards de dollars, se sont-elles engagées « à prendre des mesures concrètes pour veiller à ce que les fruits de la croissance économique soient plus largement partagés ».

Ces revirements et la fin des certitudes qui prévalaient jusque-là signifient-ils le sabordage du modèle libéral-financier et de ses tables de la loi ? De même, le Consensus de Washington qui, autour de la déréglementation des marchés, la libéralisation sans frein des échanges et le rôle *a minima* dévolu à l'État, a constitué, depuis les années 1980, la doxa économique du monde capitaliste est-il bon à jeter aux orties ? Ou, plus perfidement, le néolibéralisme est-il trahi par les siens ou subtilement sauvé par les mêmes, soucieux de proposer de changer un peu pour éviter tout bouleversement idéologique fondamental ? La question est légitime. Quiconque a vécu de près les épisodes précédents, ne peut s'empêcher de sourire à la lecture de ces autocritiques et de les rapprocher de ces dazibao anticapitalistes qui, à chaque scandale boursier ou crise économique, ont déclenché assaut d'indignations au nom du « Plus jamais ça ! ». Une promesse aussitôt oubliée dès que les (bonnes) affaires ont repris.

À la fin des années 1980, le tremblement de terre qui avait secoué la scène financière après l'épisode des *junk bonds*, ces « obligations pourries » que l'on devait au « génial » Michael Milken, avait enflammé les commentateurs qui juraient de pendre haut et court l'ancien trader et avec lui la finance pervertie.

En fait, Michael a fait simplement deux années de prison pendant lesquelles il donnait des cours d'éthique financière à ses codétenus ! Vingt ans plus tard éclatait le scandale Enron, géant du secteur de l'énergie et septième entreprise américaine, convaincu de pratiques comptables illégales et de fraude fiscale à grande échelle. Là, c'est carrément une paire de menottes pour le P-DG indélicat qui apparaissait sur la couverture des magazines américains, avec l'assurance que cette affaire, exemplaire des dérives d'un capitalisme par nature dévoyé, signifiait aussi son avis de décès. Naturellement, il n'en fut rien.

Idem au lendemain de la crise financière de 2008 qui faillit mettre à bas toute l'industrie bancaire et financière, puis l'économie mondiale, avant de trouver refuge dans la dette publique des États, contraints d'éponger les dégâts. Avec quelles conséquences pour les responsables de la plus grave crise économique depuis le krach de 1929 ? Aucune. Le volumineux rapport du Sénat américain, publié en 2011 et qui criminalisait la classe dirigeante américaine, financière mais aussi politique, est resté dans les tiroirs du Capitole. Et chacun des mis en cause a non seulement sauvé sa peau mais rapidement trouvé un autre point de chute doré.

Pourtant, les imprécations à l'encontre des fauteurs de trouble financier n'ont pas manqué. Quelques mois après le scandale des *subprimes* à l'origine de ces désastres en cascade, le président de la République de l'époque, Nicolas Sarkozy, affirmait pourtant son volontarisme sur les leçons à tirer de ce tsunami mondial. Intervenant lors d'une réunion internationale, il n'hésitait pas à annoncer que « le rêve de la mondialisation heureuse est fini », reconnaissant au passage son bilan négatif. « On attendait la concurrence et l'abondance. On a eu la rareté, le triomphe de l'économie de rente, la spéculation et les dumpings, affirmait-il, ajoutant que ce fut un jeu où chacun s'efforça de croître au détriment des autres. » Les mêmes mots ou presque que ceux prononcés par Emmanuel Macron sept ans plus tard et qui, du coup, apparaissaient comme du copié-collé.

Capitalisme et écologie, compatibles ou frères ennemis ?

À la lecture de ces dérives qui, au fil des décennies, peuvent s'apparenter à un vice de forme, le capitalisme et ses excès, jugés inexcusables, doivent-ils être sacrifiés au motif d'être simplement démonétisés ? Mais, avant de lui couper la tête, peut-être faut-il se demander de quel capitalisme il s'agit, dans la mesure où un même vocable désigne plusieurs modèles. À défaut de « 50 nuances de capitalisme », l'économiste Bruno Amable, dans son livre *Les Cinq Capitalismes*, en distingue au moins cinq qui se différencient, selon lui, par leurs institutions économiques et sociales (le système financier, la protection sociale, le système éducation, le marché du travail…) qui en sont le socle. Il s'agit du modèle néolibéral (États-Unis, Royaume-Uni, Canada, Australie), de son pendant continental européen (France, Allemagne, Pays-Bas, Belgique, Autriche, Norvège), du modèle social-démocrate européen (Danemark, Finlande, Suède), du modèle méditerranéen (Espagne, Portugal, Italie, Grèce), et enfin du modèle asiatique (Japon, Corée du Sud).

Difficile de les répudier en bloc pour leur absence de civisme social et écologique. Ces pays ont tous opté pour l'économie de marché sans qu'il soit possible de tous les taxer d'indifférence totale à la cause environnementale, ce qui n'est le cas ni de l'Allemagne ni du nord de l'Europe. Pas plus que de leur reprocher de ne jurer que par l'idéologie productiviste à tous crins et la déréglementation à outrance. Les pays européens, mais aussi le Japon et la Corée du Sud, pratiquent l'économie de marché, mais la puissance publique demeure présente et elle est toujours à l'origine de la politique environnementale, avec plus ou moins d'audace.

Est-ce à dire que capitalisme et écologie sont finalement compatibles ? Le néolibéralisme peut-il encore espérer se racheter comme il l'a fait lors des précédents épisodes de débâcle financière, cette fois en prouvant que son renoncement à l'Ancien Monde et à ses travers n'est pas uniquement de façade ? Qu'il nous soit permis d'en douter. Les dégâts infligés à la nature et indirectement à ceux qui en vivent sont la résultante de politiques industrielles et agricoles de longue date, bien éloignées de l'intérêt collectif et du souci de préserver les ressources. Le maître-mot a toujours été la recherche du profit. Quand les pétroliers se réjouissent de voir fondre à grande vitesse la glace du Groenland pour pouvoir accéder au brut qui jusque-là était à l'abri, on peut difficilement parler d'une forte conscience écologique. De même à propos des pratiques de Monsanto pour inonder la planète de pesticides destinés au monde agricole, y compris par des procédés crapuleux.

Dans les deux cas, ce sont plutôt des crimes économiques, des « écocides » ne souffrant d'aucune entrave, au nom de la déréglementation et du libre marché, à l'image des encouragements donnés par le nouveau président du Brésil, le Trump tropical, à l'agrobusiness bovin et céréalier pour accélérer le saccage de la forêt amazonienne. Idem pour la sphère financière et les fonds spéculatifs qui, par exemple, ont joué un rôle condamnable lors des émeutes de la faim de 2007 sans émouvoir grand monde, à part les ONG humanitaires. Pour ces acteurs de la vie économique, faire de ce passé table rase équivaudrait à un suicide collectif. Si changement il peut y avoir, il ne sera qu'à la marge et sous la pression des environnementalistes, entrés en politique ou non, et des défenseurs des droits humains, souvent désarmés face au poids des lobbies.

L'autre antinomie entre les exigences du capitalisme financier et les besoins d'un comportement écologique tient à la tyrannie du temps court que pratique au quotidien le marché, alors que la temporalité écologique est le temps long de l'humanité, celui qui doit traiter les questions complexes de l'eau, de l'énergie, du climat, de la population, de la pollution de l'air ou encore de la production agricole, sur des décennies, en ayant en tête le sort des générations futures et sans être assuré de trouver l'espace politique qui convienne pour en parler. Alors que, dans le même temps, l'actualité économique n'est plus d'une croissance qui doit être sans fin, la plus dynamique possible, à n'importe quel prix. Un schéma qui, lui aussi, appelle à révision.

Exit la croissance sans fin

Depuis la crise financière, l'activité économique n'a pas retrouvé son rythme de croisière, et la croissance ne repart pas vraiment. Il ne s'agit pas d'un accroc conjoncturel en attendant un retour à meilleure fortune de l'économie mondiale, mais d'une tendance lourde qui, pour certains économistes, est appelée à durer, ce qui pose question. C'est là une situation nouvelle qui, à son tour, bouscule une croyance forte : la conviction que la croissance, reposant essentiellement sur la consommation et l'investissement, deux leviers qu'il n'est pas trop difficile d'actionner en fonction de la conjoncture du moment, est faite pour durer. Pourtant, depuis quelque temps, ce postulat est remis en question. Dès 2015, Robert Gordon, économiste américain réputé pour ses critiques étayées des effets du néolibéralisme, s'attaquait à un monument de cette pensée orthodoxe, à savoir Robert Solow, prix Nobel d'économie 1987. Il dénonçait alors les fermes convictions de ce dernier en « une croissance économique éternelle » alors que Robert Gordon pariait sur l'hypothèse, au mieux, d'« une croissance molle » pour au moins les deux prochaines décennies. Le fait est que, même avec l'apport des pays émergents, la croissance mondiale enregistre force trous d'air depuis plusieurs années. Des contre-performances qui contribuent à inquiéter sur la solidité du modèle et de l'idéologie qui le sous-tend.

Faut-il le déplorer ou s'en réjouir ? Ce qui est sûr est que la croissance telle que nous l'avons connue au XXe siècle n'est plus de mise dans la mesure où, pour reprendre un propos un peu galvaudé, « on ne peut pas avoir une croissance sans fin dans un monde fini ». En clair, notre modèle de développement actuel procure de tels dommages à l'environnement, dont beaucoup sont irréversibles, qu'on ne peut regretter la remise en cause de l'obsession de la productivité et de la (sous)-culture de la consommation, toutes deux préjudiciables à l'environnement.

De quoi rendre inopérantes des solutions de compromis, à l'image de la théorie sur l'« éco-économie » telle que la préconisait en 2003 l'économiste Lester Brown, connu notamment pour ses travaux sur le développement durable, et auteur de *Éco-Économie. Une autre croissance est possible, écologique et durable*. Hostile à toute rupture radicale avec le modèle dominant, il estimait alors qu'il était encore possible d'associer l'économie à l'environnement, de façon à produire des richesses dans le respect d'un cadre naturel. Le problème est qu'à présent, la dégradation desdites richesses est telle que ce lien s'est trop distendu. Et que les thèses de Lester Brown deviennent moins pertinentes. Du coup, la question essentielle est de savoir : comment continuer à croître sans périr. Et sans trahir l'ordre naturel qui conditionne notre survie. Dans ce domaine, toutes les idées méritent examen, à commencer par des concepts novateurs, comme la bio-inspiration, peu connue, qui prend sa source dans les opportunités, y compris économiques et industrielles, qu'offre la nature, à moindres frais et sans prédation de ses richesses.

La bio-inspiration, une piste de croissance « naturelle »

S'inspirer de la nature et des comportements de ceux qui en sont les acteurs mais aussi les gardiens, tel est le sens de la bio-inspiration ou du biomimétisme, deux disciplines qui peuvent aussi être considérées comme des courants philosophiques mais aux applications empiriques. Encore peu connus du grand public, ils prônent de ne pas se contenter de ponctionner la nature mais au contraire de s'en imprégner pour développer de nouveaux systèmes s'inspirant du vivant au sens large, espèces animales comme végétales, avec pour mission de produire de la richesse mais avec un faible impact environnemental.

Pour les initiateurs de ces nouveaux concepts, élaborés à la fin des années 1990, notamment par la scientifique américaine Janine Benyus, il s'agit d'une démarche novatrice. La révolution biomimétique, à l'inverse de la révolution industrielle, contrainte de s'alimenter par des prélèvements massifs de ressources naturelles, ne fait que s'inspirer des possibilités offertes par toutes les composantes du milieu naturel pour modifier notre façon de cultiver, de fabriquer des matériaux, de produire de l'énergie, de nous soigner, de stocker de l'information, voire de gérer les entreprises. D'où le terme choisi de bio-inspiration ; on ne copie pas simplement la nature, on s'en inspire. De même pour la biomimétique, issue de mimer ou imiter.

Il ne s'agit pas pour autant de concepts totalement abstraits. Insérés dans les démarches de recherche-développement, ils ont déjà donné lieu à de nombreuses applications concrètes dans des domaines industriels (l'aéronautique, la médecine, la chimie, les nanotechnologies…) ou non industriels (l'architecture, l'enseignement, la conception de logiciels…), apportant la preuve que l'homme peut reproduire des mécanismes propres au règne animal pour améliorer des technologies avancées par exemple en biomécanique, biophysique ou bionique. À l'exemple des fourmis qui forment 15 % de la biomasse animale terrestre et dont les extraordinaires capacités physiques – ce sont les animaux les plus forts au monde – sont une importante source d'application de ces dispositions en biomécanique. À lui seul, le Centre européen d'excellence en biomimétisme (Ceebios) recense 175 équipes de recherche.

Science et technologie, le nouveau Veau d'or ?

Va donc pour la bio-inspiration. Mais, pour l'instant, ses bienfaits ne permettent pas de relancer le régime de la machine économique. Alors, vers quoi se tourner ? À défaut d'autres stimulants, la science et la technologie sont là pour porter secours à une croissance pour l'instant atone, affirme-t-on parfois. Les progrès enregistrés en particulier dans des domaines comme l'informatique ou le génie génétique permettront de retrouver des taux de croissance élevés. À long terme, les effets indirects provoqués par les avancées scientifiques pourraient même dépasser les effets directs, assurent certains économistes. À long terme peut-être, mais jusqu'à présent la révolution numérique, pas plus que le progrès technologique, outre le fait qu'on soit bien incapable de mesurer réellement leur contribution à la croissance, n'ont pas réussi à entraîner la productivité et relancer l'activité, à la différence des grandes révolutions industrielles des deux siècles précédents.

« La promesse technologique est devenue une religion. Elle a son Vatican (la Silicon Valley), ses prêtres, ses objets de culte, sa petite pomme. Le message est on ne peut plus simple : ne vous inquiétez pas. Le monde peut flamber, les innovations arrangeront tout », explique le géographe Sylvain Tesson, décontenancé par ce qu'il appelle la « starbuckisation du monde ». À écouter l'un de ces « prêtres » qui diffusent la bonne parole technologique, il y a en effet de quoi s'inquiéter. « Ce siècle marque le retour de la culpabilité de l'homme, considéré comme néfaste par essence pour son environnement. Mais le développement technologique est la seule issue », affirme ainsi Laurent Alexandre, l'un des principaux propagandistes de ce courant scientiste qui se veut progressiste. Oubliant parfois les dangers d'une science qui se passerait de conscience.

« L'écologisme est devenu un antihumanisme et seul le développement technologique peut décarboner l'économie mondiale. Stopper le développement économique entraînerait guerres et famines et empêcherait les pays du tiers-monde de dépolluer leur environnement », affirme-t-il avec force. « La décroissance, au nom d'une vision religieuse de la nature, serait un caprice d'Occidentaux blasés. Nous devons remercier nos ancêtres d'avoir combattu et domestiqué la nature depuis plus d'un million d'années », déclare encore Laurent Alexandre, chirurgien urologue de formation, devenu ardent défenseur du mouvement transhumaniste et de l'« homme augmenté ».

Après de tels propos, à défaut de bol d'air, un peu de spiritualité et d'humanisme n'est pas de trop. La cause écologique vaut bien quelques génuflexions pour la faire avancer et ses avocats y consentent. Dans son combat pour la préservation de la planète, Nicolas Hulot aura frappé à toutes les portes, y compris à celle du Vatican. Le Saint-Père et le militant écologiste ont souvent échangé sur le sujet et c'est peut-être ce qui a incité le pape François à faire paraître le 18 juin 2015, à quelques mois de la signature de l'Accord de Paris, la fameuse encyclique *Laudato si* (« Loué sois-tu ») consacrée aux questions d'environnement mais aussi à l'économie et à « la croissance du marché » dans laquelle, lui aussi, appelle à se défaire d'idéologies qui ont failli au profit d'une « vraie approche écologique ».

Quand le pape François monte en chaire

Le texte pontifical est adressé à « toute la famille humaine », invitée à procéder au plus vite à un « changement radical de style de vie, de production et de consommation » et à répondre « au défi urgent de protéger notre maison commune ». Dans ce texte qui avait fait sensation et pas seulement auprès des fidèles, le chef de l'Église catholique souligne qu'il « existe un consensus scientifique très substantiel qui indique que nous sommes en présence d'un réchauffement préoccupant du système climatique » dont la responsabilité incombe essentiellement à l'« activité humaine ».
Au-delà du constat, le souverain pontife affirme qu'« il n'y a pas deux crises séparées, l'une environnementale et l'autre sociale, mais une seule et complexe crise socio-environnementale ». L'encyclique du pape François, ancien père jésuite argentin, issu du quartier populaire de Flores, à Buenos Aires, se veut aussi une ferme condamnation de « la soumission de la politique à la technologie et à la finance », de la « culture du déchet » et de l'idée selon laquelle « l'économie actuelle et la technologie résoudront tous les problèmes environnementaux ». Il ne faut pas croire que « les problèmes de la faim et de la misère dans le monde se résolvent simplement par la croissance du marché », écrit-il. « Une vraie approche écologique devient toujours une approche sociale qui doit prendre en compte les droits fondamentaux des plus défavorisés ». Un propos à forte connotation politique, jusqu'ici peu fréquent dans la bouche de l'Église. Il faut croire que la parole s'est libérée puisque quelques mois plus tôt, la curie romaine publiait une critique acerbe du système économique et financier actuel qu'elle qualifiait d'« égoïsme aveugle », incitant à une plus grande solidarité auprès des pays confrontés à « la pauvreté et l'injustice climatique ».

Si nous insistons sur le texte du pape François, destiné « à chaque personne qui habite cette planète », c'est qu'il s'appuie sur une vision systémique du monde et qu'il invite à repenser les interactions entre l'être humain, la société et l'environnement en se dégageant des modèles et des idéologies en cours qu'il condamne implicitement.

« La Terre n'appartient pas à l'homme », écrit notamment le Souverain pontife. Mais il va beaucoup plus loin en déclarant que « face à l'accroissement vorace et irresponsable produit durant de nombreuses décennies, l'heure est venue d'accepter une certaine décroissance dans quelques parties du monde, mettant à disposition des ressources pour une saine croissance en d'autres parties ».

Décroissance et objecteurs de croissance

« Décroissance » ? Le vilain mot est lâché qui laisse entrevoir tout de suite le retour à l'âge de pierre et l'obligation de devoir, à nouveau, frotter deux silex pour avoir du feu. De façon moins caricaturale, il remet en mémoire le fameux *Rapport Meadows* (du nom de deux de ses auteurs, Donella et Dennis Meadows) rédigé par quatre chercheurs américains du Massachusetts Institute of Technology (MIT), à la demande du Club de Rome, un groupe de réflexion composé de scientifiques, d'économistes, d'hommes d'affaires représentant une cinquantaine de pays. Depuis sa publication en 1972, sous l'intitulé *Les Limites à la croissance*, abusivement traduit en français en *Halte à la croissance*, voire en *La Croissance zéro* (des termes qui ne figurent nullement dans le document), ce rapport a été très mal accueilli au départ par les économistes orthodoxes du courant néolibéral, mais aussi par les décideurs, heurtés par la remise en cause du credo sur les bienfaits éternels de la croissance. Recourant aux sarcasmes et parfois aux citations inexactes, ils ne lui ont jamais pardonné cet exercice d'alerte, pourtant prémonitoire sur les risques que peut faire courir à la planète une expansion économique sans limites, avec le danger majeur d'assécher le stock de matières premières permettant de l'alimenter.

Longtemps, les altermondialistes et les écologistes de la première heure étaient les seuls à faire référence aux mises en garde du *Rapport Meadows* pour nourrir leurs arguments. Les auteurs de ce document n'avaient rien du boute-feu décidé à renverser la table. Ils écrivaient simplement qu'il faut revoir complètement la notion de croissance, stabiliser l'activité économique et – on l'oublie trop souvent – se préoccuper également de la croissance démographique qu'ils estimaient problématique, dès le début des années 1970. Faute de prendre en compte ces éléments, le monde pourrait être confronté à une croissance économique sans frein qui ne pourrait conduire qu'à un dépassement des limites matérielles et en ressources naturelles de la planète. Avec, à terme, un risque d'effondrement qu'on ne pouvait totalement écarter. À l'époque le scénario pouvait apparaître bien noir mais, un peu moins de cinquante ans plus tard, le *Rapport Meadows* rappelle à ses détracteurs que les anticipations de l'époque n'étaient pas seulement une vieille lune.

À l'évidence dans un monde où les ressources se tarissent et la prospérité tombe en panne, les règles du marché ne fonctionnent plus et c'est le cas aujourd'hui. D'où le besoin, dans un premier temps, de commencer par se défaire de l'addiction à des promesses d'abondance infinies, exprimé par de plus en plus d'essayistes, à l'image de la sociologue Dominique Méda dans son livre *La Mystique de la croissance. Comment s'en libérer*. Un refus de dépendance exprimé également par l'économiste et normalien Daniel Cohen lorsqu'il écrivait, dès 2014, que « la crise rend certes plus urgent de retrouver à court terme de la croissance pour relancer l'emploi. Mais elle ne doit pas détourner de l'autre objectif, qu'un horizon de dix ans nous permettra d'atteindre, qui est de ne plus vivre suspendus aux aléas d'un paramètre, la croissance, qui en réalité, nous échappe ».

À défaut de supprimer la croissance d'un trait de plume, voici donc venu le temps du freinage de son expansion irraisonnée et, peut-être, de la conversion à une décroissance mesurée. C'est d'ailleurs le même phénomène – celui d'un ralentissement ou d'un rétropédalage – que vit le monde des échanges internationaux sous l'effet des coups portés au multilatéralisme commercial, notamment par l'Amérique. La possible décroissance de l'activité économique a désormais son clone pour le commerce international, à savoir la « démondialisation » qui a hérité du néologisme de « slowbalisation » pour exprimer la lenteur à laquelle est désormais sujette la globalisation de l'économie mondiale après avoir poussé les feux des échanges à l'extrême, là aussi sans se soucier des déséquilibres géostratégiques mais aussi sociaux et environnementaux qui pourraient en résulter.

Pour ce qui est de la croissance, la remise des compteurs à zéro est d'autant plus nécessaire que le baromètre chargé d'évaluer sa bonne ou mauvaise santé, le fameux produit intérieur brut (PIB), a lui aussi été envoyé en révision pour se désintoxiquer d'une vision de la richesse produite ancrée uniquement sur sa composante monétaire. « En un mot, le PIB mesure tout, sauf ce qui fait que la vie vaut la peine d'être vécue », disait feu Robert Kennedy dans un de ses discours de campagne électorale avant de connaître le sort tragique que l'on sait. Longtemps, le Fonds monétaire international et la Banque mondiale ont été les gardiens rigides d'un modèle qui laissait peu de place aux considérations sociales et, plus tard, environnementales. Seule comptait la rigueur des comptes et les plans drastiques d'ajustement pour les récalcitrants.

Pourtant, depuis plusieurs années, le Programme des Nations unies pour le développement avait opéré un virage statistique autant que politique et culturel en publiant régulièrement un indice du développement humain qui tienne compte de toutes les composantes d'une société et appelé à mieux refléter, au-delà des seules données économiques, l'identité d'un pays, au moyen de plusieurs formats. La même démarche a été entreprise à propos du PIB lorsque, début 2008, le président Sarkozy, alors à l'Élysée, avait créé la Commission de mesure de la performance économique et du progrès social en confiant à Joseph Stiglitz et à Amartya Sen, deux prix Nobel d'économie, le soin d'élaborer un baromètre plus fidèle. Le rapport, rendu l'année suivante, allait dans ce sens en établissant une liste d'indicateurs synthétiques de bien-être, pas seulement économique, plus appropriés que l'ancien PIB.

À l'issue de leurs travaux, coordonnés par Michel Fitoussi, directeur de l'Observatoire français des conjonctures économiques (OFCE), leurs deux auteurs ont tenu à privilégier le caractère multidimensionnel du bien-être, reflété dans trois domaines : la mesure du produit intérieur brut bien sûr, mais aussi la qualité de vie et, surtout, élément novateur, le développement durable et l'environnement. Classé parmi les contempteurs du néolibéralisme, ce dont il convient bien volontiers, « Jo » Stiglitz a poursuivi ses réflexions sur le sujet. À l'occasion de la promotion de son dernier livre *Peuple, pouvoir et profits*, il s'est dit convaincu qu'un nécessaire « ralentissement économique se prépare », ajoutant que, dans une certaine mesure, la guerre commerciale en cours mais, surtout, les inégalités qui perdurent, affaiblissent la croissance. « Il n'est pas trop tard pour sauver le capitalisme de lui-même », assure par ailleurs l'ancien économiste en chef de la Banque mondiale. Pour ce qui est des questions environnementales, « Nous sommes à un point où le coût du dérèglement climatique devient très élevé, remarque-t-il. Alors, pourquoi ne pas agir ? »

L'écologie, seule capable de sauver la planète ?

Agir pour la survie de la planète en pratiquant un rééquilibrage des niveaux de vie et en tenant compte de ce que la planète peut offrir, oblige à s'engager vers une certaine forme de décroissance, dictée par la réalité environnementale, au-delà du contenu idéologique de la formule. Elle doit être nécessairement sélective, favoriser les secteurs à faible impact environnemental, au détriment des activités fortes consommatrices d'énergies fossiles et dont on connaît le bilan néfaste. Un découplage qui, par ailleurs, doit aller de pair avec une réduction sensible des inégalités, lesquelles affectent de plus en plus le développement économique. « Au-delà d'un certain seuil, notre bien-être dépend moins de l'augmentation sans cesse de nos possessions matérielles que de nos relations sociales et de notre environnement », affirme la sociologue Marie Duru-Bellat dans *Pour une planète équitable*. « Nous ne pouvons continuer à admettre un monde où règne une relative prospérité pour certains, au prix de dégâts écologiques indéniables et d'une injustice sociale persistante pour tous les autres », ajoute-t-elle.

C'est donc un nouveau paradigme écologique qui doit se substituer à un ordre ancien qui a atteint les limites de son efficacité comme de son action redistributive. On peut l'appeler « social-écologique » à l'image du Pacte du même nom lancé en mars 2019 par Nicolas Hulot, débarrassé de ses habits de ministre de la Transition énergétique, et Laurent Berger, secrétaire général de la CFDT, et signé par 19 associations, ONG et d'autres instances syndicales, toutes attachées à la protection de l'environnement et à l'action sociale. Les travaux de la plateforme créée à cet effet ont débouché sur une soixantaine de propositions visant à traiter en même temps transition environnementale et équité sociale. Une démarche de « en même temps » qui aurait sans doute permis de déminer, en amont, le grave et interminable conflit des Gilets jaunes.

Une proposition encore plus ambitieuse consisterait à mettre en place, comme le proposent de nombreux économistes, *think tanks* et ONG, en majorité anglo-saxons, un Green New Deal pour répondre à la triple crise que, selon leurs initiateurs, nous vivons : écologique, sociale et financière. Une démarche portée depuis le printemps 2019 par Alexandria Ocasio-Cortez, nouvelle élue démocrate à la Chambre des représentants où elle siège parmi les figures les plus contestataires de la politique de Donald Trump. Elle fait bien sûr référence au New Deal lancé par le président Franklin Delano Roosevelt au lendemain du krach de 1929 et destiné à lutter contre les terribles conséquences de la Grande Dépression aux États-Unis.

À l'époque, ce programme très keynésien d'intervention de la puissance publique et qui s'est déroulé de 1933 à 1938 avait profondément transformé le pays et la vie des Américains dans le domaine des grands travaux d'équipement, confiés à la Tennessee Valley Administration (TVA). Ils avaient permis la construction de routes, d'aéroports, de canalisations, mais également de barrages hydrauliques et d'ouvrages d'électricité. Le New Deal s'était aussi attaqué aux domaines du logement, de l'école et des équipements publics, dévastés par la crise. À la simple évocation de ce possible parallèle historique, les milieux néoconservateurs et les proches de Donald Trump ont aussitôt tiré à boulets rouges sur cette proposition de Green New Deal, elle aussi écologique et sociale, la jugeant « infinançable », et faite « de platitudes et de slogans ». Un rejet de principe qui est plutôt une bonne nouvelle. C'est le même type de réaction qu'avait suscité en son temps la publication du rapport Meadows par le Club de Rome...

Transposée de ce côté de l'Atlantique, l'idée mérite au moins réflexion. Produire et consommer dans un cercle vertueux, dépolluer les investissements et les « verdir », préserver les sols et nourrir sans détruire, affirmer que le marché doit refléter la réalité écologique, enfin remettre l'économie et la finance au service de l'humanité, sont autant de principes qui ne paraissent pas totalement farfelus. Au regard des urgences et des immenses défis que constitue l'échéance de 2050, lorsque l'humanité a rendez-vous avec elle-même, ils ne seront jamais trop ambitieux.

« L'utopie, c'est ce qui précède la réalité », rappelle souvent Nicolas Hulot. En l'espèce, il s'agit simplement de réaffirmer que l'écologie – qui est autant une conscience qu'un parti – a vocation à être la pièce maîtresse d'un futur édifice économique et social encore à bâtir. Mais sans tarder. S'engager fermement dans cette voie implique un profond bouleversement des concepts qui ont cours jusqu'à présent, une refonte complète des idéologies et des modes de vie qui passe par la transformation de nos modes de production. Mais aussi de nos habitudes de consommation. Elles aussi ont besoin d'être revues et corrigées.

Consommer mieux, moins et autrement

> « Soyez vous-même le changement que vous voudriez voir dans le monde. »
>
> GANDHI

Vouloir sauver la planète des excès que lui a infligés l'être humain exige, collectivement, une refonte complète de ses activités industrielles et économiques au sens large, lesquelles ont produit autant de richesses – mal partagées – que de gigantesques dégâts. Cela implique aussi, cette fois à titre individuel, de nouveaux comportements, tout aussi soucieux de la défense de l'environnement, en matière de consommation, de déplacements, de logement, jusque dans tous les actes de la vie quotidienne, y compris au plan alimentaire lorsqu'il a, lui aussi, des conséquences climatiques.

Du thermomètre à l'assiette, tel est le nouveau credo des défenseurs de l'environnement, y compris chez ceux qui font profession d'expertise scientifique sur le sujet. Jusqu'à présent, les équipes multidisciplinaires du Groupe d'experts intergouvernemental sur l'évolution du climat (GIEC), dont les volumineux rapports font foi, limitaient leurs exercices d'alerte au dérèglement climatique et aux graves blessures infligées à la nature dans la course au « Toujours plus ! ». À présent, c'est le comportement au quotidien des consommateurs qu'ils mettent en cause en raison de l'effet direct qu'il a sur les émissions de gaz à effet de serre et sur le réchauffement, sur terre comme en mer.

Dorénavant, pour sauver une planète bousculée, de plus en plus fort, par les changements climatiques mais aussi par les inégalités d'accès à l'alimentation, il faudra que les 9,7 milliards de Terriens annoncés pour 2050 se décident d'ici là à modifier fortement leur façon de produire, mais également de manger. Il y va non seulement de notre santé mais aussi de la sécurité alimentaire dans le monde et de la préservation d'un climat moins déréglé. Dans le rapport en ce sens, publié en août 2019 à Genève sur « Les changements climatiques, la dégradation des terres, la sécurité alimentaire et les flux de gaz à effet de serre », les experts du GIEC appellent à un changement urgent et drastique de nos habitudes alimentaires qui passe notamment par un impératif : réduire notre consommation de viande, afin de préserver l'avenir des terres émergées et d'enrayer le réchauffement climatique, indexé en partie sur l'usage des sols.

La viande et l'élevage à l'index, les insectes en promotion

D'ores et déjà, le système alimentaire mondial, pourtant largement approvisionné, ne répond pas aux attentes de tous ceux qui devraient en bénéficier, en même temps qu'il contribue activement à l'effet de serre. Environ 900 millions de personnes souffrent encore de la faim tandis qu'à l'inverse, plus de 2 milliards d'adultes et de plus en plus souvent d'enfants sont en surpoids ou carrément obèses. Dans le même temps, 30 % de la nourriture produite est perdue en raison de problèmes d'accès aux sources d'alimentation ou tout simplement de gaspillage lors de sa consommation.

Le problème alimentaire et climatique réside dans le fait qu'un tiers des émissions de gaz à effet de serre (GES) proviennent de l'usage de la terre qu'en font les êtres humains. Il s'agit aussi bien des exploitants agricoles, au sens large du terme, que de ceux qui pratiquent l'élevage, notamment bovin, deux activités qui représentent environ le quart des émissions de GES dans le monde. À lui seul, le secteur de l'élevage est responsable de plus de 15 % des émissions de GES. Partant de ce constat, c'est bien la consommation de viande qui est clairement montrée du doigt.

Les spécialistes considèrent qu'à l'issue du processus d'élevage et d'abattage, la production de 1 kilo de viande de veau correspond au rejet de la même quantité de GES qu'un trajet automobile de 200 kilomètres, de 70 kilomètres pour 1 kilo de bœuf et de 30 kilomètres pour 1 kilo de porc. La critique vaut aussi pour le déséquilibre en protéines végétales à cultiver pour produire de la viande. Il faut en moyenne 4 kilos de protéines de cette nature pour obtenir 1 kilo de poulet, 6 kilos pour le porc et 12 kilos pour le bœuf, au total beaucoup trop quand on pense que 44 % de la production mondiale de céréales est destinée à nourrir les animaux d'élevage. Même si elle doit indigner les amateurs de steak saignant, la conclusion est claire : à défaut de s'en priver totalement, diminuer sa consommation de viande, laquelle régresse lentement depuis quelques années, est bénéfique au climat autant que pour la santé des individus. Mais chacun sait qu'en appelant à ce type de changement de comportement alimentaire majeur, on touche là à l'image pieuse « veau, vache, cochon » et à ce qu'elle représente dans l'imaginaire collectif, notamment chez les Français dont beaucoup sont restés un peu paysans dans l'âme.

Certains ont déjà trouvé la parade à ces reproches écologiques en commençant à fabriquer artificiellement en laboratoire de la viande cellulaire. Nombre de jeunes pousses, notamment californiennes, se sont déjà engouffrées dans ce qu'elles espèrent être un marché d'avenir au regard des 9,7 milliards de consommateurs qui peupleront la planète au milieu de ce siècle, 2,5 milliards de plus qu'aujourd'hui, parmi lesquels de futurs acheteurs de faux-vrai steak de bœuf. Le règne de la « vraie » viande n'est pas totalement révolu mais de plus en plus de spécialistes conviennent de l'impérieuse nécessité de se tourner vers d'autres sources de protéines, moins consommatrices d'énergie et tout aussi nourrissantes pour remplacer la viande mais aussi le poisson, lequel est menacé de raréfaction. D'où l'idée, fortement encouragée par l'Organisation des Nations unies pour l'alimentation et l'agriculture (FAO) de se tourner vers la consommation d'insectes, une source de nourriture saine, que l'on trouve partout ou presque, avec une forte teneur en protéines et qui ne met pas en danger notre environnement.

Si les adeptes d'insectes au repas sont encore en minorité dans les pays occidentaux au nom d'habitudes alimentaires bien ancrées, notamment dans la « patrie de la gastronomie », il n'en va pas de même dans le reste du monde. Dès à présent, 2 milliards de personnes consomment, au choix et en fonction des goûts locaux, entre 1 500 et 200 espèces d'insectes comestibles différentes (sur le million d'insectes existant dans la nature) dans une bonne centaine de pays d'Afrique, d'Asie et d'Amérique du Sud.

Changer d'habitudes alimentaires carnées pour des questions écologiques ou, plus récemment, liées à la souffrance animale, sans devenir pour autant végétariens, végans ou encore fléxitariens (consommateurs de viande non réguliers) ira de pair avec une réticence grandissante à l'encontre des aliments ultra-transformés et des produits trop riches en graisses ou en sucre. Au profit de légumes et de fruits de toute sorte et de produits bios dont la consommation progresse de 10 à 15 % en France. Les grands chefs étoilés ont été parmi les premiers à intégrer ce virage. « Dans les restaurants, il nous faut changer de cap et modifier nos cartes en proposant seulement 20 % de protéines animales », affirme Thierry Marx, l'un des plus célèbres d'entre eux. « La cuisine à venir sera beaucoup plus végétale », assure-t-il.

Consommateurs-citoyens et nouveaux modes de vie

Insister sur l'importance des modes de comportement alimentaire n'est pas fortuit. Le secteur agroalimentaire, déjà responsable d'une grande partie des émissions de GES, capte à lui seul 70 % de la consommation en eau douce de la planète. De plus, l'alimentation, l'obésité et le changement climatique sont les trois facettes d'une même menace qui pèse sur l'humanité comme sur la planète et qui obligent à de nouveaux modes de vie et de consommation. Au cours des vingt dernières années, ces problématiques ont toujours été traitées séparément alors que leur interaction est évidente, ainsi qu'il ressort de travaux effectués par des chercheurs des universités George Washington aux États-Unis et d'Auckland en Nouvelle-Zélande. Il faut combattre ces maux globalement, quitte à devoir encadrer les multinationales de l'alimentation comme cela a été fait pour celles du tabac, dans la mesure où ils fonctionnent sur des moteurs communs : de puissants intérêts commerciaux, une réponse politique insuffisante et un manque de mobilisation civile, constatent les 43 spécialistes de 14 pays à l'origine de cette étude.

Pourtant, au fil des rapports des scientifiques, des conférences, des émissions radio ou à la télévision, à table comme dans toutes les activités productives et consommatrices, le « mieux, moins et autrement » pour règle commune commence à entrer dans les mœurs. Tous les consommateurs ne sont pas devenus du jour au lendemain des « écolo-citoyens », selon la formule de Nicolas Hulot, mais l'approche de nombre d'entre eux a changé, notamment depuis la crise économique de 2008-2009 dont les effets négatifs continuent à se faire sentir. Les premiers signes de ce retournement sont apparus il y a une dizaine d'années, affirme Mercedes Erra, présidente de Havas Worldwide et « papesse » reconnue de la publicité et de la communication.

« Dès 2008, les gens disaient que la crise n'était pas seulement financière, mais qu'il s'agissait d'une crise de société dont nous étions tous un peu responsables. Ils pensaient que l'emprise de la consommation sur nos modes de vie nous menait dans la mauvaise direction. Comme si nous avions mérité ce qui nous arrivait. Comme si on s'était mal conduit », explique-t-elle dans un entretien à la revue *Politique internationale.* « En conséquence, la relation à la consommation s'est infléchie et a tendu vers l'idée d'une responsabilité individuelle avec, à leur niveau, la possibilité d'acheter ou non, pour peser sur la consommation du monde et donc, sur le bien-être général. » Par la suite, poursuit Mercedes Erra, un second mouvement s'est amorcé, qui a marqué en profondeur la consommation : l'exigence de transparence et de qualité « qui oblige désormais les marques à se justifier sur leurs produits ».

De là est né le consommateur-citoyen qui préfère partager un produit ou une prestation avec d'autres, à l'image du covoiturage, des échanges de séjours chez l'habitant, ne plus avoir honte de s'habiller avec des vêtements d'occasion – un moyen de lutter contre les importantes émissions de GES générées par le secteur textile – ou de dire qu'il privilégie le train à l'avion pour des motifs écologiques.

Dénoncer l'obsolescence programmée des produits et la mode du jetable dont les dégâts environnementaux mais aussi sociaux sautent aux yeux est devenu un marqueur de défiance légitime. Recyclage, zéro déchet, promotion de toutes les formes d'économie collaborative, ouverte au partage, ou circulaire, destinée à former une boucle vertueuse entre consommation et production, sont désormais autant de mots clés pour des consommateurs de plus en plus désireux, par leurs achats ou leurs modes de vie, de soutenir des causes collectives mais aussi de se « désintoxiquer » de la fréquentation frénétique des rayons de magasins et supermarchés.

Cette évolution du comportement des clients a un effet direct sur le secteur de la grande distribution. Les super- et hypermarchés, une idée dont la France est à l'origine, dans les années 1960, et qu'elle a su exporter dans le monde, ont moins la cote à en juger par la très faible progression de leur chiffre d'affaires, en dépit de leurs efforts pour essayer de conserver une clientèle beaucoup moins fidèle qu'avant et plus sourcilleuse à l'achat. Les emplacements, chaque jour plus importants, réservés aux produits bios, de plus en plus demandés, autre évolution du mode de vie, permettent de consolider un peu les marges des magasins. Mais il leur faut aussi répondre à une demande croissante de diversité des produits et donc un rejet de la standardisation, laquelle était une source de rentabilité. Avec le risque que l'explosion de l'offre sur les gondoles finisse par lasser le client écolo. Et qu'il finisse par s'interroger sur le bien-fondé environnemental, en termes de déchets plastiques et carton, de cette surabondance de produits en rayon.

À titre d'exemple, est-il réellement utile et justifié d'offrir au client de ce supermarché du sud de la France un total – nous les avons soigneusement comptés – de 110 gels de douche différents, de même que 155 tubes de dentifrice ou encore 230 shampooings bien en peine de se dire naturels ? Qu'il nous soit permis d'en douter. Et il ne faut pas s'étonner que des consommateurs de moins en moins passifs se détournent de cette hyperconsommation dont ils connaissent de mieux en mieux la contribution à la dégradation de la planète.

Mais force est de reconnaître que, si cette prise de conscience en profondeur, à dimension économique mais aussi politique, progresse d'année en année, gagnant des populations qui jusque-là ne lui étaient pas acquises – telle que les seniors – elle est encore minoritaire, urbaine et peu ancrée dans les milieux populaires. La consommation de masse a encore de beaux jours devant elle et elle peut s'appuyer sur les contradictions de ses clients captifs. Ainsi, la jeune génération, en flèche dans la contestation dans la rue et l'interpellation du pouvoir politique, accusé d'immobilisme, n'hésite pas à changer régulièrement la coque de son smartphone et à opter pour le toujours-plus-performant nouveau modèle, sans trop se soucier de la dramatique pollution qu'entraîne, chaque année, la production de milliards de nouveaux téléphones portables dans le monde.

De même, pour ce qui est des adultes, alors que la pollution urbaine est considérée comme un fléau mortel que l'on doit aux particules fines, outre sa contribution au réchauffement climatique, comment comprendre l'engouement pour les SUV (Sport Utility Vehicle en anglais) et ces 4x4 urbains de 2 tonnes que l'on voit rouler en ville. Des véhicules parfois monstrueux, plus gros, plus chers, plus gourmands en essence et qui, pourtant, représentent actuellement 38 % des ventes automobiles contre 10 % en 2000, en attendant d'atteindre 50 % du marché en 2030, selon les espoirs des constructeurs.

Qui faut-il incriminer, le constructeur qui a beau jeu d'invoquer la concurrence des autres fabricants et la demande de l'automobiliste – qu'il a largement contribué à façonner – ou l'indifférence de ce dernier à un dégât environnemental dont il est largement responsable ? Cet exemple est intéressant car il évoque le paradoxe qui, là aussi, demeure entre deux logiques, l'une environnementale, l'autre ludique, mais aussi l'attitude des pouvoirs publics, qui, trop souvent, basculent du mauvais côté, au motif d'impératifs économiques et sociaux qui finissent par l'emporter. Pas toujours, heureusement.

Dans un tout autre domaine, celui de la lutte contre les déchets plastiques contre lesquels les organisations écologiques se battent depuis des années, le gouvernement français a pris les bonnes décisions en interdisant l'usage des gobelets, assiettes et pailles en plastique, après celle des sacs plastiques. À l'inverse, pour revenir à l'automobile, il n'a pas cillé quand la majorité parlementaire a repoussé, à l'automne 2019, l'amendement du député Matthieu Orphelin visant à instaurer une taxe sur les voitures particulières trop lourdes dans le cadre de la loi de finances 2020.

Pourtant au-delà du seul plastique, la prise de conscience en faveur du « zéro déchet » et de la « fin du jetable », à l'encontre d'une société super-consommatrice, fait des progrès et on ne compte plus les initiatives en ce sens. L'heure est à cibler les « besoins artificiels » et leurs conséquences environnementales désastreuses et à passer du jetable au recyclable. Il était temps. Chaque année, l'*Homo detritus* produit des déchets ménagers en nombre croissant. Selon une étude du magazine *Nature,* leur volume à traiter pourrait atteindre 11 millions de tonnes par jour dans le monde en 2100. Une perspective qui incite consommateurs, collectivités et entreprises à opter pour le « zéro déchet », un comportement écologique autant qu'un nouveau marché industriel axé sur la transformation des déchets alimentaires en ressources.

La « honte » : aujourd'hui de l'avion, demain du numérique

« Le meilleur déchet est celui que l'on ne produit pas », martèlent les écologistes. On pourrait y ajouter désormais « le meilleur avion est celui que l'on ne prend pas », au nom de valeurs morales et environnementales étroitement mêlées. La « honte de prendre l'avion » est née en Suède en 2018 dans la foulée des grèves scolaires pour le climat déclenchées par Greta Thunberg, en raison de l'impact climatique de l'aérien par rapport à d'autres modes de transport. Depuis, le *flygskam* fait des émules dans un pays truffé d'aéroports et où les Suédois voyagent en moyenne cinq fois plus par avion que leurs voisins européens. Le trafic aérien s'en ressent qui aura baissé de plus de 4 % en 2019.

Mais le marché reste encore florissant et la « honte de l'avion » aura fort à faire pour inciter à diminuer, voire supprimer leurs trajets aériens les quelque 130 passagers qui, chaque seconde, prennent l'avion dans le monde. En 2017, l'aviation civile a dépassé pour la première fois les 4 milliards de passagers transportés. Leur nombre a régulièrement augmenté depuis et la montée en puissance des grands pays émergents y contribue fortement. Ainsi, alors que l'heure est à la réflexion sur le côté énergivore du transport aérien, le président chinois Xi Jinping, qui inaugurait fin septembre le terminal Daxing, la deuxième aérogare de Pékin, a profité de l'occasion pour annoncer la construction de 200 aéroports d'ici à 2035. Le pays en comptera alors 450 et la Chine deviendra, dès le milieu des années 2020, le premier marché aérien mondial, devant les États-Unis. Un programme qui colle mal avec l'image « verte » que s'efforcent de promouvoir les dirigeants chinois.

Encore modeste, cette contestation du mode de transport aérien en raison de son empreinte carbone jugée catastrophique devrait s'étendre à d'autres domaines beaucoup plus inattendus, à commencer par le numérique, lequel imprègne à présent tous les actes de notre société et qui, lui aussi, commence à éprouver sa « honte » écologique, chiffres à l'appui. La fabrication d'un ordinateur représente 800 kilos de matières premières et génère 124 kilos de CO_2 et le secteur informatique consomme déjà 10 % de l'électricité mondiale.

S'il était un pays, le Web et les nouveaux médias numériques seraient considérés comme le troisième plus gros consommateur d'électricité – et pollueur potentiel – derrière la Chine et les États-Unis. Certaines activités polluent plus que d'autres. C'est le cas de la vidéo à la demande et des jeux vidéo multijoueurs en ligne qui consomment beaucoup d'énergie. Les échanges de photos et de vidéos *via* les plateformes de messageries et les réseaux sociaux sont aussi très énergivores lorsqu'elles sont transférées sur les réseaux puis stockées dans les centres de données, affirme un rapport de l'Agence de l'environnement et de la maîtrise de l'énergie (Ademe). Si rien n'est entrepris pour limiter les émissions de gaz à effet de serre et l'épuisement de certaines ressources qu'il entraîne, le numérique polluera en 2025 autant que le trafic automobile mondial. À l'heure actuelle, 52 % de la population mondiale utilise Internet pour envoyer des courriels, télécharger des vidéos ou effectuer des recherches. Tous ces utilisateurs quotidiens n'ont pas encore la « honte » au front. Mais de plus en plus d'entre eux commencent à réfléchir à leur part de responsabilité dans la dégradation du climat.

Des « écogestes » à la *frugalista*

Au regard de ce qui précède, on comprend d'autant mieux l'importance que prend la notion d'économie circulaire lorsqu'elle permet, notamment, d'éliminer le gaspillage et de mettre un terme aux produits prêts-à-jeter. Un concept apparu pour la première fois en 2007, lors du Grenelle de l'environnement. Depuis, l'idée a fait son chemin, trop lentement sans doute mais il ne faudrait pas mésestimer les changements de comportement qui interviennent au quotidien et le plus souvent individuellement pour signifier une conversion à la cause écologiste. Quand on demande aux Français, ainsi que l'a fait récemment le magazine *Challenges*, quel type d'action ils sont prêts à entreprendre pour participer à la protection de l'environnement, ce sont le tri des déchets, la baisse du chauffage mais aussi la réduction de la consommation de viande qui viennent en tête, suivis, à distance, par le refus de prendre l'avion pour un week-end, l'isolation du logement et les achats en vrac dans les magasins d'alimentation.

Leur engagement peut même, pour certains d'entre eux, concerner jusqu'à un domaine empreint d'une forte dose de spiritualité : la mort, par le biais de l'inhumation ou de la crémation de la personne défunte. Pour des raisons écologiques autant qu'environnementales, on assiste actuellement à une augmentation progressive du recours aux cercueils en carton, de bonne qualité et cinq fois moins chers que ceux en bois. Il en va de même pour d'autres « obsèques vertes » sous forme de pierres tombales végétalisées ou d'enterrements naturels en forêt au moyen d'urnes biodégradables. Ces procédures exigent des autorisations administratives qui ne sont pas délivrées partout et certaines pratiques, telles que l'humusation transformant le corps en compost, restent illégales, notamment en France. Un pays où le nombre de décès sera de 800 000 en 2020 contre 600 000 trois ans plus tôt.

Pour l'heure, il faut donc se satisfaire de ces pas sur la bonne voie, petits ou grands et qu'on appelle aussi des « écogestes ». Ils marquent un changement dans les modes de vie qui, peu à peu, jouent un rôle non négligeable dans la lutte contre le réchauffement climatique. Si l'on en croit les calculs de Carbone 4, un cabinet de conseil en transition énergétique, réalisés à partir d'un échantillon d'une dizaine de ces « écogestes », leur empreinte carbone a diminué jusqu'à 25 % dans leur domaine. En tête de ces bons élèves des nouveaux modes de vie au quotidien, figurent le déplacement le plus souvent possible à plusieurs, le tri sélectif et la lutte contre le gaspillage, le changement d'alimentation et surtout manger moins de viande mais de meilleure qualité. Autant d'engagements individuels qui s'accompagnent d'une défiance grandissante à l'encontre de la consommation « à l'ancienne ».

S'inspirer de la légende du colibri

La croissance a sa « décroissance » ; la mondialisation sa « démondialisation » ; la consommation a désormais sa « déconsommation » qui refuse la course effrénée aux achats de produits ou de services superflus ou à l'existence éphémère. Au profit d'une consommation « responsable et plus durable », ce que certains appellent la *frugalista*. Quantité d'initiatives s'inscrivent dans cette exigence d'une consommation « maigre », qu'il s'agisse des organisations de producteurs et de consommateurs locaux, comme, côté production, les AMAP, ces Associations pour le maintien de l'agriculture paysanne, au réseau très étoffé ou, côté consommation, des mouvements comme Slowfood qui milite pour d'autres systèmes alimentaires et un couplage production-consommation marchand sans être mercantile. Qu'il s'agisse des jardins partagés, des potagers urbains ou encore des énergies « douces » moins polluantes, les innovations citoyennes dans ce domaine de consommation maîtrisée sont légion même si elles ne sont pas toujours fortement médiatisées.

La critique de la société de consommation, le rejet du superflu, les préoccupations environnementales, ont plusieurs décennies d'existence. Ce qui est nouveau, en revanche, est la remise en question des modes de vie dominants et, plus largement, la dénonciation de l'ordre économique, social et culturel qui leur sert de socle. Face à cela, les actions collectives pour consommer autrement sont bienvenues, les engagements individuels tout autant. Tous les petits gestes sont utiles, comme le rappelle la légende amérindienne du colibri. Écoutez plutôt. Un jour, un gigantesque incendie dévorait la forêt. Regroupés dans une clairière, les animaux assistaient, terrorisés et impuissants, à la progression du feu. Tous, sauf un, un petit colibri qui n'en finissait pas de faire des allers-retours en puisant avec son bec quelques gouttes d'eau dans une mare voisine pour les jeter sur la végétation en feu. Au bout d'un moment, intrigué par ce manège, l'un des animaux interpella le colibri. « Dis-moi, tu crois vraiment qu'avec quelques gouttes d'eau, tu vas éteindre l'incendie ? » Le colibri se posa sur une branche et répondit : « Je sais, ce n'est pas suffisant, mais je fais ma part. »

Bibliographie

Andréassian, Vazken ; Margat, Jean, *Allons-nous manquer d'eau ?* Le Pommier, « Les Petites Pommes du savoir », 2014.

Attali, Jacques, *Histoires de la mer*, Fayard, 2017.

Attané, Isabelle, *Au pays des enfants rares. La Chine vers une catastrophe démographique*, Fayard, 2011.

Amable, Bruno, *Les Cinq Capitalismes. Diversité des systèmes économiques et sociaux dans la mondialisation*, Seuil, 2005.

Autissier, Isabelle ; Orsenna, Erik, *Passer par le Nord. La Nouvelle Route maritime*, Paulsen, 2014.

Brown, Lester, *Éco-Économie, une autre croissance est possible, écologique et durable*, Seuil, 2003.

Carassus, Jean, *Le Choc. Révolution industrielle, biosphère, société*, L'Aube, 2019.

Dion, Cyril, *Demain. Un nouveau monde en marche*, Actes Sud, 2015.

Dufumier, Marc ; Le Naire, Olivier, *L'Agroécologie peut nous sauver*, Actes Sud, 2019.

Diamond, Jared, *Effondrement. Comment les sociétés décident de leur disparition ou de leur survie*, Gallimard, 2006.

Duru-Bellat, Marie, *Pour une planète équitable*, Seuil, « La république des idées », 2014.

Étienne, Jean-Louis, *Aux arbres citoyens. Pour renouer avec l'écosystème Terre*, Paulsen, 2019.

Giraud, Pierre-Noël, *L'Homme inutile. Du bon usage de l'économie*, Odile Jacob, 2015.

Gollier, Christian, *Le Climat après la fin du mois*, PUF, 2019.

Gore, Albert, *Une vérité qui dérange : l'urgence planétaire du réchauffement climatique et ce que nous pouvons faire pour y remédier*, La Martinière, 2007.

Harribey, Jean-Marie, *Les Feuilles mortes du capitalisme. Chroniques de fin de cycle*, Le bord de l'eau, 2014.

Hessel, Anne ; Jouzel, Jean ; Larrouturou, Pierre, *Finance, climat, réveillez-vous ! Les solutions sont là*, Indigène éditions, 2018.

Huchet, Jean-François, *La Crise environnementale en Chine*, Les Presses de Sciences Po, 2016.

Hulot, Nicolas, *Pour un pacte écologique*, Calmann-Lévy, 2006.

Jancovici, Jean-Marc, *Dormez tranquilles jusqu'en 2100. Et autres malentendus sur le climat et l'énergie*, Odile Jacob, 2015.

Jancovici, Jean-Marc ; Grandjean, Alain, *C'est maintenant ! 3 ans pour sauver le monde*, Seuil, 2009.

Jouzel, Jean ; Larrouturou, Pierre, *Pour éviter le chaos climatique et financier*, Odile Jacob, 2017.

Kolbert, Elizabeth, *La 6e Extinction. Comment l'homme détruit la vie*, Vuibert, 2015.

Klein, Naomi, *Tout peut changer. Capitalisme & changement climatique*, Actes Sud, 2015.

Larrère, Catherine, *Les Inégalités environnementales*, PUF, « La vie des idées », 2016.

Latouche, Serge, *Le Pari de la décroissance*, Fayard, 2006.

Le Bras, Hervé ; Lang, Jacques, *Immigration positive*, Odile Jacob, 2006.

Lipietz, Alain, *Green Deal. La crise du libéral-productivisme et la réponse écologiste*, La Découverte, 2012.

Marsily, Ghislain de, *L'Eau, un trésor en partage*, Dunod, 2013.

Méda, Dominique, *La Mystique de la croissance. Comment s'en libérer*, Flammarion, 2013.

Mistral, Jacques, *Le climat va-t-il changer le capitalisme ?*, Eyrolles, 2015.

Pelt, Jean-Marie, *Sauver l'homme et la nature*, Fayard, 2016.

Perthuis, Christian de ; Trotignon, Raphaël, *Le Climat, à quel prix ? La négociation climatique*, Odile Jacob, 2015.

Petit, Michel, *Pour une agriculture mondiale productive et durable*, Quae, 2013.

Pison, Gilles, *Atlas de la population mondiale. Croissance démographique, vieillissement et migrations, trois grands défis pour l'humanité*, Autrement, 2019.

Rabhi, Pierre ; Hulot, Nicolas, *Graines de possibles. Regards croisés sur l'écologie*, Calmann-Lévy, 2006.

Robin, Marie-Monique, *Les Moissons du futur. Comment l'agroécologie peut nourrir le monde*, La Découverte, 2012.

Servigne, Pablo ; Stevens, Raphaël, *Comment tout peut s'effondrer*, Seuil, 2015.

Sourisseau, Jean-Michel, *Agricultures familiales et monde à venir*, Quae, 2014.

Stiglitz, Joseph E., *Peuple, pouvoirs et profits. Le capitalisme à l'heure de l'exaspération sociale*, Les Liens qui libèrent, 2019.

Tassin, Jacques, *Penser comme un arbre*, Odile Jacob, 2018.

Zaninetti, Jean-Marc, *Géographie des peuplements et des populations. L'homme sur la terre*, PUF, 2017.

Remerciements

Mes remerciements vont d'abord à l'équipe des éditions Odile Jacob, à Odile Jacob, Bernard Gotlieb et Nicolas Witkowski pour leur accueil et l'intérêt qu'ils ont manifesté pour cet ouvrage.

Je tiens aussi à remercier tout particulièrement Sylvie Lanici pour sa collaboration à ce livre qui, sans son concours, n'aurait sans doute pas vu le jour aussi aisément. Je lui suis particulièrement reconnaissant pour le travail de documentation et d'alerte qu'elle a effectué tout au long de ces trois années de compagnonnage éditorial. Sans oublier sa relecture attentive et ses suggestions judicieuses.

Mes remerciements vont ensuite aux personnalités de tous horizons que j'ai pu rencontrer ou interviewer. Merci aussi à celles et ceux qui m'ont prodigué conseils et contacts. Ils sont chercheurs, diplomates, enseignants, responsables d'ONG, militants écologistes et représentants de la société civile ou encore chefs d'entreprise. En espérant n'avoir oublié personne, il s'agit de Jacques-Olivier Barthes, directeur de la communication de WWF-France, Nicolas Bricas, socio-économiste au Centre de coopération internationale en recherche agronomique (CIRAD) à Montpellier, Jean-Christophe Dumont, chef de la division des migrations internationales à l'Organisation de coopération et de développement économiques (OCDE), Tina Farmer, responsable à la FAO, l'Organisation des Nations unies pour l'alimentation et l'agriculture, responsable pêche et aquaculture,

Robert Fillon, ambassadeur de Monaco à Rome, siège de la FAO, Frédéric Francis, chercheur à l'Université de Liège, spécialiste des insectes, Jean-Pierre Ganier, ancien responsable au ministère de la Culture, Frank Garnier, président du directoire de Bayer France, Filippo Grandi, Haut-Commissaire aux réfugiés pour les Nations unies, Angel Gurria, secrétaire général de l'Organisation de coopération et de développement économiques (OCDE), François Héran, démographe et anthropologue, ancien directeur de l'Institut national d'études démographiques (INED), Antoine Hubert, PDG de la société Ynsect, Henri Leridon, démographe, ancien membre du Conseil scientifique de l'INED, Pascal Le Merrer, professeur à l'École normale supérieure de Lyon et directeur-fondateur des Journées économiques de Lyon (JECO), Jean-Baptiste de Panafieu, biologiste, autre spécialiste des insectes, Jacques Périères, ancien P-DG de la société Guigues Environnement, spécialiste des questions ayant trait à l'air, l'eau et à l'énergie, Olivier De Schutter, professeur à l'Université catholique de Louvain, ancien rapporteur spécial des Nations unies pour le droit à l'alimentation, Graziano da Silva, ancien directeur-général de la FAO, Maria Helena Semedo, directrice générale adjointe à la FAO, Florence Strigler, ingénieure en alimentation et nutrition, et Rohanna Subasinghe, directeur du service pêche et aquaculture à la FAO à Rome.

Mes remerciements vont aussi, amicalement et confraternellement, à mes collègues du *Monde*, journal auquel j'ai appartenu pendant près de trente ans, pour certains de leurs articles en lien avec les sujets traités dans ce livre. De même que les informations du site *Reporterre,* dirigé par un ancien journaliste du *Monde*, Hervé Kempf, et de *Espèces menacées* ou encore les revues *Kaizen* et *L'Écologiste*, faute de pouvoir citer d'autres sites et publications qui, avec des moyens limités, font un remarquable travail de pédagogie et d'information sur l'environnement.

Je n'aurais garde d'oublier ma famille qui m'a soutenu, mais aussi supporté pendant la longue gestation de cet ouvrage, à savoir Hélène, mon épouse et Régis, mon frère, pour leur relecture scrupuleuse, et Claude, mon fils, pour ses conseils.

Table

AVANT-PROPOS – Une planète « bleue » en sursis 9

CHAPITRE I – Un réveil brutal 17

Après l'apathie et le déni, la « révolte verte » 17

Quand la « génération Greta » bouscule l'Ancien Monde 18

De trop longues années d'inaction climatique 21

Le réveil et le passage à l'action, y compris en justice 22

Le verdissement de l'opinion publique 24

Société civile et ONG font front commun 27

Pour les Verts, un début de reconnaissance par les urnes 28

Ministre de l'Écologie : entre CDD et siège éjectable (30)

Projet présidentiel : la Convention citoyenne à l'épreuve 31

Un modèle productiviste qui saccage la nature 35

Le Jour du dépassement 35

L'« ogre humain » dévore l'équivalent de 1,6 Terre par an 36

Un péché écologique ? 38

La nature mise à « juste prix » (38)

La planète dans tous ses dégâts 40

Le lourd bilan du productivisme 42

CHAPITRE II – Six défis pour 2050 45

1. Conjurer le dérèglement climatique 45

Des phénomènes climatiques extrêmes et dévastateurs 47

El Niño et La Niña, fauteurs de troubles climatiques (49)

Inondations et sécheresses 50
Coup de chaud sur la planète. À quand les 50 °C pour tous ? 51
Arctique et Antarctique : la fonte des glaces en alerte rouge 52
Un milliard de Terriens menacés par la montée des eaux 53
Catastrophes climatiques et insécurité alimentaire 55
Un réchauffement à freiner d'urgence 56
Qu'est-ce que le GIEC ? (57) – Situation gérable avec un réchauffement de 1,5 °C, désastres à 2 °C (59)
De l'Accord de Paris à la COP25 60
Climatosceptiques : démonétisés mais toujours nuisibles (63)
Promesses non tenues et injustice climatique pour les pays pauvres 65
L'Occident a une dette envers les pays du Sud 68
La transition énergétique pour « décarboner » la planète 69
Taxe carbone et fiscalité verte 71
L'enjeu climatique et la sécurité du monde 73
2. Sanctuariser la forêt et la biodiversité 77
La déforestation, un crime contre nature 79
Arrêter le saccage du couvert végétal 80
Un millier de militants écologistes assassinés en dix ans (81)
Reboiser la planète 83
Une « Grande Muraille verte » pour protéger le Sahel (84)
Un « poumon vert » chinois pour concurrencer l'Amazonie 85
Biodiversité : 1 million d'animaux menacés de disparition 87
Une gigantesque chasse à l'animal 89
Les oiseaux se cachent pour mourir (90)
Le sort inquiétant de l'abeille mellifère 91
Des espèces exotiques menacées de disparition (92)
La crainte d'une sixième extinction 93
Il n'est pas trop tard pour préserver la biodiversité 94
Les initiatives de sauvegarde des espèces se multiplient 96
L'Unesco protège près de 700 sites de biosphère dans 122 pays 97
3. Contenir surpopulation et migrations 99
À peine 5 milliards de Terriens en 1987, le double en 2050 101
La bombe démographique africaine 102
L'influence nataliste des évêques africains (104)

Demain, la Terre sera-t-elle surpeuplée ? 105
Malthus, reviens ! Ils sont trop nombreux ! (107)
La Chine et le sort de « l'enfant unique » 108
La jeunesse du monde, atouts et défis majeurs 110
Un nouveau fardeau : le papy-boom 111
Les seniors au Japon, l'« empire du Soleil couchant » (112)
Migrants, déplacés, réfugiés : une bombe sans *retardement* 114
Noyés en Méditerranée ou renvoyés dans le désert (114)
258 millions de migrants dont 71 millions de déplacés 116
La double peine des Rohingyas fuyant la Birmanie (117)
Une migration essentiellement intra-muros 118
L'Amérique latine à la peine (118)
120 à 200 millions de réfugiés climatiques d'ici à 2050 121
Les bienfaits économiques de l'immigration 122
Les espoirs du Pacte de Marrakech 124
4. Économiser l'« or bleu » 125
850 millions de Terriens privés d'eau potable 127
Seulement 2,5 % d'eau douce sur Terre 129
La grande inégalité du « stress hydrique » 130
Le tiers de l'humanité ne dispose que de 5 à 10 litres d'eau par jour (131)
L'impact du dérèglement climatique 132
La malédiction des terres arides (134)
L'aggravation des conflits « hydropolitiques » 134
Des affrontements Sud-Sud mais aussi Nord-Nord 137
Gaspillages et fuites d'eau, un drame environnemental majeur 138
Sauver l'« or bleu » ? C'est possible ! 138
La solution du dessalement de l'eau de mer (139)
Utiliser la pluviométrie et capter l'humidité de l'air 140
Des « bouteilles solaires » pour fournir de l'eau propre (142)
L'eau, simple bien commun ou droit universel ? 142
Le tribunal des Eaux de Valence, plus de mille ans d'histoire ! (143)
Le « verre d'eau précieuse » de René Dumont 144
5. Promouvoir nouvelles agricultures et petits paysans 145
L'impasse de l'agriculture industrielle à outrance 147
Haro sur les pesticides 150
La pantalonnade du glyphosate, un cas d'école (152)

Les grands espoirs de l'agriculture biologique 154
L'agriculture paysanne peut nourrir une grande partie de la planète 159
Theodore Schultz, un Nobel au service de la petite paysannerie (161) – Quand la paysannerie africaine se prend en main (164)
Accorder aux femmes la place qui leur revient 166
Une « chaise violette » pour les femmes (167) – Avec les paysannes de l'Altiplano péruvien (170)
6. Préserver la mer, autre « terre nourricière » 172
Plus de 12 % de la population mondiale vit de la mer 175
Le poisson, une part croissante dans l'alimentation 176
Une surexploitation par la surpêche et la capture illégale 177
Claire Nouvian, farouche gardienne des fonds marins (178)
Une espèce marine sur trois menacée de disparition 180
Le saccage de la pêche industrielle en haute mer 182
Les petits pêcheurs assurent la sécurité alimentaire mondiale 184
L'aquaculture : pêcher sans vider la mer 186
Les rives du Mékong se convertissent au poisson d'élevage (186)
6,5 millions de tonnes de déchets par an dans la « plastisphère » 187
Le 14e Objectif de développement durable (ODD) (188) – Un tas d'ordures flottant de la taille de l'Europe (189)
Le blanchiment des coraux, un mal endémique 191
Le combat du professeur Okamoto (193)
Le réchauffement du climat, obstacle au rôle régulateur de l'océan 194
Le golfe du Mexique, victime du climat et de la pollution (195)
L'océan de toutes les convoitises 196
La France, deuxième puissance maritime mondiale (197)
Quand Donald Trump veut s'offrir le Groenland 198

CHAPITRE III – Idéologies et modes de vie périmés 201
Faire son deuil de la croissance infinie et parier sur la social-écologie 201
Le risque de l'effondrement par paliers 203
La fin des certitudes : info ou intox ? 204
Capitalisme et écologie, compatibles ou frères ennemis ? 207

Exit la croissance sans fin 209
La bio-inspiration, une piste de croissance « naturelle » 211
Science et technologie, le nouveau Veau d'or ? 212
Quand le pape François monte en chaire (214)
Décroissance et objecteurs de croissance 215
L'écologie, seule capable de sauver la planète ? 218
Consommer mieux, moins et autrement 220
La viande et l'élevage à l'index, les insectes en promotion 222
Consommateurs-citoyens et nouveaux modes de vie 224
La « honte » : aujourd'hui de l'avion, demain du numérique 228
Des « écogestes » à la frugalista 230
S'inspirer de la légende du colibri 231

Bibliographie 233
Remerciements 235

Inscrivez-vous à notre newsletter !

Vous serez ainsi régulièrement informé(e)
de nos nouvelles parutions et de nos actualités :

https://www.odilejacob.fr/newsletter

Cet ouvrage a été composé
en Adobe Garamond Pro
par Nord Compo
à Villeneuve-d'Ascq (Nord).

Achevé d'imprimer sur Roto-Page
par l'Imprimerie Floch à Mayenne
en janvier 2020

N° d'édition : 7381-5072-X – N° d'impression : 95630
Dépôt légal : février 2020

Imprimé en France